Kaier
Speth
Hug

Kompetenzorientierte Betriebswirtschaftslehre mit Rechnungswesen

Fachoberschule und Berufsoberschule in Bayern

Jahrgangsstufe 13

Kaier
Speth
Hug

Kompetenzorientierte Betriebswirtschaftslehre mit Rechnungswesen

Fachoberschule und Berufsoberschule in Bayern

Jahrgangsstufe 13

Merkur
Verlag Rinteln

Wirtschaftswissenschaftliche Bücherei für Schule und Praxis
Begründet von Handelsschul-Direktor Dipl.-Hdl. Friedrich Hutkap †

Verfasser:

Alfons Kaier, Dipl.-Hdl.

Dr. Hermann Speth, Dipl.-Hdl.

Hartmut Hug, Dipl.-Hdl.

* * * * *

Coverbild (Bild links oben): Michael Popiel – Fotolia.com
(Bild links unten): Kzenon – www.colourbox.de

1. Auflage 2018

Gesamtherstellung:
MERKUR VERLAG RINTELN Hutkap GmbH & Co. KG, 31735 Rinteln

E-Mail: info@merkur-verlag.de
lehrer-service@merkur-verlag.de
Internet: www.merkur-verlag.de

ISBN 978-3-8120-**0662-0**

Vorwort

Das vorliegende Schulbuch umfasst alle für die Jahrgangsstufe 13 geforderten Lernbereiche des neuen **kompetenzorientierten Lehrplans Plus** für das Profilfach „Betriebswirtschaftslehre mit Rechnungswesen" an Fachoberschulen und Berufsoberschulen des Landes Bayern (ab Schuljahr 2019/2020).

Für Ihre Arbeit mit dem Schulbuch möchten wir Sie auf Folgendes hinweisen:

- Das Schulbuch zielt darauf ab, dass die Schülerinnen und Schüler grundlegende und vertiefte **betriebswirtschaftliche Kompetenzen** erwerben, mit denen sie in ihren unterschiedlichen gesellschaftlichen Rollen betriebswirtschaftliche Sachverhalte verstehen und differenziert beurteilen können.
- Um dem Konzept des kompetenzorientierten Unterrichts gerecht zu werden, sind den Themenbereichen **betriebswirtschaftliche Handlungssituationen** mit **kompetenzorientierten Arbeitsaufträgen** vorangestellt. Als Bezugspunkt für die Handlungssituationen dienen **Modellunternehmen** des fiktiven Gewerbeparks Augsburg. In diesem Zusammenhang wird den Lernenden ermöglicht, Aufgabenstellungen eigenständig und mit Mitschülern zu analysieren und zu lösen. Dadurch wird **problemlösendes Denken** und **verantwortliches Handeln** in beruflichen und privaten Situationen **gefördert.**
- Die Lerninhalte werden zu klar abgegrenzten Einheiten zusammengefasst, die sich in die Bereiche **Handlungssituation, Stoffinformation, Zusammenfassung und Kompetenztraining** aufgliedern.
- Das **Kompetenztraining** beinhaltet im Wesentlichen komplexe und realitätsnahe Problemstellungen unter Berücksichtigung der Erfahrungswelt der Lernenden. Es dient in erster Linie dem selbstgesteuerten Lernen und einer aktiven Beteiligung der Lernenden.
- Viele **Merksätze, Beispiele und Schaubilder** veranschaulichen die praxisbezogenen Lerninhalte und erhöhen die Einprägsamkeit der Informationen.
- Fachwörter, Fachbegriffe und Fremdwörter werden grundsätzlich im Text oder in den Fußnoten erklärt.
- Ein ausführliches **Stichwortverzeichnis** hilft Begriffe und Erläuterungen schnell aufzufinden.

Wir wünschen Ihnen einen guten Lehr- und Lernerfolg!

Die Verfasser

Inhaltsverzeichnis

Kurzbeschreibung des Industrie- und Gewerbeparks Augsburg und seiner Unternehmen

Lernbereich 1: Den Jahresabschluss analysieren und weitere Formen der Finanzierung nutzen

Lernbereich 4: Personal sach- und personenorientiert führen und zukunftsorientiert entwickeln

Kurzbeschreibung des Industrie- und Gewerbeparks Augsburg und seiner Unternehmen

1 Grundkonzept des Industrie- und Gewerbeparks Augsburg

Die Stadt Augsburg hatte zu Beginn des letzten Jahrzehnts einen Industrie- und Gewerbepark erschlossen. Im Norden des Stadtgebietes gelegen, umfasst er rund 90 ha und liegt in unmittelbarer Nähe eines Autobahnanschlusses. Inzwischen sind die verfügbaren Flächen des Industrie- und Gewerbeparks zu etwa 70 % verkauft. Rund 30 Betriebe unterschiedlicher Art haben sich dort angesiedelt und beschäftigen ca. 1 200 Mitarbeiter.

Der Vorteil für die Unternehmen liegt darin, dass sie viele Dienste wie z. B.

- Notfalldienste (Werkfeuerwehr, ärztliche Versorgung),
- soziale Einrichtungen (Kindertagesstätten, Kantine),
- Logistik innerhalb des Parks sowie
- Ver- und Entsorgungseinrichtungen

vom Parkmanagement in Anspruch nehmen können. Büro- und Gewerbeflächen können mit wachsender Unternehmensgröße hinzugemietet werden.

2 Exemplarisches Unternehmensportrait der dort angesiedelten Weber Metallbau GmbH

Firma und Sitz:
Weber Metallbau GmbH
Alfred-Nobel-Straße 8
86169 Augsburg

Kontaktdaten:

Telefon:	0821 992-0 (Zentrale)
Fax:	0821 992-1 (Zentrale)
E-Mail:	info@weber-metallbau-gmbh.de
Internet:	www.weber-metallbau-gmbh.de

Die Weber Metallbau GmbH ist ein größerer, mittelständischer Handwerksbetrieb und hat sich auf die Planung, Fertigung und Montage von Brandschutztüren, auf Fassadenbau aus Stahl und Glas, auf Geländer- und Treppenbau, Wintergärten und diverse Sonderkonstruktionen spezialisiert.

In einem Nebenprogramm produziert sie auch Arbeitstische und Metallzäune, dazu werden aus Blechstanzteilen Büroscheren und Ablage- bzw. Ordnungssysteme für Regale hergestellt.

Geschäftspartner der Weber Metallbau GmbH

Bankverbindungen

Nr.	Name des Kreditinstituts	BIC	IBAN
1	Sparkasse Augsburg	AUGSDE77XXX	DE69 7205 0000 0000 6485 54
2	Deutsche Bank Augsburg	DEUTDEMM720	DE92 7207 0001 0008 7263 39
3	Commerzbank Augsburg	COBADEFFXXX	DE73 7204 0046 0003 9936 54

Kunden

Die Auftraggeber kommen aus unterschiedlichen Bereichen. Ihre Ansprüche sind sehr vielfältig. Jeder Auftrag ist individuell und erfordert eine grundlegende Neuplanung und -kalkulation. Die Kostenvorteile durch die Herstellung größerer Stückzahlen eines einheitlichen Produkts können selten genutzt werden. Als Fertigungsorganisation liegt überwiegend Werkbank- und Werkstattfertigung vor.

Bereich	Angebotene Leistungen
Industrie und Gewerbe	Tragwerkskonstruktionen der verschiedensten Art, z. B. für Lagerhallen, Parkgebäude sowie Fassadenverkleidungen, Feuertreppen.
Öffentliche Hand (Kommunen, Landkreise)	Fassaden, Brandschutztüren, Treppen für öffentliche Gebäude wie Kindergärten, Schulen, Sportstätten, Fußgängerbrücken u. a.
Private Bauträger	Balkone, Unterkonstruktionen für Fotovoltaikanlagen, Treppenkonstruktionen für innen und außen, Wintergärten, Gewächshäuser.
Nebenprogramm	Diverse Sonderkonstruktionen, Arbeitstische, Metallzäune.

Lieferer

Die Anzahl der Lieferer ist aufgrund des abgegrenzten Produktprogramms (Problemtreue) der Weber Metallbau GmbH sehr beschränkt. Die wichtigsten Zulieferer kommen aus folgenden Bereichen:

Bereich	Bezogene Leistungen
Metallgroßhandel	Bleche unterschiedlicher Stärke und Materialart, Stahlbänder, Rund- und Vierkantrohre, Stahlträger verschiedener Profile.
Glashandel	Einscheibensicherheitsglas (Schiebetüren, Trennwände, Duschen), Verbundsicherheitsglas (für erhöhten Sicherheitsbedarf, z. B. als Einbruchschutz), Isolierglas für den Fassadenbereich, Glas mit keramischem Siebdruck (ermöglicht hochwertige, repräsentative Raum- und Gebäudegestaltung).
Handel für Werkzeuge, Montage- und Befestigungsmaterial	Beschläge, Schrauben, Werkzeuge, Klebestoffe, Dichtungsmaterial, Schmiermittel, Fette, Reinigungsmaterial usw.

Organigramm der Weber Metallbau GmbH

Weber Metallbau GmbH

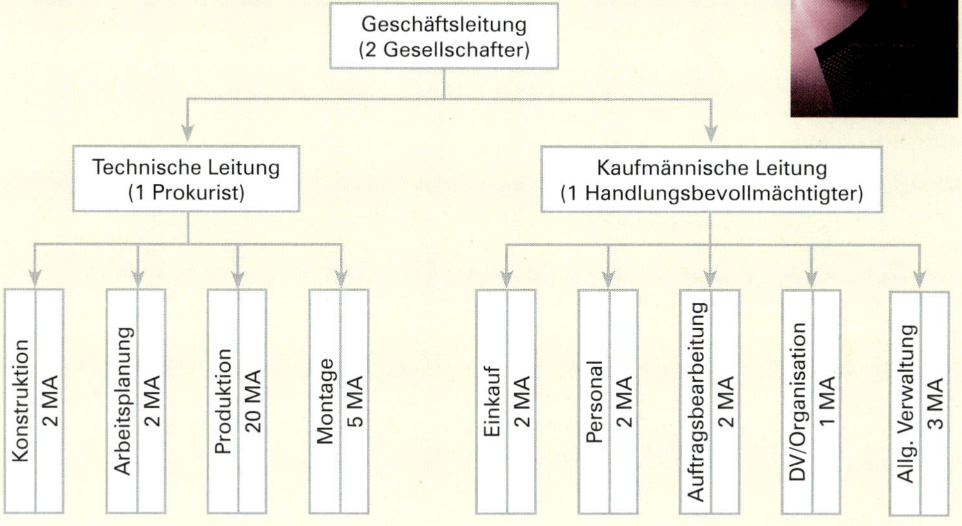

Gesellschaftsvertrag der Weber Metallbau GmbH

§ 1 Firma, Sitz

(1) Die Firma der Gesellschaft lautet: Weber Metallbau GmbH

(2) Sitz der Gesellschaft ist: 86169 Augsburg, Alfred-Nobel-Str. 8

§ 2 Gegenstand des Unternehmens

(1) Gegenstand des Unternehmens ist die Fertigung und Montage von Brandschutztüren, Fassadenbau aus Stahl und Glas, Geländer- und Treppenbau, Wintergärten und Gewächshäusern sowie im Nebenprogramm Arbeitstische und Metallzäune.

(2) Die Gesellschaft darf Zweigniederlassungen errichten, sich an anderen Unternehmen beteiligen sowie andere Unternehmen gründen.

§ 3 Dauer der Gesellschaft

(1) Die Gesellschaft wird auf unbestimmte Dauer errichtet.

§ 4 Stammkapital, Stammeinlagen

(1) Das Stammkapital der Gesellschaft beträgt 750 000,00 EUR.

(2) Auf das Stammkapital übernehmen als ihre Stammeinlagen:
   a) Hans-Jörg Weber: 400 000,00 EUR Nennbetrag
   b) Dr. Klaus Junginger: 350 000,00 EUR Nennbetrag

§ 5 Geschäftsführer

(1) Die Gesellschaft hat einen oder mehrere Geschäftsführer.

(2) Die Bestellung und Abberufung von Geschäftsführern sowie deren Befreiung vom Wettbewerbsverbot erfolgt durch Gesellschafterbeschluss.

§ 6 Vertretung der Gesellschaft

(1) Ein alleiniger Geschäftsführer vertritt die Gesellschaft allein.

(2) Sind mehrere Geschäftsführer bestellt, so wird die Gesellschaft durch zwei Geschäftsführer gemeinsam vertreten oder durch einen Geschäftsführer in Gemeinschaft mit einem Prokuristen.

§ 7 Geschäftsführung

(1) Die Führung der Geschäfte der Gesellschaft steht mehreren Geschäftsführern gemeinschaftlich zu, sofern nicht durch Gesellschafterbeschluss etwas anderes bestimmt wird.

(2) Im Verhältnis zur Gesellschaft ist jeder Geschäftsführer verpflichtet, die Geschäftsführungsbeschränkungen einzuhalten, welche durch Gesetz, Gesellschaftsvertrag, Geschäftsführeranstellungsvertrag und Gesellschafterbeschlüsse festgesetzt sind oder werden.

(3) Geschäfte, die über den gewöhnlichen Betrieb der Gesellschaft hinausgehen, bedürfen der vorherigen Zustimmung durch Gesellschafterbeschluss.

§ 8 Gesellschafterbeschlüsse

(1) Jede 50,00 EUR Nennbetrag eines Geschäftsanteils gewähren eine Stimme.

(2) Sämtliche Gesellschafterbeschlüsse sind zu protokollieren.

(3) Das Protokoll ist von den Geschäftsführern zu unterzeichnen.

(4) Die Gesellschafter erhalten Abschriften.

§ 9 Geschäftsjahr und Jahresabschluss

(1) Geschäftsjahr ist das Kalenderjahr.

(2) Der Jahresabschluss ist von den Geschäftsführern in den ersten drei Monaten des Geschäftsjahres für das vergangene Geschäftsjahr aufzustellen.

§ 10 Gesellschafterveränderungen

(1) Das Ausscheiden eines Gesellschafters führt nicht zur Auflösung der Gesellschaft.

(2) Die verbleibenden Gesellschafter haben unverzüglich einen Beschluss zu den Modalitäten der Fortführung zu fassen.

§ 11 Wettbewerbsverbot

(1) Ein Gesellschafter darf ohne vorherigen zustimmenden Gesellschafterbeschluss in dem Geschäftsbereich des Gegenstandes der Gesellschaft keine Geschäfte machen.

(2) Das Verbot umfasst insbesondere auch direkte oder indirekte Beteiligung an Konkurrenzunternehmen oder deren Beratung.

§ 12 Schlussbestimmungen

(1) Bekanntmachungen der Gesellschaft werden im Bundesanzeiger veröffentlicht.

(2) Durch die Unwirksamkeit einzelner Bestimmungen dieses Vertrages wird die Wirksamkeit der übrigen Bestimmungen nicht berührt.

Augsburg, den 14. Juli 2005

Hans-Jörg Weber
Unterschrift des Gesellschafters

Dr. Wilfried Beißner
Unterschrift des Notars

Dr. Klaus Junginger
Unterschrift des Gesellschafters

3 Überblick über weitere im Industrie- und Gewerbepark angesiedelte Unternehmen (Auswahl)

Unternehmen	Unternehmenszweck	Unternehmenstyp
Augsburger Büromöbel AG Industriepark 5 86169 Augsburg	Büromöbel, insbesondere ▪ Schreibtische, ▪ Bürostühle, ▪ Büroschränke.	Industrie 
Stefan Osann e. Kfm. Industriepark 25 86169 Augsburg	▪ Bürobedarf, ▪ Computertechnik, ▪ Drucker, ▪ Kopiergeräte, ▪ Business-Papier, ▪ usw.	Handel 
MicroTex Technologies GmbH Alfred-Nobel-Straße 42 86169 Augsburg	Hersteller technischer Garne.	Industrie 
CLEAN-TEC OHG Alfred-Nobel-Straße 17 86169 Augsburg	Facility Management, insbesondere ▪ Gebäude-, Fassaden- und Fensterreinigung, ▪ Grünanlagenpflege, ▪ Hausmeisterservice.	Dienstleister 
Beauty Moments Emmy Reisacher e. Kfr. Neuwerk 10 86169 Augsburg	Kosmetikinstitut für Anti-Aging mit ▪ Gesichtsbehandlung, ▪ Sauerstofflifting, ▪ Körper & Figur, ▪ Wellnessmassagen.	Dienstleister 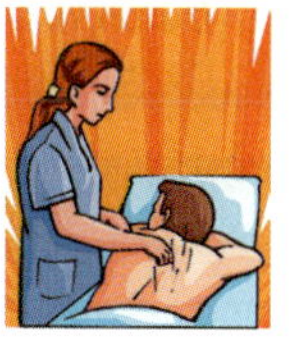

Anlagen- und Maschinenbau AG Industriepark 18 86169 Augsburg AM AG ANLAGEN- UND MASCHINENBAU	■ Saugbandbeschickung, ■ Roboter, ■ Stapelrollenbahnen, ■ Bandförderer.	Industrie 
Kramer GmbH Neuwerk 21 86169 Augsburg Kramer GmbH	■ Lagerhaltung, ■ Transport, ■ Logistik.	Dienstleister 
Motorenbau Anton Thomalla e. Kfm. Alfred-Nobel-Straße 24 86169 Augsburg Motorenbau Anton Thomalla e. Kfm.	Herstellung von Motoren zum Betrieb von Blockheizkraftwerken.	Industrie 
Stolz & Krug OHG Industriepark 10 86169 Augsburg Stolz und Krug OHG	■ Reparatur, ■ An- und Verkauf von Kraftfahrzeugen samt Zubehör.	Handwerk 
Sport-Burr KG Sportartikelfabrik Neuwerk 15 86169 Augsburg Sport-Burr KG	Herstellung von Winter- und Sommersportgeräten: ■ Skier, ■ Snow-Swinger, ■ Skibobs, ■ Tennisschläger, ■ Nordic-Walking-Stöcke.	Industrie 

Hinweis:

Die nachfolgenden Unternehmensdaten beschreiben die Ausgangssituation. Im Laufe der einzelnen Kapitel werden die Unternehmensdaten teilweise geändert, z. B. durch Aufnahme eines weiteren Gesellschafters.

Lernbereich 1: Den Jahresabschluss analysieren und weitere Formen der Finanzierung nutzen

1 Kennzahlen zur Beurteilung eines Unternehmens aus den Interessenlagen der Anspruchsgruppen ermitteln

LB 1 Handlungssituation 1: Zufriedenstellung der Anspruchsgruppen mithilfe der Kennzahlen der finanzwirtschaftlichen Analyse überprüfen

Die Anlagen- und Maschinenbau AG, Augsburg, hat ihren Jahresabschluss im Bundesanzeiger veröffentlicht. Nachfolgend werden die Bilanzen der letzten beiden Geschäftsjahre dargestellt:

Bilanz der Anlagen- und Maschinenbau AG zum 31.12.20.. (in TEUR)

Aktiva	Berichtsjahr	Vorjahr
A. ANLAGEVERMÖGEN		
I. Immaterielle Vermögensgegenstände		
1. Entgeltlich erworbene Schutzrechte u. ähnliche Rechte	5 799	7 852
II. Sachanlagen		
1. Grundstücke und Bauten einschließlich der Bauten auf fremden Grundstücken	16 699	17 581
2. Technische Anlagen und Maschinen	8 350	10 534
3. Andere Anlagen, Betriebs- und Geschäftsausstattung	3 369	4 396
4. Geleistete Anzahlungen und Anlagen im Bau	895	718
III. Finanzanlagen		
1. Anteile an verbundenen Unternehmen	31 672	42 032
2. Beteiligungen	313	313
3. Sonstige Ausleihungen	40	4 037
B. UMLAUFVERMÖGEN		
I. Vorräte		
1. Roh-, Hilfs- und Betriebsstoffe	851	1 690
2. Unfertige Erzeugnisse	1 343	1 092
3. Fertige Erzeugnisse und Waren	0	1 925
II. Forderungen und sonstige Vermögensgegenstände		
1. Forderungen aus Lieferungen und Leistungen	174	4 962
2. Forderungen gegen verbundene Unternehmen	26 219	9 477
3. Sonstige Vermögensgegenstände	659	1 766
III. Kassenbestand, Guthaben bei Kreditinstituten	4 289	3 794
C. RECHNUNGSABGRENZUNGSPOSTEN		
1. Disagio	11	29
2. Übrige	276	525
Summe Aktiva	**100 959**	**112 723**

2 Kaier, Speth, Hug - ISBN 978-3-8120-0662-0

Passiva	Berichtsjahr	Vorjahr
A. EIGENKAPITAL		
I. Gezeichnetes Kapital	8600	8600
II. Kapitalrücklage	31019	31019
III. Gewinnrücklagen 1. andere Gewinnrücklagen	3900	3800
IV. Bilanzgewinn	4273	509
B. RÜCKSTELLUNGEN		
1. Rückstellungen für Pensionen	8982	8464
2. Steuerrückstellungen	745	316
3. Sonstige Rückstellungen	16331	19989
C. VERBINDLICHKEITEN		
1. Verbindlichkeiten gegenüber Kreditinstituten	6338	10564
2. Verbindlichkeiten aus Lieferungen und Leistungen	6864	7373
3. Verbindlichkeiten gegenüber verbundenen Unternehmen	11703	15379
4. Verbindlichkeiten gegenüber Unternehmen, mit denen ein Beteiligungsverhältnis besteht	422	1082
5. Sonstige Verbindlichkeiten	1782	5628
Summe Passiva	**100959**	**112723**

Kompetenzorientierte Arbeitsaufträge:

1. Ermitteln Sie, welche Anspruchsgruppen welches Interesse am Jahresabschluss der Anlagen- und Maschinenbau AG haben!
2. Erstellen Sie die Strukturbilanzen als Zusammenfassungen der obigen Bilanzen!
3. Berechnen und beurteilen Sie die Bilanzkennzahlen der letzten beiden Geschäftsjahre:
   - Anlagequote,
   - Umlaufquote,
   - Eigenkapitalquote,
   - Fremdkapitalquote,
   - statischer Verschuldungsgrad,
   - Anlagedeckungsgrad I
   - Anlagedeckungsgrad II und
   - das Working Capital!
4. Bestimmen und bewerten Sie die Liquiditätskennzahlen (Liquiditätsgrade 1 bis 3)!

1.1 Anspruchsgruppen einer Unternehmung

1.1.1 Übersicht über die Anspruchsgruppen

Alle Personen oder Personengruppen, die in irgendeiner Weise von den Entscheidungen des Unternehmens betroffen sind, haben Ansprüche an das Unternehmen. Die nachfolgende Grafik zeigt die wichtigsten Anspruchsgruppen einer Unternehmung.

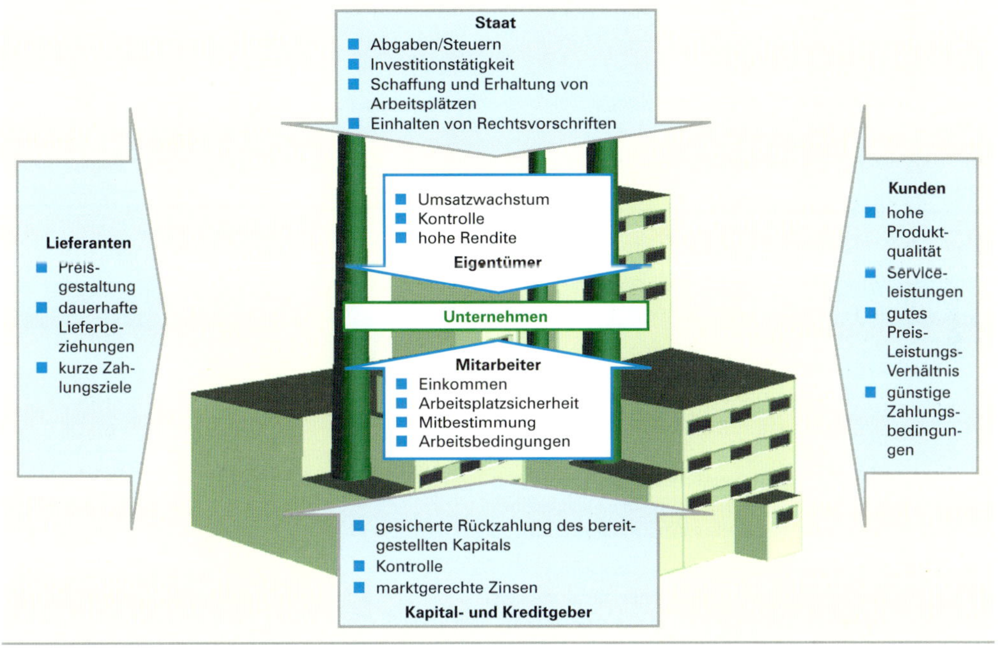

1.1.2 Beiträge der Anspruchsgruppen und die entsprechenden Ansprüche

In der nachfolgenden Tabelle sind die Anspruchsgruppen, der Beitrag zur Unternehmung und der Anspruch gegenüber der Unternehmung aufgelistet.

Anspruchsgruppen	Beitrag zur Unternehmung	Anspruch gegenüber der Unternehmung
Eigenkapitalgeber (Eigentümer, Anteilseigner)	Eigenkapital	Mehrung des eingesetzten Kapitals (Gewinnausschüttung und Kapitalzuwachs)
Fremdkapitalgeber	Fremdkapital	Zeitlich und betragsmäßig festgelegte Tilgung und Verzinsung des eingesetzten Kapitals
Arbeitnehmer	Ausführende Arbeit	Leistungsgerechte Entlohnung, motivierende Arbeitsbedingungen, Arbeitsplatzsicherheit
Management	Dispositive Arbeit	Gehalt, Macht, Einfluss, Prestige

Anspruchsgruppen	Beitrag zur Unternehmung	Anspruch gegenüber der Unternehmung
Kunden	Abnahme hochwertiger Güter	Preisgünstige und qualitative Güter
Lieferanten	Lieferung hochwertiger Güter	Zuverlässige Bezahlung, langfristige Lieferbeziehungen
Allgemeine Öffentlichkeit	Infrastruktur, Rechtsordnung, Umweltgüter	Steuerzahlungen, Einhaltung der Rechtsvorschriften, schonender Umgang mit der Umwelt

Quelle: Wöhe, Günter; Döring, Ulrich: Einführung in die Allgemeine Betriebswirtschaft, 24. Aufl., München 2010, S. 51.

Die Erfüllung der Ansprüche spiegelt sich in vielen Kennzahlen der Jahresabschlussanalyse.

Kompetenztraining

1 Ansprüche der Anspruchsgruppen

1. Erläutern Sie die nebenstehende Abbildung!
2. Erläutern Sie, welchen wichtigen Anspruch eine der Gruppen, abgesehen von den finanziellen Ansprüchen, hat!
3. Nehmen Sie Stellung, inwiefern Anspruchsgruppen das Unternehmen beeinflussen können!
4. Zitat des liberalen Ökonomen Milton Friedman:

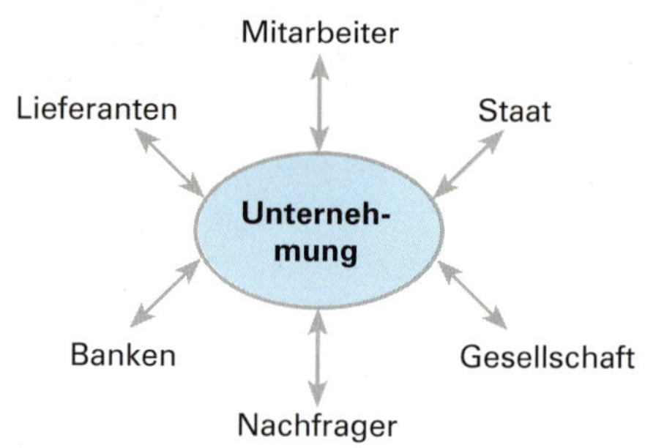

> „Die einzige soziale Verantwortung der Unternehmung ist es, im Rahmen geltender Gesetze Gewinne zu erzielen. Jedes weitere Verfolgen sozialer Ziele ist Diebstahl an den Aktionären. Die Geschäftsleitungen sind nicht gewählte Volksvertreter und haben deshalb auch kein soziales Mandat. Sie dürften sich deshalb auch nicht anmaßen, das Geld des Aktionärs im Namen der sozialen Verantwortung nach nicht-ökonomischen Kriterien auszugeben."

Aufgabe:

Nehmen Sie zu Kernaussagen des Textes Stellung!

1.2 Begriff und Ziel der Jahresabschlussanalyse

- Die **Jahresabschlussanalyse** ist die Aufbereitung und Auswertung des Jahresabschlusses.
- Instrument, um die Datenmengen eines Jahresabschlusses zu aussagekräftigen Informationen zusammenzufassen, ist ein **System von Kennzahlen,** die aus der **Bilanz** und der **Gewinn- und Verlustrechnung** abgeleitet werden.

Im Rahmen der **Bilanz- und Liquiditätsanalyse** werden Kennzahlen ermittelt, die Aussagen treffen über

- **Vermögensaufbau** (Konstitution),
- **Kapitalausstattung** (Finanzierung),
- **Anlagefinanzierung** (Investition),
- **Zahlungsfähigkeit** (Liquidität).

Im Rahmen der **Erfolgsanalyse** werden Kennzahlen ermittelt, die Aussagen treffen über

- **Rentabilität,**
- **Return on Investment (ROI),**
- **Cashflow,**
- **EBIT.**

Ziel der Jahresabschlussanalyse ist die **Beurteilung** der gegenwärtigen und künftigen Unternehmenssituation **(Finanzlage, Kreditwürdigkeit, Ertragslage).** Sie ist gleichermaßen **Informations-, Kontroll- und Steuerungsinstrument** für Gläubiger und Anteilseigner.

1.3 Bilanzanalyse

1.3.1 Strukturbilanz

Für die Bilanzanalyse erweist sich die nach handelsrechtlichen Vorschriften aufgestellte Bilanz als ungeeignet. Die Bildung von Kennzahlen und deren Auswertung verlangt eine größere **Gruppenbildung** und eine **Neuzuordnung** einzelner Bilanzposten.

Im Hinblick auf die uns interessierenden Kennzahlen begnügen wir uns auf der **Aktivseite** der Bilanz mit der Grobgliederung in die beiden Hauptgruppen **Anlagevermögen** und **Umlaufvermögen** und auf der **Passivseite** mit der Aufteilung in **Eigen- und Fremdkapital.** Eine weitere Unterteilung erfolgt nur noch beim Umlaufvermögen, das nach dem Grad der Flüssigkeit in **mittelfristig** z. B. Vorräte, **kurzfristig** z. B. Forderungen aus Lieferungen und Leistungen und **sofort flüssig** z. B. Geldmittel untergliedert wird und beim Fremdkapital, das in langfristig und in kurzfristig unterteilt wird.

Es wird von folgender Bilanzstruktur ausgegangen:[1]

Aktiva	Strukturbilanz	Passiva
I. Anlagevermögen		**I. Eigenkapital**
II. Umlaufvermögen		**II. Fremdkapital**[2]
1. mittelfristig z. B. Vorräte		**1. langfristig** z. B. Bankdarlehen
2. kurzfristig z. B. Ford. a. Lief. u. Leist.		**2. kurzfristig** z. B. Kontokorrentkredit
3. sofort flüssig z. B. Geldmittel		

Die vorgegebene Bilanzstruktur macht deutlich, dass bestimmte Bilanzposten zusammengefasst werden müssen. So zählen aktive Rechnungsabgrenzungsposten zu den Forderungen und passive Rechnungsabgrenzungen zu den kurzfristigen Verbindlichkeiten. Rückstellungen können je nach Art zu den lang- oder kurzfristigen Verbindlichkeiten gerechnet werden.

Beispiel:

Die zu beurteilende Metallwerke Neumann AG legt folgenden handelsrechtlichen Jahresabschluss vor:

Aktiva	Bilanz der Metallwerke Neumann AG zum 31. Dezember 20..		Passiva
A. Anlagevermögen		**A. Eigenkapital**	
II. Sachanlagen		I. Gezeichnetes Kapital	4 000 000,00
1. Grundstücke und Bauten	2 750 000,00	III. Gewinnrücklage	
2. Technische Anlagen und Maschinen	6 325 000,00	1. Gesetzliche Rücklage	1 666 540,00
3. Andere Anlagen, Betr.- u. Geschäftsausst.	1 221 000,00	4. Andere Rücklagen	600 000,00
B. Umlaufvermögen		IV. Gewinn-/Verlustvortrag	16 480,00
I. Vorräte		V. Jahresüberschuss/ Jahresfehlbetrag	424 325,00
1. Roh-, Hilfs- und Betriebsstoffe	2 640 000,00	**B. Rückstellungen**	
2. Unfertige Erzeugnisse	550 000,00	1. Pensionsrückstellungen	880 000,00
3. Fertige Erz. und Waren	660 000,00	3. Andere Rückstellungen	132 000,00
II. Forderungen u. sonstige Vermögensgegenstände		**C. Verbindlichkeiten**	
1. Forderungen a. Lief. u. Leist.	624 360,00	2. Verbindlichkeiten gegenüber Kreditinst.	4 400 000,00
2. Sonstige Vermögensgegenst.	13 200,00	4. Verbindlichkeiten a. Lief. u. Leist.	2 395 430,00
IV. Kassenbestand, Guthaben bei Kreditinstituten, Schecks	211 475,00	8. Sonstige Verbindlichkeiten	354 300,00
C. Rechnungsabgrenzungsposten	22 440,00	**D. Rechnungsabgrenzungsposten**	148 400,00
	15 017 475,00		15 017 475,00

Erläuterungen zur Bilanz:

- Bei den Verbindlichkeiten gegenüber Kreditinstituten handelt es sich um langfristige Darlehen.
- Die Verbindlichkeiten aus Lieferungen und Leistungen sowie die sonstigen Verbindlichkeiten sind kurzfristig fällig.

1 Zur Erleichterung des Verständnisses wird in diesem Kapitel die Herleitung einer Strukturbilanz aufgezeigt.

2 Für die Auswertung der Bilanz verwenden wir auf der Passivseite statt des handelsrechtlichen Begriffs Verbindlichkeiten den betriebswirtschaftlichen Begriff Fremdkapital.

- Die Pensionsrückstellungen sind dem langfristigen Fremdkapital, die anderen Rückstellungen dem kurzfristigen Fremdkapital zuzurechnen.
- Vom Jahresüberschuss werden 400000,00 EUR als Dividende ausgeschüttet. Dieser Teil stellt eine Verbindlichkeit gegenüber den Aktionären dar und zählt deshalb zum kurzfristigen Fremdkapital.
- Aktive Rechnungsabgrenzungsposten zählen zum kurzfristigen Umlaufvermögen.
- Passive Rechnungsabgrenzungsposten zählen zum kurzfristigen Fremdkapital.

Aufgabe:

Erstellen Sie als Grundlage für die Bilanzanalyse eine aufbereitete Strukturbilanz!

Lösung:

Aktiva — Strukturbilanz der Metallwerke Neumann AG — Passiva

Aktiva		Passiva	
I. Anlagevermögen	10296000,00	**I. Eigenkapital**	6307345,00
II. Umlaufvermögen		**II. Fremdkapital**	
1. mittelfristig	3850000,00	1. langfristig	5280000,00
2. kurzfristig	660000,00	2. kurzfristig	3430130,00
3. sofort flüssig	211475,00		
	15017475,00		15017475,00

Eine **Strukturbilanz** ist eine im Hinblick auf die Jahresabschlussanalyse aufbereitete und zusammengefasste Bilanz.

Mit den Werten der Strukturbilanz lassen sich bestimmte Verhältniszahlen bilden, die für die Beurteilung eines Unternehmens von Wichtigkeit sind.

Grundsätzlich lassen sich solche Zahlenverhältnisse aus Posten derselben Bilanzseite bilden **(vertikale Bilanzkennzahlen)**, oder aber es werden Posten von verschiedenen Bilanzseiten ins Verhältnis gesetzt **(horizontale Bilanzkennzahlen)**.

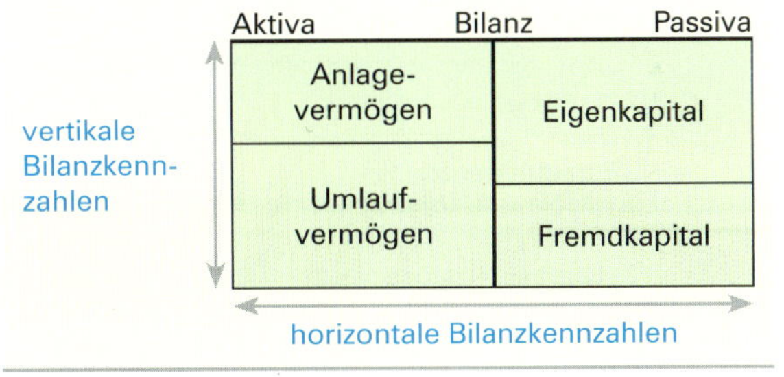

Von der Fülle der möglichen Bilanzkennzahlen – auch **Quoten** genannt – werden hier nur die wichtigsten gebildet. Die folgenden Zahlenverhältnisse ergeben sich aus den Zahlen der vorangestellten, aufbereiteten und bereinigten Bilanz. Um den Aussagewert zu verallgemeinern, sind die Ergebnisse auf 100 bezogen, sodass sich jeweils Prozentsätze ergeben.

Für die nachfolgende **Bilanzanalyse** der Neumann AG werden die durchschnittlichen **Branchenkennzahlen** der vergangenen Jahre als Beurteilungsgrundlage herangezogen.

Branche	Anlage-intensität	Eigenkapital-quote	Fremdkapital-quote	Statistischer Verschul-dungsgrad	Deckungs-grad I	Deckungs-grad II	Liquiditäts-grad 1	Liquiditäts-grad 2
Metallindustrie	75 %	32,1 %	67,9 %	147 %	99 %	134 %	7,3 %	85 %

Vgl. Statistische Sonderveröffentlichungen der Deutschen Bundesbank.

1.3.2 Bildung von Bilanzkennzahlen

1.3.2.1 Kennzahlen zur Vermögensstruktur

Beispiel:

Zugrunde gelegt wird die Strukturbilanz der Metallwerke Neumann AG (siehe S. 23).

Aufgaben:

1. Ermitteln Sie Anlageintensität und Umlaufintensität!
2. Beurteilen Sie die errechneten Kennzahlen!

Lösungen:

Zu 1.:

Anlageintensität (Anlagequote) $= \frac{\text{Anlagevermögen} \cdot 100}{\text{Gesamtvermögen}}$

$$\frac{10\,296\,000 \cdot 100}{15\,017\,475} = \underline{\underline{68{,}6\,\%}}$$

Umlaufintensität (Quote des Umlaufvermögens) $= \frac{\text{Umlaufvermögen} \cdot 100}{\text{Gesamtvermögen}}$

$$= \frac{4\,721\,475 \cdot 100}{15\,017\,475} = \underline{\underline{31{,}4\,\%}}$$

Zu 2.: Auswertung:

- Die Zahlenverhältnisse spiegeln die Anteile der beiden Vermögensgruppen wider. Aus der Anlageintensität und der Umlaufintensität ergibt sich, dass das Anlagevermögen etwas mehr als zwei Drittel, das Umlaufvermögen entsprechend weniger als ein Drittel des Gesamtvermögens ausmacht.
- Vergleicht man die Anlageintensität der Neumann AG mit der Branchenkennzahl, ist festzuhalten, dass sie unter der Branchenkennzahl liegt. Daraus lassen sich zwei Sichtweisen ableiten.
  - Die Möglichkeiten zur Rationalisierung sind noch nicht ausgeschöpft oder die Abschreibung ist weiter fortgeschritten (d. h., in den vergangenen Jahren wurde zu wenig investiert).
  - Das Anlagevermögen wurde bewusst nicht zu stark ausgeweitet, um die Fixkostenbelastung zu senken.

1.3.2.2 Kennzahlen zur Kapitalstruktur (Kapitalaufbringung)[1]

Die **Analyse der Kapitalstruktur** gibt Auskunft über die **Quellen** des Kapitals und seine **Zusammensetzung nach Art und Fristigkeit.**

Gläubiger, Lieferer, Kunden sowie Arbeitnehmer erhalten dadurch die Möglichkeit, das Risiko einzuschätzen, inwieweit etwa eine finanzielle Instabilität des „Schuldner-Unternehmens" die planmäßige Erfüllung seiner eingegangenen Leistungsverpflichtungen (z. B. termingerechte Begleichung von Schulden aus Darlehensaufnahmen und Warengeschäften; termingerechte Zahlung von Löhnen und Gehältern) gegenüber den angesprochenen Adressaten beeinträchtigt (Illiquiditätsrisiko, Insolvenzrisiko).[2]

$$\text{Eigenkapitalquote} = \frac{\text{Eigenkapital} \cdot 100}{\text{Gesamtkapital}}$$

$$\text{Fremdkapitalquote} = \frac{\text{Fremdkapital} \cdot 100}{\text{Gesamtkapital}}$$

$$\text{Statischer Verschuldungsgrad} = \frac{\text{Fremdkapital} \cdot 100}{\text{Eigenkapital}}$$

Beispiel:

Zugrunde gelegt wird die Strukturbilanz der Metallwerke Neumann AG (siehe S. 23).

Aufgaben:

1. Ermitteln Sie Eigenkapitalquote, Fremdkapitalquote und statischen Verschuldungsgrad!
2. Beurteilen Sie die errechneten Kennzahlen!

Lösungen:

Zu 1.:

$$\text{Eigenkapitalquote} = \frac{6\,307\,345 \cdot 100}{15\,017\,475} = \underline{\underline{42\,\%}}$$

$$\text{Fremdkapitalquote} = \frac{8\,710\,130 \cdot 100}{15\,017\,475} = \underline{\underline{58\,\%}}$$

$$\text{Statischer Verschuldungsgrad} = \frac{8\,710\,130 \cdot 100}{6\,307\,345} = \underline{\underline{138\,\%}}$$

Zu 2.: Auswertung:

Eine allgemeingültige Regel über das Verhältnis von Eigen- und Fremdkapital gibt es nicht; die Angaben schwanken von 2 : 1 über 1 : 1 bis 1 : 3.

Es kann jedoch festgestellt werden: Je höher ein Unternehmen mit Eigenkapital ausgestattet ist, desto weniger krisenanfällig ist es. Ein hoher Fremdkapitalanteil bedeutet eine hohe Liquiditätsbelastung durch Zins- und Tilgungszahlungen. Zudem besteht die Gefahr, dass die Gläubiger (Fremdkapitalgeber) Einfluss auf Entscheidungen der Unternehmensleitung nehmen.

1 Im Folgenden werden die Kennzahlen auf ganze Zahlen gerundet. Die Angabe von Kommazahlen würde die Aussagekraft der Kennzahlen nicht erhöhen.

2 **Illiquidität** bedeutet, dass ein Unternehmen nicht in der Lage ist, seinen zwingend fälligen Zahlungsverpflichtungen termin- und betragsgenau nachzukommen.

Insolvenz bedeutet, dass ein Unternehmen **endgültig** nicht mehr in der Lage ist, seinen fälligen Zahlungsverpflichtungen nachzukommen (Zahlungsunfähigkeit).

Die vorliegenden Kennzahlen zeigen, dass die Eigenkapitalausstattung bei 42 % und das Fremdkapital somit bei 58 % liegt. Das Verhältnis Fremdkapital zu Eigenkapital beträgt 138 %, d. h., das Fremdkapital übersteigt das Eigenkapital um 38 %.

Vergleicht man die Kapitalkennzahlen der Neumann AG mit den Branchenkennzahlen (vgl. S. 24), ist festzuhalten, dass sowohl die Eigenkapitalquote als auch der statische Verschuldungsgrad über den Branchenkennzahlen liegen. Bezogen auf die Kennzahlen der Kapitalstruktur ist die Neumann AG gut aufgestellt.

- Je **höher die Eigenkapitalquote,** desto größer ist die **finanzielle Unabhängigkeit** und desto krisenfester ist ein Unternehmen.
- Ein **hoher statischer Verschuldungsgrad** bedeutet eine **hohe Liquiditätsbelastung**[1] durch Zins- und Tilgungszahlungen.

Kompetenztraining

2 Bilanzkennzahlen

1. Aktiva — Bilanz — Passiva

Aktiva		Passiva		
I. Anlagevermögen	1 860 000,00	**I. Eigenkapital**		2 610 000,00
II. Umlaufvermögen	4 650 000,00	**II. Verbindlichkeiten**		
		1. langfristig	1 908 000,00	
		2. kurzfristig	1 992 000,00	3 900 000,00
	6 510 000,00			6 510 000,00

Aufgabe:

Berechnen Sie aufgrund der aufbereiteten Bilanz die Bilanzkennzahlen zur Vermögens- und Kapitalstruktur!

2. Beurteilen Sie ein Unternehmen, dessen statischer Verschuldungsgrad
   - 2.1 unter 100 % liegt,
   - 2.2 100 % beträgt,
   - 2.3 300 % oder darüber beträgt!

3. Aktiva — Bilanz — Passiva

Aktiva	Berichtsjahr	Vorjahr	Passiva	Berichtsjahr	Vorjahr
I. Anlagevermögen	3 101 000,00	2 549 120,00	**I. Eigenkapital**	2 900 800,00	2 729 720,00
II. Umlaufvermögen	2 079 000,00	2 042 880,00	**II. Verbindlichkeiten**		
			1. langfristig	1 701 000,00	1 206 240,00
			2. kurzfristig	578 200,00	656 040,00
	5 180 000,00	4 592 000,00		5 180 000,00	4 592 000,00

Aufgaben:

3.1 Berechnen Sie für das Vorjahr und das Berichtsjahr die Bilanzkennzahlen zur Kapitalstruktur!

3.2 Beurteilen Sie die wirtschaftliche Lage des Unternehmens unter Berücksichtigung der Vorjahreszahlen!

1 Vgl. S. 62 f.

1.3.2.3 Kennzahlen zur Finanzstruktur

Die **Deckungsgrade**[1] beantworten die Frage, in welchem Umfang das Anlagevermögen durch langfristig verfügbares Kapital gedeckt ist.

Den Kennzahlen liegt der **Grundsatz der Fristengleichheit** zugrunde, der sich in der **goldenen Finanzierungsregel (Bilanzregel)** ausdrückt. Sie besagt, dass die **Dauer der Investition (Bindung der Finanzmittel)** mit der **Dauer ihrer Finanzierung (Verfügbarkeit der Finanzmittel)** übereinstimmen muss. Danach gilt:

- **Anlagevermögen** (z. B. Grundstücke, Gebäude, Beteiligungen, technische Anlagen und Maschinen), das das Unternehmen **langfristig nutzt,** ist **langfristig zu finanzieren.**

  Die **Grundregel** besagt, dass das **Anlagevermögen** möglichst mit **Eigenkapital** zu finanzieren ist. Kann das Unternehmen dies nicht voll erfüllen, ist die benötigte **Restsumme** mit **langfristigem Fremdkapital** zu finanzieren.

Beispiel:

Der Bau einer Fabrikhalle mit einer geschätzten Nutzungsdauer von 30 Jahren ist mit Eigenkapital oder mit einem Darlehen mit einer Laufzeit von 30 Jahren zu finanzieren.

- **Umlaufvermögen** (z. B. Werkstoffe, fertige und unfertige Erzeugnisse) ist **kurzfristig zu finanzieren,** da die dort gebundenen Finanzmittel durch den Verkauf der Erzeugnisse in **absehbarer Zeit** wieder zurückfließen.

  Die **Grundregel** besagt, dass das **Umlaufvermögen** mit **kurzfristigem Fremdkapital** zu finanzieren ist.

Beispiel:

Der Kauf von Rohstoffen mit einem Ziel von 30 Tagen ist so zu finanzieren, dass zum Zahlungszeitpunkt das erforderliche Bankguthaben bereitsteht bzw. dass kurzfristige Forderungen zu diesem Zeitpunkt fällig sind.

Es sind zwei Formen des Anlagedeckungsgrades zu unterscheiden:

$$\text{Deckungsgrad I} = \frac{\text{Eigenkapital} \cdot 100}{\text{Anlagevermögen}}$$

$$\text{Deckungsgrad II} = \frac{(\text{Eigenkapital} + \text{langfristiges Fremdkapital}) \cdot 100}{\text{Anlagevermögen}}$$

Beispiel:

Zugrunde gelegt wird die Strukturbilanz der Metallwerke Neumann AG (siehe S. 23).

Aufgaben:

1. Ermitteln Sie die Anlagedeckungsgrade I und II!
2. Beurteilen Sie die errechneten Kennzahlen!

---

1 Für den Begriff Deckungsgrad wird auch der Begriff **Anlagedeckungsgrad** verwendet.

Lösungen:

Zu 1.: Deckungsgrad I $= \frac{6\,307\,345 \cdot 100}{10\,296\,000} = \underline{\underline{61\,\%}}$

Deckungsgrad II $= \frac{(6\,307\,345 + 5\,280\,000) \cdot 100}{10\,296\,000} = \underline{\underline{113\,\%}}$

Zu 2.: **Auswertung:**

Aus dem **Deckungsgrad I** ist erkennbar, dass die Grundregel, nach der das Anlagevermögen möglichst mit Eigenkapital finanziert sein sollte, nicht erfüllt ist. Das Anlagevermögen ist nur zu 61 % mit Eigenkapital finanziert und liegt damit unter dem Branchendurchschnitt.

Bezieht man in die Deckung (Finanzierung) des Anlagevermögens das langfristig verfügbare Fremdkapital mit ein, erhält man den **Deckungsgrad II.** Bei dieser Kennzahl ergibt sich für die Finanzierung des Anlagevermögens eine Überdeckung von 13 %.

Vergleicht man die Kennzahlen der Neumann AG mit den Branchenzahlen (vgl. S. 24), wird das Defizit in der Anlagenfinanzierung deutlich. Die Branchenwerte sind sowohl beim Deckungsgrad I (38 % geringer) als auch beim Deckungsgrad II (21 % geringer) verfehlt worden. Bezogen auf die Finanzstruktur ist die Neumann AG nicht gut aufgestellt.

> Die **Deckungsgrade** zeigen, inwieweit das langfristig gebundene Vermögen durch Eigenkapital (und langfristiges Fremdkapital) gedeckt ist.

1.3.2.4 Working Capital

Vom investierten Kapital abzugrenzen ist das Working Capital (Nettoumlaufvermögen). Es ist die Differenz von Umlaufvermögen und allen kurzfristigen Verbindlichkeiten.

Working Capital = Umlaufvermögen – kurzfristige Verbindlichkeiten

Das Working Capital sollte möglichst positiv sein, da dann das Umlaufvermögen ausreicht, die gesamten kurzfristigen Verbindlichkeiten zu decken. Ein negatives Working Capital bedeutet, dass auch Teile des langfristig gebundenen Anlagevermögens kurzfristig finanziert sind.

> Je höher das **Working Capital** ist, desto gesicherter ist die Zahlungsfähigkeit und damit auch die Unabhängigkeit des Unternehmens.

Ein zu hohes Working Capital hat jedoch negative Auswirkungen auf die Eigenkapitalrentabilität.[1] Optimierungsmöglichkeiten bieten dann die Lagerhaltung und das Forderungsmanagement.

Beispiel:

Zugrunde gelegt wird die Strukturbilanz der Metallwerke Neumann AG (siehe S. 23).

Aufgabe:

Ermitteln und beurteilen Sie die Höhe des Working Capitals!

Lösung:

Working Capital = 4 721 475,00 – 3 430 130,00 = <u>1 291 345,00 EUR</u>

Das Working Capital ist positiv, d.h. die Zahlungsfähigkeit des Unternehmens ist gesichert.

1 Zur Eigenkapitalrentabilität siehe S. 35.

1.4 Liquiditätsanalyse

1.4.1 Begriff Liquidität

Liquidität ist die Fähigkeit eines Unternehmens, jederzeit die Zahlungsverpflichtungen fristgerecht erfüllen zu können.

Wird die Liquidität auf einzelne Vermögensgegenstände bezogen, so ist die Liquidität eines Vermögensgegenstandes umso größer, je enger die Geldnähe ist. So steht der Kassenbestand bzw. das Bankguthaben als Zahlungsmittel unmittelbar bereit, während bei den Forderungen auf den Zahlungseingang bis zum Fälligkeitstag gewartet werden muss. Allgemein gilt: der Liquiditätsgrad eines Vermögensgegenstandes ist umso geringer, je später der Rückfluss als Zahlungsmittel erfolgt.

Beispiel:

Die Anschaffungskosten einer Maschine betragen 60 000,00 EUR, die Nutzungsdauer 10 Jahre. Bei linearer Abschreibung werden, sofern die Umsatzerlöse kostendeckend sind, 10 000,00 EUR in Zahlungsmittel umgewandelt. Der gesamte Umfinanzierungsprozess des Anlagevermögens in Zahlungsmittel wird erst am Ende der Nutzungsdauer erreicht.

1.4.2 Berechnung und Beurteilung der Liquiditätsgrade

Zu unterscheiden sind **drei Liquiditätskennzahlen**:

Bei der **Liquidität 1. Grades,** auch **Barliquidität** genannt, werden als Deckungsmittel nur die unmittelbar flüssigen Mittel (Bargeld, Bankguthaben) in die Berechnung einbezogen.

$$\text{Liquidität 1. Grades (Barliquidität)} = \frac{(\text{Barmittel} + \text{Bankguthaben}) \cdot 100}{\text{kurzfristiges Fremdkapital}}$$

Eine Norm zur Beurteilung der Barliquidität ist die **„One-to-five-Rate"**. Sie besagt, dass die kurzfristigen Verbindlichkeiten mindestens zu 20 % durch flüssige Mittel gedeckt sein sollten.

Zur **Liquidität 2. Grades** gehören Vermögensposten, die derzeit noch keinen Geldcharakter haben, deren Umwandlung in Geldmittel jedoch unmittelbar bevorsteht. Da das Geld, wie etwa bei den Forderungen, noch eingezogen werden muss, spricht man auch von **einzugsbedingter Liquidität.**

$$\begin{array}{l}\text{Liquidität 2. Grades}\\ \text{(einzugsbedingte Liquidität)}\end{array} = \frac{(\text{kurzfristige Forderungen} + \text{liquide Mittel}) \cdot 100}{\text{kurzfristiges Fremdkapital}}$$

Eine Norm zur Beurteilung der einzugsbedingten Liquidität ist die **„One-to-one-Rate"**. Nach dieser Norm soll diese Liquiditätszahl mindestens 100 % betragen.

Zur **Liquidität 3. Grades** gehören auch die Gegenstände des Umlaufvermögens, die die Produktionsphase noch nicht durchlaufen haben (Vorräte), die also gegenüber den Forderungen noch eine Phase länger benötigen, um in Geld umgewandelt zu werden. Da die

Vorräte noch im Produktionsprozess in Fertigerzeugnisse umgewandelt werden müssen, sprechen wir auch von **produktionsbedingter Liquidität.**

$$\text{Liquidität 3. Grades (produktionsbedingte Liquidität)} = \frac{(\text{Vorräte} + \text{Forderungen} + \text{liquide Mittel}) \cdot 100}{\text{kurzfristiges Fremdkapital}}$$

Anzustreben ist hier ein Wert von 200 %.

Beispiel:

Zugrunde gelegt wird die Strukturbilanz der Metallwerke Neumann AG (siehe S. 23).

Aufgaben:

1. Ermitteln Sie die Liquiditätskennzahlen 1., 2. und 3. Grades!
2. Beurteilen Sie die errechneten Kennzahlen!

Lösungen:

Zu 1.: Liquidität 1. Grades $= \frac{211\,475 \cdot 100}{3\,430\,130} = \underline{\underline{6{,}2\,\%}}$[1]

Liquidität 2. Grades $= \frac{871\,475 \cdot 100}{3\,430\,130} = \underline{\underline{25{,}4\,\%}}$

Liquidität 3. Grades $= \frac{4\,721\,475 \cdot 100}{3\,430\,130} = \underline{\underline{137{,}6\,\%}}$

Zu 2.: Zur Liquidität im vorliegenden **Beispiel** lassen sich folgende Aussagen treffen:

Auch wenn man berücksichtigt, dass die ermittelte Barliquidität wegen der fehlenden Fälligkeitstermine für das kurzfristige Fremdkapital ungenau ist, kann das krasse Missverhältnis zwischen den liquiden Mitteln und den kurzfristigen Verbindlichkeiten nicht übersehen werden (**One-to-five-Rate** nicht erreicht). Das gilt auch für die gesamte Metallbranche.

Die Summe von kurzfristigen Forderungen und liquiden Mitteln bezeichnet man auch als **monetäres Umlaufvermögen.** Für das monetäre Umlaufvermögen gilt nach der **„One-to-one-Rate",** dass es genauso hoch sein sollte wie die kurzfristigen Verbindlichkeiten. Auch die „One-to-one-Rate" wird nicht erreicht. Nach dem Liquiditätsgrad 2 ist das kurzfristige Fremdkapital nur zu 25 % mit monetärem Umlaufvermögen gedeckt. Auch der Liquiditätsgrad 3 ist unbefriedigend.

Vergleicht man die Liquiditätskennzahlen der Neumann AG mit den Branchenkennzahlen (vgl. S. 24), ist festzuhalten, dass beide Liquiditätsgrade unter den Branchenkennzahlen liegen. Bezogen auf die Liquiditätskennzahlen ist die Neumann AG schlecht aufgestellt. Eine Verbesserung der Liquidität zur Sicherung einer ständigen Zahlungsbereitschaft ist für die Neumann AG unumgänglich.

(1) Aussagekraft der Liquidität

- Die Bilanz kann nur die **Situation** am **Bilanzstichtag** wiedergeben. Liquidität ist aber eine sich täglich, ja sogar sich mehrmals täglich verändernde Größe, deren Aussagewert nur für diesen Augenblick der Feststellung von Bedeutung ist.
- Die Liquiditätskennzahlen treffen **keine Aussage** über die **künftige Liquidität,** d.h. über zukünftige Zahlungseingänge und Zahlungsausgänge.

1 Um die Aussagekraft zu erhöhen, werden diese Kennzahlen mit einer Dezimale angegeben.

- Es liegen nur **Abschlusszahlen der Vergangenheit** vor.

Beispiel:

Die Bilanz gibt keine Auskunft über die Fälligkeitstermine der in ihr ausgewiesenen Posten. Auch der Kreditspielraum eines Unternehmens ist aus der Bilanz nicht unmittelbar ablesbar. Laufende Zahlungsverpflichtungen für Personalkosten, Miete, Steuern usw. gehen aus der Bilanz nicht hervor.

- Der **Zielkonflikt** zwischen **Liquidität und Rentabilität**[1] wird nicht berücksichtigt. (Eine hohe Liquidität geht zulasten der Rentabilität, da die überschüssigen liquiden Mittel nicht zinsbringend angelegt sind und umgekehrt.)

Die Liquiditätsanalyse ist eine **Zeitpunktaufnahme.** Die eingeschränkte Aussagekraft dieser Kennzahl hat dazu geführt, die Liquiditätsanalyse zeitraumbezogen mithilfe der **Cashflow-Analyse** zu erweitern.[2]

Zusammenfassung

- Grundlage für die Berechnung der Bilanzkennzahlen ist die **Strukturbilanz,** in der die Bilanzposten neu geordnet und zusammengefasst werden.
- Die **Vermögensstruktur** (Anlage-/Umlaufquote) wird vor allem für den Vergleich mit dem Branchendurchschnitt genutzt.
- Die **Kapitalstruktur** wird durch die Eigenkapital- und Fremdkapitalquote sowie den statischen Verschuldungsgrad ermittelt. Statische Verschuldungsgrade bis 200 % sind in der Praxis üblich, bergen aber ein Liquiditätsrisiko.
- Für die **Anlagendeckung** gilt die **goldene Bilanzregel,** wonach langfristige Investitionen mit langfristigem Kapital zu finanzieren sind (Fristenkongruenz).
- Ein positives **Working Capital** deutet auf eine gesicherte Zahlungsfähigkeit hin.
- Der **Liquiditätsgrad 1** sollte 20 % nicht unterschreiten (One-to-five-Rate). Für den **Liquiditätsgrad 2** sind mindestens 100 % sinnvoll (One-to-one-Rate).
- Beim **Liquiditätsgrad 3** (produktionsbedingte Liquidität) werden zusätzlich die Vorräte einbezogen. Er sollte daher möglichst bei 200 % liegen.

Kompetenztraining

3 Bilanz- und Liquiditätskennzahlen

1. 1.1 Erläutern Sie, wie viel Prozent der Anlagedeckungsgrad I eines Unternehmens betragen sollte!

   1.2 Nehmen Sie kritisch Stellung zu Liquiditätskennzahlen!

   1.3 Erläutern Sie die nachfolgenden Bilanzkennzahlen und geben Sie an, was die Zahlenwerte aussagen!

Eigenkapitalquote	45 %
Liquidität 2. Grades	120 %
Anlagedeckungsgrad II	150 %

1 Vgl. hierzu Kapitel 1.5.1.2.,S. 35ff.

2 Vgl. hierzu Kapitel 1.5.1.5., S. 46ff.

1.4 Notieren Sie die Ziffer(n), bei der (denen) der Grundsatz der Fristengleichheit eingehalten ist!

1.4.1 EK < AV
1.4.2 EK + langfr. FK ≥ AV
1.4.3 EK ≥ AV
1.4.4 EK + langfr. FK ≤ AV + langfr. UV
1.4.5 EK + langfr. FK ≤ AV
1.4.6 EK + langfr. FK ≥ AV + langfr. UV

2. Ein Industrieunternehmen legt für die beiden letzten Geschäftsjahre die folgenden bereinigten Abschlusszahlen vor:

Aktiva — Strukturbilanz — Passiva

Aktiva	Berichtsjahr	Vorjahr	Passiva	Berichtsjahr	Vorjahr
I. Anlagevermögen	2146500,00	2070000,00	**I. Eigenkapital**	1218600,00	910350,00
II. Umlaufvermögen			**II. Fremdkapital**		
1. mittelfristig	500400,00	344700,00	1. langfristig	1350000,00	1170000,00
2. kurzfristig	366750,00	211500,00	2. kurzfristig	700200,00	767250,00
3. sofort flüssig	255150,00	221400,00			
	3268800,00	2847600,00		3268800,00	2847600,00

Aufgaben:

2.1 Berechnen und beurteilen Sie die Anlagedeckungsgrade I und II unter Berücksichtigung der Vorjahreszahlen!

2.2 Berechnen und beurteilen Sie die Liquiditätsgrade 1 bis 3 unter Berücksichtigung der Vorjahreszahlen!

4 Ermittlung und Beurteilung von Bilanzkennzahlen

Die Elastomer GmbH ist ein bedeutender Hersteller von dauerelastischen Werkstoffen. Das Unternehmen plant umfangreiche Investitionen für den Umweltschutz. Zur Vorbereitung der Finanzierung legt die Elastomer GmbH ihrer Hausbank folgende zusammengefasste Bilanz vor:

Aktiva — Zusammengefasste Bilanz der Elastomer GmbH (Mio. EUR) — Passiva

Aktiva		Passiva	
Sachanlagevermögen	111,5	Stammkapital	46,0
Finanzanlagevermögen	9,2	Rücklagen	22,9
Vorräte	38,1	Bilanzgewinn	4,8
Forderungen a. Lief. u. Leist.	45,6	Langfristige Bankkredite	77,1
Sonstiges Umlaufvermögen	2,9	Kurzfristige Bankkredite	12,4
Kasse, Bank	11,7	Verbindlichkeiten a. Lief. u. Leist.	55,8
	219,0		219,0

Der Bilanzgewinn ist zur Ausschüttung vorgesehen.

Aufgaben:

1. Ermitteln Sie die Eigenkapitalquote und beurteilen Sie das Ergebnis mithilfe der Branchenkennzahl aus der nachfolgenden Tabelle!

Branche	Eigenkapitalquote
Chemische Industrie	39,1 %

2. Überprüfen Sie anhand der Anlagedeckungsgrade, des Working Capitals und der Liquidität 1., 2. und 3. Grades die Erfüllung der goldenen Bilanzregel und die Zahlungsbereitschaft der Elastomer GmbH!

1.5 Erfolgsanalyse

LB 1 Handlungssituation 2: Gewinn- und Verlustrechnung mithilfe geeigneter Kennzahlen beurteilen

Die Anlagen- und Maschinenbau AG, Augsburg, hat im Rahmen ihres Jahresabschlusses auch die Gewinn- und Verlustrechnungen der letzten beiden Geschäftsjahre veröffentlicht.

Gewinn- und Verlustrechnung zum 31.12.20.. (in TEUR)	Berichtsjahr	Vorjahr
1. Umsatzerlöse	85623	109233
2. Erhöhung oder Verminderung des Bestands an fertigen und unfertigen Erzeugnissen	– 1498	72
3. Andere aktivierte Eigenleistungen	0	0
4. Sonstige betriebliche Erträge	2984	6399
5. Materialaufwand	–20532	– 28984
6. Personalaufwand	–30249	– 29390
7. Abschreibungen auf immaterielle Vermögensgegenstände des Anlagevermögens und Sachanlagen	–10211	– 10021
8. Sonstige betriebliche Aufwendungen	–20606	– 36255
9. Erträge aus Beteiligungen	1677	1812
10. Erträge aus anderen Wertpapieren und Ausleihungen des Finanzanlagevermögens	0	57
11. Sonstige Zinsen und ähnliche Erträge	7	180
12. Abschreibungen auf Finanzanlagen	0	– 85
13. Zinsen und ähnliche Aufwendungen	– 967	– 1206
14. Steuern vom Einkommen und vom Ertrag	– 1803	– 1467
14. Ergebnis nach Ertragssteuern	**4425**	**10345**
16. Sonstige Steuern	– 191	– 9868
17. Jahresüberschuss	**4234**	**477**

Kompetenzorientierte Arbeitsaufträge:

1. Ermitteln und beurteilen Sie die Finanz- und Ertragskraft der Anlagen- und Maschinenbau AG mithilfe folgender Kennzahlen: Eigen- und Gesamtkapitalrentabilität, Umsatzrentabilität, Kapitalumschlag, ROI, Cashflow, dynamischer Verschuldungsgrad und das EBIT!

   Hinweis: Die Zahlen für das Eigen- und Gesamtkapital entnehmen Sie Ihrer in Handlungssituation 1 erstellten Strukturbilanz der Anlagen- und Maschinenbau AG.

2. Erläutern Sie den Leverage-Effekt!
3. Vergleichen Sie die Gesamtkapitalrentabilität mit dem ROI und erklären Sie das Ergebnis!

3 Kaier, Speth, Hug - ISBN 978-3-8120-0662-0

1.5.1 Kennzahlen der Finanz- und Ertragskraft

Zur Ermittlung der Ertragskraft werden im Folgenden verschiedene Rentabilitätskennzahlen sowie deren Einflussfaktoren untersucht. Die Analyse der Finanzkraft erfolgt mithilfe des Cashflows, des dynamischen Verschuldungsgrads sowie des EBIT.

1.5.1.1 Ausgangsdaten für die Beispielrechnungen

Die Erfolgskennzahlen werden beispielhaft anhand der Metallwerke Neumann AG aufgezeigt. Es ist von folgender Gewinn- und Verlustrechnung auszugehen:

Gewinn- und Verlustrechnung der Metallwerke Neumann AG		
1.	Umsatzerlöse	17 050 000,00 EUR
2.	Erhöhungen des Bestands an fertigen und unfertigen Erzeugnissen	568 520,00 EUR
4.	Sonstige betriebliche Erträge	36 480,00 EUR
5.	Materialaufwand a) Aufwendungen an Roh-, Hilfs- und Betriebsstoffen	8 210 310,00 EUR
6.	Personalaufwand a) Löhne und Gehälter b) Soz. Abgaben und Aufw. für Altersversorgung und Unterstützung	 3 197 300,00 EUR 1 120 200,00 EUR
7.	Abschreibungen a) auf immaterielle Vermögensgegenstände b) auf Sachanlagen	 330 365,00 EUR 473 000,00 EUR
8.	Sonstige betriebliche Aufwendungen (davon Zuführung zu langfr. Rückstellungen 171 600,00 EUR)	2 452 000,00 EUR
9.	Erträge aus Beteiligungen, davon aus verbundenen Unternehmen	150 000,00 EUR
11.	Sonstige Zinsen und ähnliche Erträge, davon aus verbundenen Unternehmen	42 000,00 EUR
13.	Zinsen und ähnliche Aufwendungen	522 500,00 EUR
14.	Steuern vom Einkommen und vom Ertrag	832 000,00 EUR
15.	**Ergebnis nach Ertragsteuern**	**709 325,00 EUR**
16.	Sonstige Steuern	65 000,00 EUR
17.	**Jahresüberschuss**	**644 325,00 EUR**

Für die nachfolgende **Ergebnisanalyse** der Neumann AG werden die durchschnittlichen **Branchenkennzahlen** der vergangenen Jahre als Beurteilungsgrundlage herangezogen.

Branche	Eigenkapital-rentabilität	Gesamtkapital-rentabilität	Umsatz-rentabilität	Umschlags-häufigkeit des Gesamtkapitals	ROI (Gesamt-kapital)
Metallindustrie	19,6 %	7,1 %	3,0 %	2,4 %	7,1 %

Vgl. Statistische Sonderveröffentlichungen der Deutschen Bundesbank.

1.5.1.2 Rentabilitätskennzahlen

(1) Begriff Rentabilität

Bei den Kennzahlen der Rentabilität werden Größen der Gewinn- und Verlustrechnung in die Beurteilung des Unternehmens einbezogen. Die wichtigste Kennzahl dabei ist der Gewinn. Da jedes Unternehmen in Bezug auf Rechtsform, Kapitalausstattung, Wirtschaftsbranche und Größe andere Bedingungen aufweist, sagt die absolute Höhe des Gewinnes nur wenig aus. Um eine vergleichbare Aussage über den Erfolg eines Unternehmens treffen zu können, muss der Gewinn prozentual in Beziehung zu jenen Größen gebracht werden, die ihn ermöglicht haben. Solche messbaren Größen sind z. B. das **Kapital** oder der **Umsatz.**

Die **Rentabilität** ist eine Messgröße für die Ergiebigkeit eines Mitteleinsatzes.

(2) Kapitalrentabilität

Hierbei wird der erzielte Gewinn zum Kapital in Beziehung gesetzt. Je nachdem, ob man als Bezugsgröße das Eigenkapital oder das Gesamtkapital wählt, erhält man als Kennzahl die **Eigenkapitalrentabilität** oder die **Gesamtkapitalrentabilität.** Die Eigenkapitalrentabilität wird häufig auch als **Unternehmerrentabilität** und die Gesamtkapitalrentabilität als **Unternehmensrentabilität** bezeichnet.

■ **Eigenkapitalrentabilität (Unternehmerrentabilität)**

Bei der Eigenkapitalrentabilität wird der erzielte Gewinn in Prozenten zum durchschnittlichen Eigenkapital ausgedrückt. Es soll festgestellt werden, welche Rendite das durchschnittlich eingesetzte Eigenkapital insgesamt erbracht hat.

$$\text{Eigenkapitalrentabilität} = \frac{\text{Gewinn} \cdot 100}{\text{Ø Eigenkapital}^{1}}$$

Da sich das Eigenkapital praktisch durch jeden Erfolgsvorgang laufend verändert, ist es ungenau, wenn der erzielte Gewinn dem Eigenkapital am Anfang oder am Ende der Geschäftsperiode gegenübergestellt wird. Um relativ genau zu sein, muss vom durchschnittlichen Eigenkapital ausgegangen werden. Geht man davon aus, dass das Eigenkapital der Metallwerke Neumann AG am Anfang der Geschäftsperiode 5 227 750,00 EUR betrug, ergibt sich folgender Durchschnittswert:

Beispiel:

Zugrunde gelegt wird die Strukturbilanz (S. 23) und die Gewinn- und Verlustrechnung (S. 34) der Metallwerke Neumann AG. Das Eigenkapital lag im Vorjahr bei 5 227 750,00 EUR.

Aufgabe:

Ermitteln Sie die Eigenkapitalrentabilität und beurteilen Sie diese!

Lösung:

$$\text{Durchschnittswert für das Eigenkapital} = \frac{5\,227\,750 + 6\,307\,345}{2} = 5\,767\,547{,}50 \text{ EUR}$$

$$\text{Eigenkapitalrentabilität} = \frac{644\,325 \cdot 100}{5\,767\,547{,}50} = \underline{\underline{11{,}17\,\%}}$$

1 Ist das Eigenkapital vom Jahresanfang nicht bekannt, wird mit dem in der Bilanz ausgewiesenen Eigenkapital gerechnet.

Diese Eigenkapitalrentabilität ist im Vergleich zum gegenwärtigen Kapitalmarktzins durchaus befriedigend. Die Aktionäre erwarten jedoch häufig Werte von über 15 %.

Gesamtkapitalrentabilität (Unternehmensrentabilität)

Wählt man als Bezugsgröße das durchschnittliche Gesamtkapital, dann muss der Gewinn um die angefallenen Zinsen („Ertrag des Fremdkapitalgebers") für das Fremdkapital erhöht werden. Erst durch die Hinzurechnung der Zinsen für das Fremdkapital sind die in Beziehung zu setzenden Größen (Bruttogewinn und durchschnittliches Gesamtkapital) miteinander vergleichbar.

$$\text{Bruttogewinn} = \text{Gewinn} + \text{Fremdkapitalzinsen}$$

$$\text{Gesamtkapitalrentabilität} = \frac{\text{Bruttogewinn} \cdot 100}{\text{Ø Gesamtkapital}}$$

Beispiel:

Zugrunde gelegt wird die Strukturbilanz (S. 23) und die Gewinn- und Verlustrechnung (S. 34) der Metallwerke Neumann AG. Das Gesamtkapital lag im Vorjahr bei 14 252 645,00 EUR.

Aufgabe:

Ermitteln Sie die Gesamtkapitalrentabilität und beurteilen Sie diese!

Lösung:

$$\text{Bruttogewinn} = 644\,325 + 522\,500 = 1\,166\,825{,}00 \text{ EUR}$$

$$\text{Durchschnittskapital} = \frac{14\,252\,645 + 15\,017\,475}{2} = 14\,635\,060{,}00 \text{ EUR}$$

$$\text{Gesamtkapitalrentabilität} = \frac{1\,166\,825 \cdot 100}{14\,635\,060} = \underline{\underline{7{,}97\,\%}}$$

Die Gesamtkapitalrentabilität sagt dem Unternehmer, ob sich die Investierung von Fremdkapital in seinem Unternehmen lohnt. Dies ist dann gegeben, wenn der Zinssatz für Fremdkapital unter der Gesamtkapitalrentabilität liegt. Beträgt der Zinssatz für Fremdkapital z. B. 4 % und liegt die Gesamtkapitalrentabilität bei 6 %, dann verdient das Unternehmen 2 % am Einsatz des Fremdkapitals, d. h., die Eigenkapitalrentabilität steigt an.[1]

(3) Umsatzrentabilität

Bei dieser Kennzahl wird der Gewinn auf den Umsatz bezogen. Die Umsatzrentabilität lässt erkennen, wie viel das Unternehmen in Bezug auf einen Euro verdient hat. Eine Umsatzrendite von 10 % z. B. besagt, dass mit jedem Euro Umsatz ein Bruttogewinn von 10 Cent erwirtschaftet wurde. In Prozenten ausgedrückt lautet die Formel:[2]

$$\text{Umsatzrentabilität} = \frac{\text{Bruttogewinn} \cdot 100}{\text{Umsatz}}$$

1 Siehe auch die Ausführungen zum Leverage-Effekt auf S. 43 f.

2 Zur Definition vgl. Wöhe, G.: Einführung in die Allgemeine Betriebswirtschaftslehre, 24. Auflage, München 2010, S. 915.

Beispiel:

Zugrunde gelegt wird die Gewinn- und Verlustrechnung (S. 34) der Metallwerke Neumann AG.

Aufgabe:

Ermitteln Sie die Umsatzkapitalrentabilität und beurteilen Sie diese!

Lösung:

$$\text{Umsatzrentabilität} = \frac{1\,166\,825 \cdot 100}{17\,050\,000} = \underline{\underline{6{,}84\,\%}}$$

Vergleicht man die Rentabilitätskennzahlen der Neumann AG mit den **Branchendaten** (vgl. S. 34), stellt man fest, dass die Eigenkapitalrentabilität um rund 8,5 % unter dem Branchendurchschnitt liegt. Da die Gesamtkapitalrentabilität leicht über dem Branchendurchschnitt liegt, ist zu vermuten, dass die Neumann AG verstärkt mit Eigenkapital arbeitet und gegebenenfalls die Fremdkapitalquote erhöhen müsste, um die Eigenkapitalrentabilität zu steigern.

Die Umsatzrentabilität liegt deutlich über dem Branchendurchschnitt. Dies deutet auf eine höhere Produktivität hin bzw. eine günstigere Kostensituation bei der Neumann AG als im Branchendurchschnitt.

1.5.1.3 Return on Investment (ROI)

Der **Return on Investment**[1] (auch Kapitalrendite genannt) ist eine Kennzahl, die aus der **Umsatzrentabilität** und der **Gesamtkapitalumschlagshäufigkeit (Kapitalumschlag** zusammengesetzt ist.

$$\text{ROI} = \frac{\text{Bruttogewinn} \cdot 100}{\text{Umsatzerlöse}} \cdot \frac{\text{Umsatzerlöse}}{\varnothing\ \text{Gesamtkapital}}$$

ROI = Umsatzrentabilität · GK-Umschlagshäufigkeit[2]

Die ROI-Kennzahl gibt Auskunft über den Erfolg, den das Unternehmen mit dem investierten Kapital erzielt hat. Sie zeigt, ob der erwirtschaftete Unternehmenserfolg auf einer Änderung der Umsatzrentabilität beruht oder auf die Erhöhung (bzw. Rückgang) der Gesamtkapitalumschlagshäufigkeit zurückzuführen ist. Die ROI-Kennzahl ist damit geeignet, die **Wechselbeziehungen zwischen Gewinn, Umsatz und Kapitaleinsatz** aufzuhellen.

Beispiel:

Aus den Jahresabschlüssen der Metallwerke Neumann AG entnehmen wir nebenstehende Daten:

	Berichtsjahr	Vorjahr
Bruttogewinn	1 166 825,00 EUR	1 105 703,00 EUR[3]
Ø Gesamtkapital	14 635 060,00 EUR	13 223 420,00 EUR[3]
Umsatzerlöse	17 050 000,00 EUR	12 567 700,00 EUR

Aufgaben:

1. Berechnen Sie den Return on Investment!
2. Erläutern Sie, worauf die Veränderung des Return on Investment zurückzuführen ist!

1 **Return on Investment** deshalb, weil der Rückfluss des investierten Kapitals über die Rendite des eingesetzten Kapitals erfolgt.

2 Die **Gesamtkapitalumschlagshäufigkeit** sagt aus, wie oft das eingesetzte durchschnittliche Gesamtkapital umgeschlagen wurde.

3 Es handelt sich um angenommene Zahlen.

Lösungen:

Zu 1.: Berechnung des Return on Investment

Berichtsjahr

$$ROI = \frac{1\,166\,825 \cdot 100}{17\,050\,000} \cdot \frac{17\,050\,000}{14\,635\,060}$$

$$= 6{,}84\,\% \cdot 1{,}165 = \underline{\underline{7{,}97\,\%}}$$

Vorjahr

$$= \frac{1\,105\,703 \cdot 100}{12\,567\,700} \cdot \frac{12\,567\,700}{13\,223\,420}$$

$$= 8{,}80\,\% \cdot 0{,}950 = \underline{\underline{8{,}36\,\%}}$$

Zu 2.: Erläuterungen zur Veränderung des Return on Investment

- Die Gesamtkapitalrentabilität, also der Rückfluss des investierten Gesamtkapitals, ist im Berichtsjahr gefallen.
- Der Rückgang der Gesamtkapitalrentabilität beruht darauf, dass die erhöhte Gesamtkapitalumschlagshäufigkeit den Rückgang der Umsatzrentabilität nicht ausgleichen kann.

Die **ROI-Kennzahl** ermöglicht eine Analyse der erzielten Gesamtkapitalrentabilität, ob sie mehr auf die Umsatzrentabilität oder auf die Umschlagshäufigkeit des Gesamtkapitals zurückzuführen ist.

Zusammenfassung

- Die **Rentabilität** ist eine Messgröße für die Ergiebigkeit eines Mitteleinsatzes.
- Die **ROI-Kennzahl** macht deutlich, worin der Grund für eine Veränderung der Gesamtrentabilität liegt.

Kompetenztraining

Hinweis: Verwenden Sie zur Beurteilung der Ergebnisse der folgenden Aufgaben – sofern gefordert – diese Branchendurchschnittswerte:

Branche	Eigenkapitalquote	Statischer Verschuldungsgrad	Deckungsgrad I	Deckungsgrad II	Liquiditätsgrad 1	Liquiditätsgrad 2	Eigenkapital-rentabilität	Gesamtkapital-rentabilität	Umsatzrentabilität	Umschlagshäufigkeit des Gesamtkapitals	ROI (Gesamtkapital)
Chemische Industrie	39,1 %	164 %	103 %	134 %	8 %	106 %	12,3 %	8,1 %	6,3 %	1,3	8,1 %
Elektro-industrie	29,5 %	141 %	95 %	107 %	14 %	88 %	15,4 %	5,5 %	3,0 %	1,2	5,5 %
Metall-industrie	32,1 %	147 %	99 %	134 %	7,3 %	85 %	19,6 %	7,1 %	3,0 %	2,4	7,1 %
Textil-industrie	34,8 %	154 %	87 %	164 %	16 %	86 %	16,7 %	8,0 %	3,9 %	2,1	8,0 %

Vgl. Statistische Sonderveröffentlichungen der Deutschen Bundesbank.

5 Eigenkapital- und Umsatzrentabilität

Die Buchführung bzw. die Kosten- und Leistungsrechnung einer Maschinenfabrik liefert uns folgende Zahlenwerte:

Eigenkapital:		Sonstige Aufwendungen	105 Mio. EUR
– am Anfang	350 Mio. EUR	davon Fremdkapitalzinsen	8 Mio. EUR
– am Ende	400 Mio. EUR	Umsatzerlöse netto	850 Mio. EUR
Aufwend. für Rohstoffe	700 Mio. EUR	Jahresüberschuss	45 Mio. EUR

Aufgaben:

1. Berechnen Sie die Umsatzrentabilität und die Unternehmerrentabilität!
2. Beurteilen Sie die Kennzahlen unter Berücksichtigung der entsprechenden Branchendurchschnittswerte!

6 Gesamtkapitalrentabilität

Die Buchführung bzw. die Kosten- und Leistungsrechnung der Nova Caravan AG liefert uns folgende Quartalszahlen:

Umsatzerlöse netto	1 114 640,00 EUR
Aufwendungen für Roh-, Hilfs- und Betriebsstoffe	870 000,00 EUR
Sonstige Aufwendungen	215 000,00 EUR
Durchschnittl. Eigenkapital	380 000,00 EUR
Durchschnittl. Fremdkapital	597 500,00 EUR

In den sonstigen Aufwendungen sind 16 430,00 EUR Fremdkapitalzinsen enthalten.

Aufgabe:

Berechnen und beurteilen Sie die Gesamtkapitalrentabilität, wenn der Branchenwert im Fahrzeugbau 3,2 % beträgt!

7 Bilanz- und Erfolgskennzahlen

Die Textilfabrik Sonja Fröhlich GmbH hat sich mit Kindermoden eine Marktnische geschaffen. Um das Unternehmen auf dem neuesten Stand zu halten, wurde im letzten Jahr viel investiert. Der Gesellschafter Heinz Gebauer ist nicht sicher, ob das Unternehmen noch ordentlich finanziert ist. Er hat sich deshalb die Bilanz und einige Zahlen der GuV-Rechnung geben lassen:

Aktiva	Vereinfachte Bilanz der Sonja Fröhlich GmbH		Passiva
Anlagevermögen	515 000,00	Stammkapital	158 000,00
Vorräte	331 000,00	Rücklage	50 000,00
Forderungen a. Lief. u. Leist.	485 000,00	Langfristige Grundschuld	726 000,00
Kasse, Bank	117 000,00	Kurzfristige Bankkredite	156 000,00
		Verbindlichkeiten a. Lief. u. Leist.	358 000,00
	1 448 000,00		1 448 000,00

Laut GuV-Rechnung wurde ein Gewinn in Höhe von 39 650,00 EUR erwirtschaftet. Ihm steht eine Belastung durch Fremdkapitalzinsen in Höhe von 57 964,00 EUR gegenüber.

Aufgabe:

Überprüfen Sie für Heinz Gebauer die Eigenkapitalquote, den statischen Verschuldungsgrad, die Liquiditätsgrade 1 und 2, die Eigenkapitalrentabilität und die Rentabilität des Unternehmens!

Hinweis: Ziehen Sie zur Beurteilung die auf S. 38 angegebenen Branchenkennzahlen zurate.

8 Umsatzrentabilität und Return on Investment

1.

	Vorjahr	Berichtsjahr
Ø Gesamtkapital	7 500 000,00 EUR	6 800 000,00 EUR
Umsatzerlöse	20 800 000,00 EUR	20 384 000,00 EUR
Bruttogewinn	520 000,00 EUR	509 600,00 EUR

Aufgaben:

1.1 Ermitteln Sie die Umsatzrentabilität, die Kapitalumschlagshäufigkeit und den Return on Investment!

1.2 Interpretieren Sie die Änderung der Rentabilität des Gesamtkapitals!

2.

	Artikelgruppe I	Artikelgruppe II	Insgesamt
Ø Gesamtkapital	140 000,00 EUR	140 000,00 EUR	280 000,00 EUR
Umsatzerlöse	420 000,00 EUR	140 000,00 EUR	560 000,00 EUR
Bruttogewinn	42 000,00 EUR	14 000,00 EUR	56 000,00 EUR

Aufgaben:

2.1 Errechnen Sie die Umsatzrentabilität, die Kapitalumschlagshäufigkeit und den Return on Investment!

2.2 Beschreiben Sie die Auswirkungen, die hohe Investitionen ins Anlagevermögen auf den Return on Investment haben!

2.3 Arbeiten Sie heraus, wodurch der Return on Investment verbessert werden kann!

9 Bilanz- und Erfolgskennzahlen und deren Beurteilung

Die Windkraft Winterloh AG legt aufgrund bereits vorgenommener Abschlussbuchungen und erfolgter Zuordnung zu den einzelnen Bilanzposten folgende Zahlen vor:

Grundstücke, grundstücksgleiche Rechte und Bauten einschließlich der Bauten auf fremden Grundstücken (kurz: Grundstücke und Bauten) 545 000,00 EUR, Rückstellungen für Pensionsanwartschaften 410 500,00 EUR, technische Anlagen und Maschinen 785 000,00 EUR, andere Anlagen, Betriebs- und Geschäftsausstattung 758 100,00 EUR, langfristige Verbindlichkeiten gegenüber Kreditinstituten (Darlehen mit einer Laufzeit von 10 Jahren) 1 500 000,00 EUR, Verbindlichkeiten aus Lieferungen 248 480,00 EUR, unfertige Erzeugnisse 1 773 200,00 EUR, Kassenbestand (eigener Bilanzposten) 85 200,00 EUR, Guthaben bei Kreditinstituten 235 450,00 EUR, Forderungen aus Lieferungen und Leistungen 390 550,00 EUR, sonstige (kurzfristige) Verbindlichkeiten 701 230,00 EUR, Eigenkapital (einschl. Gewinnrücklage) 1 712 290,00 EUR.

Aus der Gewinn- und Verlustrechnung liegen folgende Zahlen vor:

Umsatzerlöse 1 785 900,00 EUR, Jahresüberschuss 111 300,00 EUR, Zinsen für Fremdkapital 145 000,00 EUR, Eigenkapital zu Beginn der Geschäftsperiode 1 600 990,00 EUR, Fremdkapital zu Beginn der Geschäftsperiode: langfristig 2 040 700,00 EUR, kurzfristig 789 910,00 EUR.

Aufgaben:

1. Erstellen Sie aufgrund der angegebenen Werte die Strukturbilanz!
2. Bilden Sie folgende Kennzahlen und orientieren Sie sich bei der Beurteilung an den angegebenen Durchschnittswerten!

   2.1 Kennzahlen zur Kapitalstruktur und zur Finanzstruktur:

   2.1.1 Eigenkapitalquote,

   2.1.2 Statischer Verschuldungsgrad,

2.1.3 Deckungsgrad I,
2.1.4 Deckungsgrad II

2.2 Kennzahlen zur Liquidität:
2.2.1 Liquiditätsgrad 1,
2.2.2 Liquiditätsgrad 2

2.3 Kennzahlen zur Rentabilität:
2.3.1 Eigenkapitalrentabilität,
2.3.2 Gesamtkapitalrentabilität,
2.3.3 Umsatzrentabilität,
2.3.4 ROI (Gesamtkapital)

Die durchschnittlichen Branchenkennzahlen der vergangenen Jahre finden Sie auf S. 38!

10 Bilanz- und Erfolgskennzahlen und deren Beurteilung

Am Schluss des Geschäftsjahres legt die Automatisierungselektronik Meister AG die folgende vereinfachte Bilanz vor:

Aktiva	Schlussbilanz zum 31.12.20..		Passiva
Sachanlagen	9 350 000,00	Gezeichnetes Kapital	5 500 000,00
Finanzanlagen	2 750 000,00	Rücklagen	3 300 000,00
Vorräte	2 200 000,00	Rückstellungen	1 100 000,00
Forderungen a. L. u. L.	6 930 000,00	Darlehen	7 700 000,00
Kasse, Bank	770 000,00	Verbindlichk. a. L. u. L.	4 400 000,00
	22 000 000,00		22 000 000,00

Zusätzlich sind die folgenden Daten aus der GuV-Rechnung und der Kosten- und Leistungsrechnung bekannt:

- Es wurden Umsatzerlöse in Höhe von 55 000 000,00 EUR erzielt.
- Für die Darlehen waren 600 000,00 EUR Zinsen zu zahlen.
- Die Rohstoffkosten betrugen 15 800 000,00 EUR und die Fertigungslohnkosten 13 200 000,00 EUR. Ferner sind variable Energiekosten im Fertigungsbereich in Höhe von 2 200 000,00 EUR entstanden.
- Die restlichen Gemeinkosten beliefen sich auf 22 000 000,00 EUR und gelten in dieser Aufgabe vereinfachend alle als Fixkosten.

Aufgaben:

1. Ermitteln Sie die folgenden Kennzahlen und Daten:
   1.1 Eigenkapitalrentabilität,
   1.2 Gesamtkapitalrentabilität,
   1.3 Umsatzrentabilität,
   1.4 Kapitalumschlagshäufigkeit,
   1.5 Return on Investment.
2. Erklären Sie die Aussage der Kennzahl ROI! Beurteilen Sie mit drei konkreten Beispielen, welche Ansatzpunkte (Stellschrauben) genutzt werden können, um den ROI zu erhöhen.
3. Berechnen Sie die Eigenkapitalquote und beurteilen Sie die Finanzierung des Unternehmens!
4. Prüfen Sie, ob eine Beurteilung der Liquidität aufgrund der berechneten Liquiditätskennzahl aussagekräftig ist!

5. Erklären Sie den Sachverhalt, dass ein vergleichbares Unternehmen, bei einer geringeren Umsatzrentabilität einen höheren Return on Investment aufweisen kann!
6. Die Geschäftsleitung wünscht eine strategische Beurteilung ihrer Lage. Analysieren Sie das Zahlenwerk und geben Sie fundierte Ratschläge!

11 Bewertung von Finanzierungsalternativen mittels Rollenspiel

Die KLAUS JERG OHG hat in den letzten Jahren als Zulieferer für die Automobilindustrie gut verdient. Die Eigenkapitalrentabilität betrug 11 %, die Gesamtkapitalrentabilität 9 %.

Aufgrund der guten Erfolgssituation besteht die Absicht, eine Erweitungsinvestition durchzuführen. Es sollen Maschinen und maschinelle Anlagen in Höhe von 900 000,00 EUR gekauft werden.

Die im vergangenen Jahr erwirtschafteten Abschreibungen wurden für Ersatzinvestitionen verwendet. Dadurch konnten die Wertminderungen der Anlagegüter in vollem Umfange ausgeglichen werden. Die Bilanz der KLAUS JERG OHG weist vor der Investition folgende Zahlen aus:

Aktiva	Bilanz der KLAUS JERG OHG		Passiva
Anlagevermögen	1 900 000,00	**Eigenkapital**	
Umlaufvermögen		– Kapital Klaus Jerg	900 000,00
– Vorräte	1 000 000,00	– Kapital Svenja Meyer	600 000,00
– Forderungen	650 000,00	**Verbindlichkeiten**	
– Flüssige Mittel	250 000,00	– Langfristig	900 000,00
		– Kurzfristig	1 400 000,00
	3 800 000,00		3 800 000,00

Kennzahlen der Metallbranche:

Eigenkapitalquote:	33 %	Liquiditätsgrad 2:	109 %
Gesamtkapitalrentabilität	9,5 %	Eigenkapitalrentabilität:	12 %

Noch nicht gelöst ist die Frage der Finanzierung. Die bisherigen Inhaber der OHG sind nicht in der Lage, weitere Mittel in das Unternehmen einzubringen. Es besteht die Möglichkeit, einen neuen Gesellschafter aufzunehmen, der den gesamten Finanzbedarf einbringen kann. Er wäre bereit, Gesellschafter der OHG zu werden, gegebenenfalls sich auch als Kommanditist an einer KG zu beteiligen.

Als Alternative zur Beteiligungsfinanzierung besteht die Möglichkeit der Fremdkapitalaufnahme zu einem Zinssatz von 4 %, Laufzeit 10 Jahre. Die Gesamtkapitalrentabilität wird auch nach der Investition 9 % betragen.

Aufgabe:

Die OHG-Gesellschafter möchten sich noch, bevor sie sich entscheiden, mit Experten beraten. Sie laden daher einen Unternehmensberater und den Kreditsachbearbeiter ihrer Hausbank zu einem Meinungsaustausch ein.

Bereiten Sie in thementeiliger Gruppenarbeit ein Rollenspiel zum anstehenden Entscheidungsproblem vor:

Gruppe 1: Ihr Gruppensprecher soll die Rolle des Unternehmensberaters übernehmen. Die Gruppe vertritt die Meinung, dass die Erweiterungsinvestition über die Aufnahme eines neuen Gesellschafters finanziert werden sollte. Tragen Sie alle Argumente (auch Kennzahlen) zusammen, die diese Meinung stützen. Überlegen Sie auch, wie Sie mögliche Gegenargumente widerlegen können.

Gruppe 2: Ihr Gruppensprecher soll die Rolle des Kreditsachbearbeiters übernehmen. Die Gruppe vertritt die Meinung, dass die Erweiterungsinvestition über einen langfristigen Kredit finanziert werden sollte. Tragen Sie alle Argumente (auch Kennzahlen) zusammen, die diese Meinung stützen. Überlegen Sie auch, wie Sie mögliche Gegenargumente widerlegen können.

Gruppe 3: Zwei aus Ihrer Gruppe sollen die Rollen der OHG-Gesellschafter übernehmen. Tragen Sie die Nachteile der jeweiligen Finanzierungsart zusammen. Bringen Sie Ihre Bedenken beim Rollenspiel vor.

Gruppe 4: Die Aufgabe der Gruppe beim Rollenspiel ist die Protokollierung der vorgetragenen Argumente. Entwerfen Sie einen geeigneten Beobachtungsbogen!

1.5.1.4 Leverage-Effekt

Für Gesellschafter ist der risikoreiche Einsatz von Eigenkapital nur interessant, wenn seine Rentabilität deutlich über der am Kapitalmarkt erzielbaren Verzinsung liegt. Sie gilt es bei der Festlegung der optimalen Kapitalstruktur zu berücksichtigen.

Die Rentabilitätsanalyse der Metallwerke Neumann AG hat folgende Ergebnisse gebracht (siehe S. 35f.):

Kennzahl	Ergebnis	Beurteilung[1]
Eigenkapitalrentabilität	11,17 %	Schlechter als der Branchendurchschnitt
Gesamtkapitalrentabilität	7,97 %	Besser als der Branchendurchschnitt

Dem Ziel der Verbesserung der Eigenkapitalrentabilität kann ein höherer Fremdkapitaleinsatz (Erhöhung des Verschuldungsgrades) dienen, sofern die Gesamtkapitalrentabilität höher als der Fremdkapitalzinsfuß ist.

Beispiel:

Zugrunde gelegt wird die Strukturbilanz der Metallwerke Neumann AG (vgl. S. 23). Angenommen, die Metallwerke Neumann AG hätten 3 Mio. EUR Eigenkapital weniger investiert und stattdessen durch zusätzliches langfristiges Fremdkapital finanziert, das mit 4 % zu verzinsen ist.

Aufgrund des höheren Fremdkapitals steigt der jährliche Zinsaufwand um 120 000,00 EUR auf 642 500,00 EUR. Der Gewinn sinkt damit unter sonst gleichen Bedingungen auf 524 325,00 EUR.

Aktiva — Alternative Strukturbilanz der Metallwerke Neumann AG — Passiva

Aktiva		Passiva	
I. Anlagevermögen	10 296 000,00	I. Eigenkapital	3 307 345,00
II. Umlaufvermögen	4 721 475,00	II. Fremdkapital	11 710 130,00
	15 017 475,00		15 017 475,00

Das durchschnittliche Eigenkapital der Periode wird mit 3 185 182,50 EUR angenommen, während das durchschnittliche Gesamtkapital unverändert bei 14 635 060,00 EUR bleibt (vgl. S. 36).

1 Siehe Branchendurchschnittswerte der Metallindustrie (S. 34).

Aufgaben:

1. Berechnen Sie die neue Eigenkapitalrentabilität!
2. Beurteilen Sie den Einfluss des Sachverhalts auf die Gesamtkapitalrentabilität!

Lösungen:

Zu 1.: Eigenkapitalrentabilität (neu) $= \frac{524\,325 \cdot 100}{3\,185\,182{,}50} = \underline{\underline{16{,}46\,\%}}$

Ergebnis: Die Eigenkapitalrentabilität steigt von 11,17 % auf 16,46 % an.

Zu 2 .: Gesamtkapitalrentabilität (neu) $= \frac{(524\,325 + 642\,500) \cdot 100}{14\,635\,060} = \underline{\underline{7{,}97\,\%}}$

Ergebnis: Die Kapitalstruktur hat keinen Einfluss auf die Gesamtkapitalrentabilität.

Der Leverage-Effekt lässt sich in einer **Formel** darstellen:

$$R_{EK} = R_{GK} + \frac{FK}{EK} \cdot (R_{GK} - i)$$

R_{EK} = erwartete Rendite auf das Eigenkapital
R_{GK} = erwartete Rendite auf das Gesamtkapital
i = Fremdkapitalzinssatz
EK = Eigenkapital
FK = Fremdkapital

Aus der Gleichung kann gefolgert werden, je höher der Verschuldungsgrad, desto höher ist die erwartete Eigenkapitalrentabilität, sofern der Zinssatz für das gesamte Fremdkapital niedriger ist als die Gesamtkapitalrentabilität. Umgekehrt gilt: Liegt die erwartete Gesamtkapitalrentabilität unter dem Fremdkapitalzinssatz, sinkt die erwartete Eigenkapitalrentabilität entsprechend dem Verschuldungsgrad.

- Der **Leverage-Effekt** zeigt die Hebelwirkung auf, wie durch den Einsatz von Fremdkapital (anstelle von Eigenkapital) die Eigenkapitalrentabilität für die Eigentümer gesteigert werden kann.
- Voraussetzung für die Wirksamkeit des Leverage-Effekts ist:
  „Fremdkapitalzinsfuß < Gesamtkapitalrentabilität".

Eine **Maximierung der Eigenkapitalrentabilität** ist aufgrund des Konflikts mit den Zielen „Stabilität" und „Liquidität" **unmöglich.**[1]

1 Vgl. Kapitel 1.6.2, S. 52 f.

Kompetenztraining

12 Abhängigkeiten der Eigenkapitalrentabilität

Vervollständigen und beurteilen Sie unter der Voraussetzung, dass die Gesamtkapitalrentabilität 10 % beträgt, folgende Tabellen,

1. indem Sie den Fremdkapitalanteil bei einem Zinssatz von 8 % wie angegeben erhöhen:

Eigenkapital	Fremdkapital	FK-Zinsen	Jahres-überschuss	EK-Rentabilität
500 000,00 EUR	0,00 EUR			
500 000,00 EUR	100 000,00 EUR			
500 000,00 EUR	300 000,00 EUR			
500 000,00 EUR	500 000,00 EUR			
500 000,00 EUR	700 000,00 EUR			

2. indem Sie bei einem Verschuldungsgrad von 100 % den Fremdkapitalzinssatz wie angegeben variieren:

Eigenkapital	Fremd-kapital	FK-Zinssatz	FK-Zinsen	Jahres-überschuss	EK-Rentabilität
500 000,00 EUR		7,0 %			
500 000,00 EUR		8,0 %			
500 000,00 EUR		9,0 %			
500 000,00 EUR		10,0 %			
500 000,00 EUR		11,0 %			
500 000,00 EUR		12,0 %			

13 Leverage-Effekt

1. Die Buchführung bzw. die Kosten- und Leistungsrechnung liefert uns folgende Zahlenwerte:

Ø Fremdkapital	4 213 000,00 EUR	Zinsaufwendungen	160 270,00 EUR
Ø Gesamtkapital	12 273 000,00 EUR	Jahresüberschuss	785 850,00 EUR
Umsatzerlöse netto	15 198 500,00 EUR		

Aufgaben:

1.1 Berechnen Sie die Unternehmer- und die Umsatzrentabilität!

1.2 Prüfen Sie, ob sich eine Erhöhung des Fremdkapitals bei einem Kreditzinssatz von 10 % hinsichtlich der Eigenkapitalrentabilität lohnen würde!

2. Für die Einrichtung einer Automatenstraße zur Produktion eines neuen Produkts besteht ein Kapitalbedarf von 5 Mio. EUR. Die Finanzierung erfolgt mit 40 % Eigenkapital und 60 % Fremdkapital. Der Fremdkapitalzinssatz beträgt 6 %. Durch die Investition soll ein Gewinn vor Fremdkapitalzinsen von 0,6 Mio. EUR erzielt werden.

Aufgaben:

2.1 Berechnen Sie die Eigen- und Gesamtkapitalrentabilität!

2.2 Überprüfen Sie die Eigenkapitalrentabilität mithilfe der Leverage-Formel!

2.3 Begründen Sie, ob es sinnvoll ist, den Anteil an Fremdkapital zu erhöhen, um die Eigenkapitalrentabilität zu erhöhen!

14 Rentabilitätskennzahlen

Die Fritz Lang AG möchte am Ende der Rechnungsperiode die Rentabilitätsentwicklung des Industriebetriebs (Textilbranche) feststellen. Aus der Buchführung liegt dazu folgendes Zahlenmaterial vor:

Zahlen der Buchführung (in TEUR)	Vor 2 Jahren	Vorjahr	Berichtsjahr
Eigenkapital	210 000	292 000	308 000
Bankkredite	53 000	60 000	58 000
Zinsbelastung der Bank	5 600	6 300	5 800
Jahresüberschuss	21 000	24 900	31 000
Umsatzerlöse netto	499 000	514 000	560 000

Aufgaben:

1. Berechnen Sie für das Berichtsjahr und das Vorjahr die Eigenkapitalrentabilität und die Umsatzrentabilität!
2. Vergleichen Sie Ihre Ergebnisse mit folgenden Branchenkennzahlen der Bekleidungsindustrie: Eigenkapitalrentabilität 16,0 % und Umsatzrentabilität 4,2 %.

1.5.1.5 Cashflow-Analyse

Grundvoraussetzung für eine unternehmerische Tätigkeit ist die Aufrechterhaltung der Zahlungsbereitschaft. Um die Finanzkraft eines Unternehmens einzuschätzen, stellt man den Einzahlungen einer Rechnungsperiode die Auszahlungen gegenüber. Ein Unternehmen ist dann erfolgreich, wenn ein **Einzahlungsüberschuss** entsteht. Diesen Einzahlungsüberschuss bezeichnet man als **Cashflow.** Durch einen positiven Cashflow erhöht sich der Bestand an Zahlungsmitteln. Dieser steht dem Unternehmen zur Finanzierung von Investitionen, zur Schuldentilgung und für die Gewinnausschüttung zur Verfügung.

Die Ermittlung der Einzahlungen und Auszahlungen einer Rechnungsperiode erfordert eine betriebsinterne Erfassung **(direkte Cashflow-Ermittlung).** Um extern Interessierten eine Analyse der Finanzkraft eines Unternehmens zu ermöglichen, wird in der Praxis der Cashflow aus dem **Jahresabschluss** ermittelt. Dies geschieht dadurch, dass man zum **Jahresüberschuss** die nicht **ausgabewirksamen Aufwendungen** hinzurechnet **(indirekte Cashflow-Ermittlung).** Diese Form der Cashflow-Berechnung nennt man auch **Praktikerformel.**

	Jahresüberschuss
+/–	Abschreibungen/Zuschreibungen
+/–	Erhöhung/Minderung langfristiger Rückstellungen
=	Brutto-Cashflow[1]

Der Cashflow ist ein Indikator[2] für die **Finanzkraft des Unternehmens.** Er gibt Aufschluss über den **Innenfinanzierungsspielraum** und die **Kreditwürdigkeit** des Unternehmens.

1 Wird vom **Brutto-Cashflow** die Gewinnausschüttung subtrahiert, erhält man den **Netto-Cashflow,** der insbesondere für neue Investitionen zur Verfügung steht.

2 **Indikator:** Merkmal, das als (beweiskräftiges) Anzeichen oder als Hinweis auf etwas anderes dient.

- Der **Cashflow** gibt die Höhe der im Geschäftsjahr **selbst erwirtschafteten Finanzmittel** an, die dem Unternehmen zur **freien Verfügung** stehen.
- Die freien Finanzmittel können für die **Finanzierung von Investitionen,** zur **Schuldentilgung** und für die **Gewinnausschüttung** verwendet werden.

Beispiel:

Zugrunde gelegt wird die Gewinn- und Verlustrechnung (S. 34) der Metallwerke Neumann AG.

Aufgabe:

Ermitteln Sie den Brutto-Cashflow!

Lösung:

	Jahresüberschuss	644 325,00 EUR
+	Abschreibungen	803 365,00 EUR
+	Zuführung zu den langfristigen Rückstellungen	171 600,00 EUR
=	**Brutto-Cashflow**	**1 619 290,00 EUR**

Es wurden Finanzmittel in Höhe von 1 619 290,00 EUR selbst erwirtschaftet.

1.5.1.6 Dynamischer Verschuldungsgrad

Der dynamische Verschuldungsgrad gibt an, wie viel Jahre es dauert, bis das vorhandene Fremdkapital durch den erwirtschafteten Cashflow zurückgeführt werden kann. Dabei wird ein gleichbleibender Cashflow über die folgenden Jahre unterstellt.

Der dynamische Verschuldungsgrad berechnet sich nach folgender Formel:

$$\text{Dynamischer Verschuldungsgrad} = \frac{\text{Fremdkapital}}{\text{Cashflow}}$$

Die Kreditwürdigkeit eines Unternehmens ist umso höher, je schneller es Schulden zurückzahlen kann. Ein hoher dynamischer Verschuldungsgrad deutet auf mögliche Finanzierungsprobleme hin.

Beispiel:

Zugrunde gelegt wird die Strukturbilanz (siehe S. 23) und der ermittelte Cashflow (siehe oben) der Metallwerke Neumann AG.

Aufgabe:

Ermitteln und beurteilen Sie den dynamischen Verschuldungsgrad!

Lösung:

$$\text{Dynamischer Verschuldungsgrad} = \frac{8\,710\,130}{1\,619\,290} = \underline{\underline{5{,}4 \text{ Jahre}}}$$

Die ermittelte Schuldentilgungsdauer von 5,4 Jahren ist angesichts des recht niedrigen statischen Verschuldungsgrads von 138 % (vgl. S. 25) überraschend lange. Die Selbstfinanzierungskraft der Neumann AG sollte verbessert werden.

1.5.1.7 EBIT

Das EBIT ist eine Ergebnisgröße, die sich im Zusammenhang mit der internationalen Rechnungslegung auch im deutschen Sprachgebrauch immer mehr durchsetzt.

Das EBIT spiegelt die Ertragskraft eines Unternehmens wider. Durch die Berücksichtigung der Finanzaufwendungen und -erträge sowie der Steuern wird die operative Ertragskraft ohne Sondereinflüsse (z.B. der Zusammensetzung von Eigen- und Fremdkapital, der Rechtsform, der Höhe der Steuern) festgestellt. Das EBIT ermöglicht somit einen Vergleich von Unternehmen oder auch der Zahlen eines Unternehmens innerhalb verschiedener Zeiträume.

- Das **EBIT (Earnings before interest and taxes)** zeigt das Ergebnis vor Zinsen und Steuern.
- Das EBIT entspricht dem **Entgelt der Kapitalgeber** für die Bereitstellung von Eigen- und Fremdkapital.

Das EBIT kann wie folgt berechnet werden:[1]

nach der direkten Methode aus betrieblichen Erträgen und Aufwendungen

	Betriebliche Erträge
–	Betriebliche Aufwendungen
=	EBIT (ordentliches Betriebsergebnis)

nach der indirekten Methode auf der Grundlage der handelsrechtlichen Gewinn- und Verlustrechnung

	Jahresüberschuss
+	Finanzaufwendungen (Zinsaufwendungen/Abschreibungen auf Finanzanlagen)
–	Finanzerträge (Zinserträge/Erträge aus Beteiligungen)
+	Steuern
=	EBIT

Beispiel:

Zugrunde gelegt wird die Gewinn- und Verlustrechnung (S. 34) der Metallwerke Neumann AG.

Aufgabe:

Ermitteln Sie das EBIT nach der direkten und der indirekten Methode!

1 In der Literatur wird keine einheitliche EBIT-Definition verwendet. Die hier verwendete Definition ist an das BilRUG angepasst; vgl. Zwirner, Christian: Auswirkungen der neuen Umsatzerlösdefinition nach BilRUG auf finanzielle Steuerungskennzahlen, in: Zeitschrift für Bilanzierung, Rechnungswesen und Controlling, Heft 8/2015, S. 338f.

Lösung:

direkte Methode

	Umsatzerlöse	17 050 000,00 EUR
+	Bestandsmehrung	568 520,00 EUR
+	Sonstige betriebliche Erträge	36 480,00 EUR
=	Summe der betrieblichen Erträge	17 655 000,00 EUR
–	Materialaufwand	8 210 310,00 EUR
–	Personalaufwand	4 317 500,00 EUR
–	Abschreibungen	803 365,00 EUR
–	Sonstige betriebliche Aufwendungen	2 452 000,00 EUR
=	EBIT	1 871 825,00 EUR

indirekte Methode

	Jahresüberschuss	644 325,00 EUR
+	Zinsaufwendungen	522 500,00 EUR
–	Zinserträge/Erträge aus Beteiligungen	192 000,00 EUR
+	Steuern	897 000,00 EUR
=	EBIT	1 871 825,00 EUR

Das **EBIT** zeigt, dass 1 871 825,00 EUR als **Entgelt für die Kapitalbereitstellung** durch **Eigen- und Fremdkapitalgeber** bereitstehen.

Zusammenfassung

- Der **Cashflow** gibt die im Geschäftsjahr **selbst erwirtschafteten Finanzmittel** an, die dem Unternehmen für die Finanzierung von Investitionen, zur Schuldentilgung und für die Gewinnausschüttung zur Verfügung stehen. Er ist somit ein **Finanzierungsindikator** für die Ertrags- und Innenfinanzierungskraft eines Unternehmens.
- Der **dynamische Verschuldungsgrad** gibt die Schuldentilgungsdauer in Jahren an.
- Das **EBIT** spiegelt die Ertragskraft eines Unternehmens unter Ausschluss von Sondereinflüssen (Zinsen und Steuern) wider.

Kompetenztraining

15 Cashflow

1. Zeigen Sie Vorteile der Cashflow-Kennzahlen gegenüber den Liquiditätsgraden auf!
2. Formulieren Sie eine allgemein gehaltene Aussage, aus der hervorgeht, was der Cashflow inhaltlich darstellt und wozu er im Unternehmen verwendet werden kann!

16 Cashflow und dynamischer Verschuldungsgrad

1. Ein Industrieunternehmen weist in den letzten drei Geschäftsjahren folgende Zahlen aus:

	1. Geschäftsjahr	2. Geschäftsjahr	3. Geschäftsjahr
Umsatzerlöse	28 850 000,00 EUR	33 280 000,00 EUR	35 500 000,00 EUR
Jahresüberschuss	1 780 000,00 EUR	2 420 000,00 EUR	2 740 000,00 EUR
Abschreibungen auf Sachanlagen	450 000,00 EUR	640 000,00 EUR	700 000,00 EUR
Erhöhung langfristiger Rückstellungen	60 000,00 EUR	90 000,00 EUR	–
Zinsaufwand	200 000,00 EUR	220 000,00 EUR	2 210 000,00 EUR

4 Kaier, Speth, Hug - ISBN 978-3-8120-0662-0

Aufgaben:

1.1 Ermitteln Sie aufgrund der vorliegenden Daten den Brutto-Cashflow!

1.2 Erläutern Sie, worüber der Brutto-Cashflow Auskunft gibt!

1.3 Drücken Sie den Brutto-Cashflow in Prozenten zu den Umsatzerlösen aus!

1.4 Geben Sie aufgrund der vorliegenden Daten eine kurze Beurteilung über das Unternehmen ab!

2. Die Kettenfabrik Hans Kuhn GmbH erzielte für das Jahr 20.. einen Jahresüberschuss von 606766,00 EUR, die Abschreibungen betrugen lt. Gewinn- und Verlustrechnung 236845,00 EUR, die Zuführung zu den langfristigen Rückstellungen 86400,00 EUR und die Umsatzerlöse beliefen sich auf 21882612,00 EUR. Das Fremdkapital betrug 4769290,00 EUR.

Aufgaben:

Berechnen Sie:

2.1 den Cashflow,

2.2 den dynamischen Verschuldungsgrad!

17 Internationale Erfolgskennzahlen

Die Göppinger Pumpen AG veröffentlichte folgende GuV-Rechnung [EUR]:

Umsatzerlöse	180922900,00
Vermehrung/Verminderung des Bestands an fertigen und unfertigen Erzeugnissen	– 940000,00
Andere aktivierte Eigenleistungen	834000,00
Sonstige betriebliche Erträge	4571700,00
Materialaufwand	61891500,00
Personalaufwand	79479000,00
Abschreibungen auf Sachanlagen	8868000,00
Abschreibungen auf immaterielle Vermögenswerte	1325000,00
Sonstige betriebliche Aufwendungen	29130500,00
Zinserträge	887400,00
Zinsaufwendungen	911000,00
Steuern vom Einkommen und vom Ertrag	2000000,00
Sonstige Steuern	220000,00
Jahresüberschuss	2451000,00

Aufgaben:

1. Ermitteln Sie das EBIT nach der direkten und der indirekten Methode!
2. Erläutern Sie, worüber das EBIT Auskunft gibt!
3. Das EBIT der Branche liegt im Durchschnitt bei 15 Cent je EUR Bilanzsumme. Beurteilen Sie das EBIT der Göppinger Pumpen AG, wenn die Bilanzsumme bei 45,3 Mio. EUR liegt! Die Bilanzsumme des Vorjahres betrug 43,2 Mio. EUR.
4. Errechnen Sie zum Vergleich die Gesamtkapitalrentabilität!

1.6 Aus den Kennzahlen der Jahresabschlussanalyse finanzwirtschaftliche Ziele und Handlungsempfehlungen ableiten

LB 1

Handlungssituation 3: Finanzwirtschaftliche Ziele und Handlungsempfehlungen aus einer konkreten Jahresabschlussanalyse ableiten

Die Jahresabschlussanalyse der MicroTex Technologies GmbH, Augsburg, führte u. a. zu folgenden Ergebnissen:

Statischer Verschuldungsgrad:	362 %	Eigenkapitalrentabilität:	19,5 %
Anlagedeckungsgrad II:	96 %	Kapitalumschlag:	2,1-mal
Working Capital:	–230 000,00 EUR	ROI:	6,5 %
Liquditätsgrad 1:	24,9 %	Dynam. Verschuldungsgrad:	3,6 Jahre

Kompetenzorientierter Arbeitsauftrag:

Formulieren Sie Finanzierungsziele der MicroTex GmbH, die sich an den Finanzierungsregeln orientieren, und jeweils geeignete Maßnahmen zur Zielerreichung! Berücksichtigen Sie bei der Bearbeitung auch die Branchendurchschnittswerte (vgl. S. 38).

1.6.1 Finanzwirtschaftliche Ziele

Die Finanzwirtschaft eines Unternehmens muss folgende vier Grundziele im Auge behalten:

(1) Liquidität

Liquidität ist die Fähigkeit eines Unternehmens seinen **Zahlungsverpflichtungen jederzeit fristgerecht nachkommen** zu können. Mangelnde Zahlungsfähigkeit ist der häufigste Insolvenzgrund.

(2) Rentabilität

Das Ziel jedes Kapitalanlegers ist, eine **möglichst hohe Verzinsung** für eine getätigte Investition zu erhalten. Für die Anteilseigner (Shareholder) ist das Ziel z. B. eine möglichst hohe Eigenkapitalrentabilität.

(3) Stabilität

Stabilität bedeutet hier, dass **Bestand und Sicherheit eines Unternehmens** durch die finanzwirtschaftlichen Maßnahmen nicht gefährdet werden. Das Ziel der Stabilität steht mit der Rentabilität im Zielkonflikt, da hochrentable finanzwirtschaftliche Maßnahmen in der Regel risikobehaftet sind.

(4) Unabhängigkeit

Die Unabhängigkeit bezieht sich auf **unternehmerische Flexibilität** und **Entscheidungsfreiheit.** Durch Aufnahme von Kapital können unter Umständen neue Mitspracherechte Dritter entstehen (bspw. bei der Aufnahme neuer Gesellschafter). Die Unabhängigkeit kann aber auch durch eine sinkende Kreditwürdigkeit verloren gehen.

1.6.2 Finanzwirtschaftliche Maßnahmen

Bei finanzwirtschaftlichen Maßnahmen ist jedes der vier finanzwirtschaftlichen Ziele zu beachten. Dabei ist die Liquiditätsoptimierung wegen der Insolvenzgefahr als primäre Zielsetzung finanzwirtschaftlichen Handelns anzusehen.

Beispiel:

Zugrunde gelegt wird die Liquiditätsanalyse der Metallwerke Neumann AG (siehe S. 30) und die Branchenwerte der Metallindustrie (siehe S. 38).

Aufgabe:

Schlagen Sie finanzwirtschaftliche Maßnahmen zur Liquiditätsoptimierung bei der Metallwerke Neumann AG vor!

Lösung:

Die Liquiditätsgrade 1, 2 und 3 sind mit 6,2 %, 25,4 % und 137,6 % unbefriedigend. Sie liegen unter den Branchendurchschnitten und halten auch die entsprechenden Finanzierungsregeln nicht ein.

Eine für alle drei Liquiditätskennzahlen günstige Maßnahme kann die Verringerung der kurzfristigen Verbindlichkeiten durch Umschuldung in langfristige Verbindlichkeiten (z. B. Bankdarlehen) sein. Zusätzlich kann der Liquiditätsgrad 1 durch eine Steigerung der Barverkäufe und ein verbessertes Forderungsmanagement erhöht werden.

Da die Ziele **Rentabilität, Stabilität** und **Liquidität** in der Regel **konkurrierende Ziele** sind, erfordert die Lösung finanzwirtschaftlicher Probleme Kompromisse.

So findet der Leverage-Effekt bei der Eigenkapitalrentabilität in der zunehmenden Verschuldung eines Unternehmens seine Grenze, weil er auf Kosten der Ziele Stabilität und Liquidität geht. Es ist ein **finanzielles Gleichgewicht** durch die Optimierung des Verschuldungsgrads anzustreben.

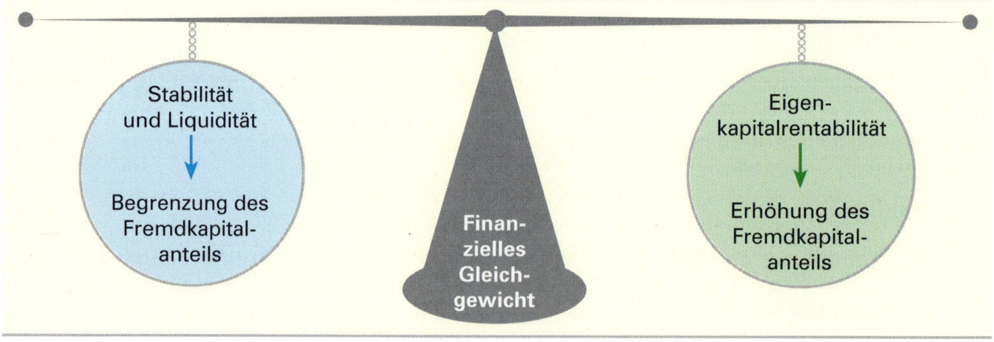

Ein Unternehmen befindet sich in einem **finanziellen Gleichgewicht,** wenn sowohl die Erfüllung der finanziellen **Ansprüche der Kapitalgeber** als auch die **Existenz des Unternehmens** kurz- und langfristig gesichert sind.

Beispiel:

Zugrunde gelegt werden die Kennzahlen zur Kapitalstruktur der Metallwerke Neumann AG (siehe S. 25) und die Branchenwerte der Metallindustrie (siehe S. 38).

Aufgaben:

1. Schlagen Sie finanzwirtschaftliche Maßnahmen zur Optimierung des statischen Verschuldungsgrads der Metallwerke Neumann AG vor!
2. Erläutern Sie, wie sich die Eigenkapitalrentabilität durch die Optimierung des statischen Verschuldungsgrads verändern wird!

Lösungen:

Zu 1.: Da die Eigenkapitalquote mit 42 % deutlich über dem Branchendurchschnitt von 32,1 % liegt, könnte künftig die Nutzung des Leverage-Effekts in Betracht kommen.

Der statische Verschuldungsgrad dürfte dabei sogar über den Branchendurchschnitt von 147 % ansteigen. Auch Verschuldungsgrade um 200 % gefährden nach herrschender Meinung die Stabilität einer Unternehmung noch nicht. Der Schuldendienst (Zinsen und Tilgung) darf jedoch zu keiner Zeit die Liquidität der Metallwerke Neumann AG gefährden.

Zu 2.: Die Eigenkapitalrentabilität wird steigen, wenn der Zinssatz für das Fremdkapital unter der Gesamtkapitalrentabilität liegt. Das ist im Vergleich zum Branchendurchschnitt wünschenswert.

Ansatzpunkte, die über rein finanzwirtschaftliche Maßnahmen hinausgehen, liefert der **Return on Investment.** Insbesondere für die **Kapitalumschlagshäufigkeit** finden sich Hebel in der Anlage- und Lagerwirtschaft sowie im Marketing.

Beispiel:

Zugrunde gelegt werden die Berechnungen zum ROI der Metallwerke Neumann AG (siehe S. 37 f.) und die Branchenwerte der Metallindustrie (siehe S. 38).

Aufgabe:

Schlagen Sie Maßnahmen zur Optimierung des Kapitalumschlags der Metallwerke Neumann AG vor!

Lösung:

Die Umschlagshäufigkeit des Gesamtkapitals der Metallwerke Neumann AG liegt mit rund 1,2-mal nur bei der Hälfte der Branche (2,4-mal).

Die Erhöhung der Umschlagshäufigkeit ist entweder durch eine Senkung des gebundenen Kapitals oder durch eine Steigerung des Umsatzes zu erreichen.

Eine Senkung des gebundenen Kapitals ist bei der Metallwerke Neumann AG durch den Verkauf von nicht betriebsnotwendigem Anlagevermögen (z. B. nicht benötigte Grundstücke und Gebäude) und/oder eine Verringerung der Lagervorräte (z. B. Senkung der hohen Vorräte an Roh-, Hilfs- und Betriebsstoffen durch Einführung einer Just-in-time-Belieferung) zu erreichen.

Eine Steigerung des Umsatzes bedarf erhöhter Marketinganstrengungen.

1.6.3 Grenzen der Aussagefähigkeit des Jahresabschlusses

(1) Fehlende Informationen

Stehen für die Analyse nur die Geschäftsberichte mit **Jahresabschluss** und **Lagebericht** zur Verfügung **(externe Analyse)**, so fehlen in der Regel wichtige Informationen für die Beurteilung einer Unternehmung.

Beispiele für **fehlende Informationen** im Rahmen der externen Jahresabschlussanalyse:

- Die **genaue Fristigkeit von Forderungen und Verbindlichkeiten.** Beispielsweise stehen die kurzfristig ausgewiesenen Kontokorrentkredite in der Praxis durch stillschweigende Prolongation langfristig zur Verfügung. Andererseits sind viele langfristige Kredite kündbar.
- Die **Eigentumsverhältnisse** der ausgewiesenen Vermögensgegenstände. Einerseits werden auch unter Eigentumsvorbehalt gekaufte oder sicherungsübereignete Rohstoffe bilanziert. Andererseits erscheint gepachtetes oder geleastes Anlagevermögen nicht in jedem Fall in der Bilanz.
- Vorhandene **Unter- und Überbewertungen von Bilanzposten (stille Reserven).** Aus dem Jahresabschluss ist es schwierig, entsprechende Wertkorrekturen bezüglich der ausgeübten Bilanzierungswahlrechte (z. B. bei den Herstellungskosten) oder der bestehenden Bilanzierungsverbote (z. B. für Forschungskosten) vorzunehmen.
- **Latente**[1] **Verpflichtungen aus schwebenden Geschäften.** Hierzu gehören beispielsweise Kaufverträge, deren Erfüllungsgeschäfte noch nicht abgeschlossen sind.
- **Nicht bilanzierte Finanzierungsformen,** z. B. Leasing.
- Die Aussagekraft der Umsatzkennzahlen ist begrenzt, da die Umsatzerlöse nicht nur die für die Geschäftstätigkeit des Unternehmens **typischen Erlöse** enthalten.

(2) Stichtagsbezogenheit der Daten, bestandsorientierte Kennzahlen

Eine erhebliche Einschränkung der Aussagekraft erfährt die Jahresabschlussanalyse auch durch die **Stichtagsbezogenheit der Daten.** Insbesondere die **bestandsorientierten Kennzahlen** (Deckungs- und Liquiditätsgrade) dürfen aus Gründen der oben genannten Informationsdefizite nicht überbewertet werden. Für die Beurteilung der Kennzahlen der Liquidität ist z. B. Folgendes festzuhalten:

- Zur **Sicherung der Liquidität** bedarf es der Beobachtung zukünftiger Zahlungseingänge und Zahlungsausgänge des Unternehmens, was ohne die Kenntnis der internen Vorgänge nicht möglich ist. Laufende Zahlungsverpflichtungen für Personalkosten, Miete, Steuern usw. gehen aus der Bilanz nicht hervor. Im Rahmen der Analyse liegen nur **Abschlusszahlen** vor.
- Die Bilanz kann nur die **Situation am Bilanzstichtag** wiedergeben, also zu einer Zeit, in der diese bereits der Vergangenheit angehört. Liquidität ist aber eine sich täglich, ja sogar sich mehrmals täglich verändernde Größe, deren Aussagewert nur für diesen Augenblick der Feststellung von Bedeutung ist. Außerdem ist darauf hinzuweisen, dass eine Reihe von Faktoren, welche die Liquidität eines Unternehmens wesentlich beeinflussen, aus der Bilanz nicht hervorgehen. Die Bilanz gibt z.B. keine Auskunft über die Fälligkeitstermine der in ihr ausgewiesenen Posten.
- Der **Kreditspielraum eines Unternehmens** ist aus der Bilanz sehr schwer ablesbar.
- Wenn im Rahmen einer externen Bilanzanalyse dennoch **Liquiditätskennzahlen** aufgestellt werden, muss mit allem Nachdruck auf ihren **eingeschränkten Aussagewert** hingewiesen werden.

1 **Latent**: versteckt, verborgen.

Zusammenfassung

- Die vier **finanzwirtschaftlichen Grundziele** sind **Liquidität, Rentabilität, Stabilität** und **Unabhängigkeit.**
- Die Ziele Rentabilität, Stabilität und Liquidität sind in der Regel **konkurrierende Ziele.**
- Finanzwirtschaftliche Maßnahmen müssen immer das **finanzielle Gleichgewicht** im Blick behalten (z.B. durch Ermittlung des optimalen Verschuldungsgrads).
- Der **Aussagewert der Bilanzkennzahlen** wird durch die Stichtagsbezogenheit und fehlenden Informationen über die einzelnen Bilanzposten insbesondere bei handelsrechtlichen Jahresabschlüssen erheblich eingeschränkt.

Zusammenfassendes Kompetenztraining

18 Komplette Jahresabschlussanalyse

Die Werkzeugfabrik Bamberg AG legt die Jahresabschlüsse der beiden letzten Geschäftsjahre vor.

Bilanzen der Werkzeugfabrik Bamberg AG

Aktiva	Vorjahr	Berichtsjahr	Passiva	Vorjahr	Berichtsjahr
A. Anlagevermögen			**A. Eigenkapital**		
I. Sachanlagen			I. gezeichnetes Kapital	2 700 000,00	2 700 000,00
1. Grundstücke, usw.	1 404 450,00	1 350 750,00	II. Gewinnrücklage		
2. techn. Anlagen und Maschinen	1 749 800,00	1 950 700,00	1. gesetzliche R.	120 000,00	120 000,00
3. andere Anlagen, Betr.-u. Geschäftsausst.	500 500,00	750 000,00	2. andere R.	180 000,00	195 000,00
B. Umlaufvermögen			III. Gewinn-/Verlustvortrag	35 500,00	65 000,00
1. Roh-, Hilfs-und Betriebsstoffe	616 820,00	720 540,00	IV. Jahresüberschuss/ Jahresfehlbetrag	567 000,00 –	850 000,00 –
2. unfertige Erzeugnisse	70 200,00	98 810,00	**B. Rückstellungen**		
3. fertige Erzeugnisse und Waren	707 000,00	825 900,00	1. Pensionsrückst.	900 000,00	950 000,00
II. Ford. u. sonst. Vermögensgegenst.			2. andere Rückst.	179 500,00	180 000,00
1. Forderungen a. Lief. u. Leist.	83 575,00	95 120,00	**C. Verbindlichkeiten**		
2. sonst. Vermögensgegenst.	150 000,00	150 000,00	1. Verbindlichk. gegen. Kreditinst.	524 500,00	550 000,00
III. Schecks, Kassenbestand Guthaben bei Kreditinstituten	134 680,00	127 380,00	2. Verbindlichkeiten a. Lief. u. Leist.	165 000,00	310 900,00
			3. sonst. Verbindl.	45 525,00	148 300,00
	5 417 025,00	6 069 200,00		5 417 025,00	6 069 200,00

Erläuterungen zur Bilanz:

1. Bei den Verbindlichkeiten gegenüber Kreditinstituten handelt es sich um langfristige Darlehen.

2. Die Verbindlichkeiten aus Lieferungen und Leistungen, die sonstigen Rückstellungen und die sonstigen Verbindlichkeiten sind kurzfristig fällig.
3. Die Pensionsrückstellungen sind langfristiger Natur.

Gewinn- und Verlustrechnungen der Werkzeugfabrik Bamberg AG für die beiden letzten Geschäftsjahr

	Vorjahr	Berichtsjahr
1. Umsatzerlöse	67 259 200,00	84 014 280,00
2. Erhöhung oder Verminderung des Bestands an fertigen und unfertigen Erzeugnissen	+ 875 000,00	+ 320 000,00
3. Andere aktivierte Eigenleistungen	10 500,00	45 300,00
4. Sonstige betriebliche Erträge	45 810,00	36 480,00
5. Materialaufwand		
a) Aufwendungen an Roh-, Hilfs- und Betriebsstoffen	21 382 745,00	32 989 410,00
6. Personalaufwand		
a) Löhne und Gehälter	35 675 900,00	34 448 920,00
b) Soziale Abgaben und Aufwendungen für Altersversorgung u. Unterstützung	8 210 400,00	10 320 200,00
7. Abschreibungen		
a) auf immaterielle Vermögensgegenstände und Sachanlagen	487 150,00	500 000,00
8. Sonstige betriebliche Aufwendungen (davon Zuführung zu langfristigen Rückstellungen 50 500,00 EUR)	1 768 278,00	4 962 360,00
9. Erträge aus Beteiligungen	–	–
10. Erträge aus anderen Wertpapieren und Ausleihungen des Finanzanlagevermögens	17 800,00	18 900,00
11. Sonstige Zinsen u. ähnliche Erträge	285 910,00	176 480,00
12. Abschreibungen auf Finanzanlagen und Wertpapiere des Umlaufvermögens	18 500,00	–
13. Zinsen und ähnliche Aufwendungen	41 500,00	44 750,00
14. Steuern von Einkommen und Ertrag	318 167,00	456 410,00
15. Ergebnis nach Steuern	591 580,00	889 390,00
16. Sonstige Steuern	24 580,00	39 390,00
17. Jahresüberschuss	567 000,00	850 000,00

Aufgaben:

1. Erstellen Sie die Strukturbilanzen der Werkzeugfabrik Bamberg AG für die letzten beiden Geschäftsjahre!
2. Ermitteln Sie folgende Kennzahlen: die Eigenkapitalquote, den statischen Verschuldungsgrad, die Deckungsgrade I und II sowie die Barliquidität und die einzugsbedingte Liquidität. Werten Sie die Ergebnisse aus!
3. Erstellen Sie anhand von Kennzahlen der Finanz- und Ertragskraft eine ertragswirtschaftliche Analyse (einschließlich ROI und Brutto-Cashflow) mit jeweiliger Beurteilung!
4. Berechnen Sie das EBIT nach der indirekten Methode!
5. Die Werkzeugfabrik Bamberg AG beantragt für eine Betriebserweiterung ein Darlehen über 1,5 Mio. EUR. Versetzen Sie sich in die Rolle des Verantwortlichen für die Darlehensvergabe und entscheiden Sie über den Darlehensantrag der Werkzeugfabrik Bamberg AG!

19 Bilanzkennzahlen und ertragswirtschaftliche Analyse

Die TOP SECRET AG, ein bedeutender Hersteller von Aktenvernichtern aller Art, veröffentlichte folgende zusammengefasste Jahresabschlüsse (in TEUR):

Bilanzen der TOP SECRET AG

Aktiva (in TEUR)	Berichts-jahr	Vorjahr	Passiva (in TEUR)	Berichts-jahr	Vorjahr
Anlagevermögen			**Eigenkapital**		
immaterielle Vermögens-gegenstände	4743	6050	Gezeichnetes Kapital Stammaktien (280000 Stimmen)	14000	14000
Sachanlagen	10089	9779			
Finanzanlagen	8735	8591	Kapitalrücklage	23600	23600
Umlaufvermögen			Gewinnrücklagen:		
Vorräte	8691	12392	– gesetzliche Rücklage	1000	1000
Forderungen und sonst. Vermögensgegenstände			– and. Gewinnrücklagen	3200	3200
			Bilanzgewinn	662	2589
– Ford. a. Lief. u. Leist.	6615	8008	**Rückstellungen**		
– Ford. gegen verbund. Unternehmen	3190	3287	Rückstell. für Pensionen	1305	1130
			Steuerrückstellungen	346	56
– sonst. Vermögens-gegenstände	977	1960	sonst. Rückstellungen	1570	1606
			Verbindlickeiten		
Flüssige Mittel	6357	6384	langfristig	1000	1250
Rechnungsabgrenzungsp.	160	148	kurzfristig (bis 1 Jahr)	2782	8157
			Rechnungsabgrenzungsp.	2	2
	49557	56599		49557	56599

Auszüge aus dem Anhang

- Die **Steuerrückstellungen und sonstigen Rückstellungen** sind jeweils kurzfristig.
- Die **Dividendenausschüttung** lag im Berichtsjahr bei 4 %, im Vorjahr bei 16 %.

GuV-Rechnungen (in TEUR)	Berichtsjahr	Vorjahr
Umsatzerlöse	55089	66273
Bestandsveränderungen der Erzeugnisse	– 1952	– 174
Andere aktivierte Eigenleistungen	–	55
Sonstige betriebliche Erträge	2028	758
Materialaufwand	28342	35723
Personalaufwand	14921	16364
Abschreibungen auf immaterielle Vermögensgegenstände des Anlagevermögens und Sachanlagen	2993	3284
Sonstige betriebliche Aufwendungen	8367	10004
Erträge aus Beteiligungen	+ 317	+ 1529
Sonstige Zinsen u. ä. Erträge	414	533
Zinsen u. ä. Aufwendungen	292	634
Steuern vom Einkommen und vom Ertrag	650	476
Sonstige Steuern	18	22
Jahresüberschuss	313	2467
Gewinnverwendung		
Jahresüberschuss	313	2467
Gewinnvortrag aus dem Vorjahr	349	122
Bilanzgewinn	662	2589

Kennzahlen der Branche

Branche	Eigenkapital-quote	Statischer Verschuldungs-grad	Eigenkapital-rentabilität	Gesamtkapital-rentabilität	Umsatz-rentabilität
Verarbeitendes Gewerbe	23,2 %	331 %	16,4 %	4,7 %	4,2 %

Aufgaben:

1. Erstellen Sie die Strukturbilanzen der TOP SECRET AG!
2. Ermitteln Sie die Kennzahlen Eigenkapitalquote, statischer Verschuldungsgrad, Deckungsgrade I und II sowie Liquidität 1. und 2. Grades auf der Grundlage der Strukturbilanzen und werten Sie die Ergebnisse aus!
3. Berechnen Sie die Eigenkapitalrentabilität, die Gesamtkapitalrentabilität und die Umsatzrentabilität.
4. Berechnen Sie den Brutto-Cashflow und das EBIT nach der indirekten Methode!
5. Erstellen Sie anhand der berechneten Kennzahlen eine ertragswirtschaftliche Analyse!
6. Schlagen Sie sinnvolle finanzwirtschaftliche Maßnahmen für die TOP SECRET AG vor!

2 Nach Vergleich zwischen Kreditfinanzierung und Leasing über den Einsatz von Leasing entscheiden

LB 1 Handlungssituation 4: Die Beschaffungen von Anlagegütern unter Einsatz von Leasing prüfen

CLEAN-TEC OHG
Alfred-Nobel-Str.17
86169 Augsburg

Die CLEAN-TEC OHG benötigt für die Grünlandpflege einen Kleintransporter. Die Anschaffungskosten des Kleintransporters betragen 36 000,00 EUR. Die geplante Nutzungsdauer wird mit 6 Jahren angegeben. Die Gesellschafter möchten 6 000,00 EUR Eigenmittel einsetzen und den Rest fremdfinanzieren.

Der CLEAN-TEC OHG liegen zwei Finanzierungsangebote vor.

Angebot eines Autohauses	Angebot der Bank
Grundmietzeit 4 Jahre, Mietverlängerungsoption 2 Jahre, Leasingsonderzahlung 6 000,00 EUR, Leasingrate während der Grundmietzeit 7 900,00 EUR, nach der Grundmietzeit 1 000,00 EUR jeweils am Jahresende.	Darlehenssumme 30 000,00 EUR, Auszahlung 100 %, Laufzeit 6 Jahre, Zinssatz 6 %, Tilgung in sechs gleichen Jahresraten, jeweils zum Jahresende.

Kompetenzorientierte Arbeitsaufträge:

1. Vergleichen Sie das Leasingangebot mit der Kreditfinanzierung im Hinblick auf die Liquiditätsbelastung (Abfluss der Zahlungsmittel)!
2. Erläutern Sie, aus welchen Gründen die CLEAN-TEC OHG das Leasingangebot der Kreditfinanzierung vorziehen könnte!
3. Erklären Sie, wie nebenstehende Werbeanzeige zu verstehen ist!

2.1 Begriff Leasing[1]

Leasing ist eine weitere Möglichkeit, Anlagegüter zu finanzieren. Beim Leasing mietet[2] bzw. pachtet[3] das Unternehmen Anlagegüter (z. B. Gebäude, Lkw, Computer, Maschinen, Telefonanlagen), anstatt sie zu kaufen. Das Unternehmen **(Leasingnehmer)** wird **Besitzer,** der **Leasinggeber** (z. B. der Hersteller von Telefonanlagen oder eine Leasinggesellschaft) bleibt **Eigentümer**.

1 **To lease** (engl.): mieten. Da die „geleasten" Wirtschaftsgüter nicht nur genutzt, sondern auch zur Gewinnerzielung („Fruchtziehung") eingesetzt werden, enthält der Leasingvertrag Elemente des Miet- wie auch des Pachtvertrags.

2 Bei der **Miete** verpflichtet sich der Vermieter, dem Mieter gegen Entgelt (Mietzins) die Sache während der Mietzeit zum **Gebrauch** zu überlassen [§ 535 BGB].

3 Bei der **Pacht** verpflichtet sich der Verpächter, dem Pächter gegen Entgelt (Pachtzins) die Sache während der Pachtzeit zum **Gebrauch und** zum **Genuss der Früchte (den Ertrag)** zu überlassen [§§ 581–597 BGB].

Nach **Beendigung der Vertragszeit** hat das Unternehmen das Anlagegut **zurückzugeben.** Das Unternehmen hat dadurch die Möglichkeit, Anlagegüter zu leasen, die auf dem neuesten technischen Stand sind. Es ist auch möglich, im Leasingvertrag zu vereinbaren, dass das Unternehmen das geleaste Anlagegut zum **Restwert kaufen** bzw. die **Leasingzeit verlängern** (prolongieren) kann.

Leasing ist das Mieten bzw. Pachten von Anlagegütern gegen Zahlung eines Miet- bzw. Pachtzinses (Leasingrate).

Die Finanzierung der Anschaffung des Anlagegutes erfolgt durch den Leasinggeber. Insofern ist Leasing eine **Fremdfinanzierung.**

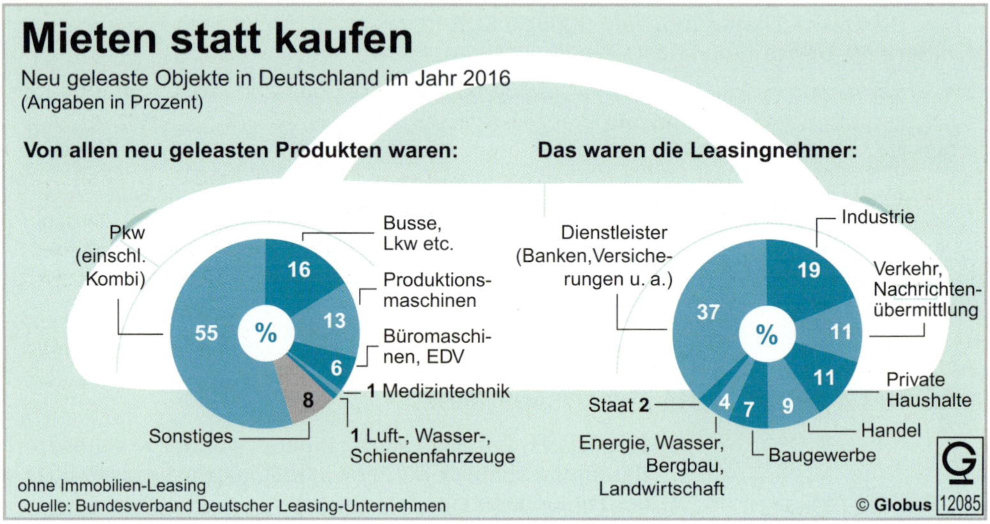

2.2 Möglichkeiten der Vertragsgestaltung

Leasingverträge lassen sich unter sehr unterschiedlichen Merkmalen gestalten. Zwei Gestaltungsmöglichkeiten werden im Folgenden angeführt.

(1) Unter dem Gesichtspunkt des Inhalts der Leasingverträge

Leasingverträge ohne Kauf- oder Mietverlängerungsoption[1]	Leasingverträge mit Kauf- oder Mietverlängerungsoption
Bei diesen Verträgen hat der Leasingnehmer kein Recht auf Verlängerung der Leasingzeit bzw. keinen Anspruch darauf, das Leasinggut nach Ablauf der Grundmiet- bzw. -pachtzeit kaufen zu können.	Bei diesen Leasingverträgen wird dem Leasingnehmer das Recht eingeräumt, nach Ablauf der Grundmiet- bzw. -pachtzeit das Leasinggut weiter zu leasen oder kaufen zu können.

1 **Option** (lat.): hier Vorrecht, Wahlrecht.

(2) Unter dem Gesichtspunkt der Dauer der Leasingzeit

Operate-Leasing

Beim Operate-Leasing ist die **Grundmietzeit relativ kurz,** sodass die Leasingraten nicht für die Amortisation der Anschaffungskosten ausreichen. Die Restamortisation, die angefallenen Kosten und ein angemessener Gewinn können im Allgemeinen erst durch Folgeverträge bzw. durch den Verkaufserlös des Leasingobjekts gedeckt werden. Bei dieser Art des Leasingvertrags hat der **Leasinggeber** für die **uneingeschränkte Nutzungsfähigkeit** des Leasingobjekts zu sorgen. Wartungskosten, Reparaturkosten und Versicherungskosten gehen zu seinen Lasten. Auch für den Fall eines Totalausfalls hat die Leasinggesellschaft für ein Ersatzobjekt zu sorgen.

Finance-Leasing

Das Finance-Leasing (auch Financial-Leasing genannt) ist **überwiegend langfristig** angelegt. Innerhalb der **Grundmietzeit,** die meistens bei **40 % bis 90 % der betriebsgewöhnlichen Nutzungsdauer** des Leasinggutes liegt, ist der Vertrag nicht kündbar. Bei dieser Vertragsgestaltung hat der **Leasingnehmer** die **laufenden Betriebskosten** zu tragen. Auch das **Risiko eines Totalschadens** trägt grundsätzlich der **Leasingnehmer.**

Finance-Leasing-Verträge enthalten üblicherweise ein **Optionsrecht des Leasingnehmers,** das nach Ablauf der Grundmietzeit wahrgenommen werden kann. Es kann sich beziehen auf eine

- **Kaufoption** (Recht zum Kauf des Leasingobjekts zu einem vorher vereinbarten Restwert) oder
- eine **Miet- bzw. Pachtverlängerungsoption** (Recht auf Verlängerung der Mietzeit bzw. Pachtzeit mit geringeren Leasingraten).

2.3 Rechnerischer Vergleich zwischen Finance-Leasing und Kreditfinanzierung[1]

Der Vergleich zwischen Leasing und Kreditkauf konzentriert sich im rechnerischen Vergleich auf die Liquiditäts- und Aufwandswirkung der beiden Finanzierungsarten.

Beispiel:

Die MicroTex Technologies GmbH beabsichtigt, ihren Maschinenpark um einen Werkzeugautomaten zu erweitern. Nach den Angaben des Herstellers betragen die Anschaffungskosten 480 000,00 EUR. Die betriebsgewöhnliche Nutzungsdauer wird mit 6 Jahren angegeben. Es wird linear abgeschrieben.

Da die MicroTex Technologies GmbH gerade erst die Produktionshalle erweitert hat, ist eine Finanzierung mit eigenen Finanzmitteln nicht möglich. Das Unternehmen hat zwei Finanzierungsalternativen:

1 Die Finanzierungsarten nach Rechtsstellung der Kapitalgeber und Kapitalherkunft werden gem. Fachlehrplan im Lernbereich 4, Jahrgangsstufe 12 behandelt (vgl. Merkurbuch 0659).

1. Angebot: Leasingangebot des Herstellers:	2. Angebot: Kreditangebot der Hausbank
Bei einer Grundmietzeit von 4 Jahren betragen die Leasingraten 115 000,00 EUR pro Jahr, fällig jeweils am 31. Dezember eines Jahres. Im Falle einer Vertragsverlängerung sinkt die Rate auf 54 000,00 EUR.	Ratentilgungsdarlehen mit 5 Jahren Laufzeit über 500 000,00 EUR, Auszahlung 96 %, Nominalzinssatz 4 %, Fälligkeit der Tilgungsrate jeweils am 31. Dezember.

Aufgabe:

Vergleichen Sie das Leasingangebot mit dem Ratentilgungsdarlehen unter den Gesichtspunkten von Liquiditätsbelastung[1] und Aufwandsbelastung!

Lösungen:

1. Angebot: Aufwands- und Liquiditätsbelastung bei Leasing

Jahr	Geldmittelabflüsse (Leasingraten)[2]	Aufwendungen
1	115 000,00 EUR	115 000,00 EUR
2	115 000,00 EUR	115 000,00 EUR
3	115 000,00 EUR	115 000,00 EUR
4	115 000,00 EUR	115 000,00 EUR
5	54 000,00 EUR	54 000,00 EUR
6	54 000,00 EUR	54 000,00 EUR
Summe	568 000,00 EUR	568 000,00 EUR

2. Angebot: Aufwands- und Liquiditätsbelastung bei Darlehensfinanzierung

Jahr	Restdarlehen EUR	Tilgung EUR	Zinsen EUR	Abschreibung Werkzeugautomat EUR	Abschreibung Disagio EUR	Mittelabflüsse EUR	Aufwendungen EUR
1	500 000,00	100 000,00	20 000,00	80 000,00	4 000,00	120 000,00	104 000,00
2	400 000,00	100 000,00	16 000,00	80 000,00	4 000,00	116 000,00	100 000,00
3	300 000,00	100 000,00	12 000,00	80 000,00	4 000,00	112 000,00	96 000,00
4	200 000,00	100 000,00	8 000,00	80 000,00	4 000,00	108 000,00	92 000,00
5	100 000,00	100 000,00	4 000,00	80 000,00	4 000,00	104 000,00	88 000,00
6	0,00	0,00	0,00	80 000,00	0,00	0,00	80 000,00
						560 000,00	560 000,00

Ergebnis: Die Finanzierung durch ein Ratentilgungsdarlehen ist rechnerisch sowohl hinsichtlich der Aufwands- als auch hinsichtlich der Liquiditätsbelastung günstiger.

1 **Liquiditätsbelastung:** Darunter versteht man den **Abfluss an Geldmitteln**.

2 Die Leasingrate („Mietpreis") enthält folgende Finanzierungskosten:
1. den **Abschreibungsbetrag** (die Ausgaben bzw. Aufwendungen des Leasinggebers für die Beschaffung oder Herstellung des Leasingguts werden auf die Dauer der Grundleasingzeit verteilt);
2. die **Verzinsung** (das vom Leasinggeber investierte Kapital muss sich verzinsen);
3. eine **Risikoprämie** (z. B. für schnelles Veralten);
4. die **sonstigen Verwaltungs- und Vertriebskosten** (einschließlich der laufenden Servicekosten);
5. den **Gewinnzuschlag**.

Für die endgültige Entscheidung sollten jedoch vor allem die Besonderheiten des Einzelfalles Beachtung finden. So können beispielsweise bei einer Entscheidung für das Finanzierungsleasing die eingesparten Anschaffungskosten in andere Projekte investiert werden. Außerdem werden die Finanzierungskennzahlen positiv beeinflusst.[1]

2.4 Beurteilung des Leasings

Vorteile	Nachteile
■ Aufbau, Erweiterung bzw. Rationalisierung eines Betriebs können ohne großen Geldkapitalbedarf durchgeführt werden. ■ Das eingesparte Geldkapital kann anderweitig rentabler eingesetzt werden. ■ Da mit der Nutzung Erträge anfallen, können die Kosten aus dem laufenden Ertrag bezahlt werden. ■ Rasche Anpassung an den technischen Fortschritt ist beim kurzfristigen Leasing möglich. ■ Leasing schafft klare Kalkulationsgrundlagen (Planungssicherheit). ■ Nutzungskonforme Finanzierungsdauer, d. h., die Laufzeit des Leasingvertrags richtet sich in der Regel an der betriebsgewöhnlichen Nutzungsdauer des Leasingobjekts aus.	■ Die Leasingkosten sind hoch, denn die Gesamtkosten des Leasinggebers müssen in relativ kurzer Zeit aufgebracht werden. ■ Die Kosten fallen regelmäßig an, sodass es unter Umständen zu Liquiditätsschwierigkeiten kommen kann, wenn die Zahlungen aus Verkäufen nicht rechtzeitig eingehen. ■ Ausschluss der Kündigung des Leasingnehmers während der Grundmietzeit. ■ Eigentum an dem Investitionsgut wird nicht erworben. Deshalb darf der Leasinggegenstand vom Leasingnehmer ohne Zustimmung des Leasinggebers auch nicht verändert werden. ■ Das Fehlen von Anlagevermögen mindert die Möglichkeit einer eventuell später notwendig werdenden Kreditsicherung.

2.5 Beurteilung der Fremdfinanzierung

Vorteile	Nachteile
■ Die Finanzierung von Betriebserweiterungen ist auch dann möglich, wenn die Finanzkraft des Unternehmens (Selbstfinanzierung) oder der Teilhaber (Beteiligungsfinanzierung) erschöpft ist. ■ Risikoreiche Investitionen werden vermieden oder eingeschränkt, weil die Zins- und Liquiditätsbelastung des Fremdkapitals zu sorgfältiger Kalkulation und Finanzplanung zwingt.	■ Die Mittel stehen dem Unternehmen zeitlich nicht unbegrenzt zur Verfügung. ■ Die Fremdmittel müssen i. d. R. verzinst und getilgt werden. Damit werden Kalkulation und Liquidität belastet. ■ Insbesondere bei hoher Verschuldung eines Unternehmens nehmen die Gläubiger Einfluss auf die Geschäftsleitung, um die Verwendung ihrer Mittel zu kontrollieren. ■ Mit zunehmender Kreditfinanzierung sinkt die Kreditfähigkeit des Unternehmens.

1 Vgl. Kapitel 1.3.2, S. 24 ff.

Zusammenfassung

- **Leasingverträge** sind miet- oder pachtähnliche Verträge, die die Nutzung eines Leasingobjekts ermöglichen, ohne die Anschaffungskosten finanzieren zu müssen. Als Gegenleistung zahlt der Leasingnehmer die vereinbarten Leasingraten.
- Bei den Möglichkeiten der **Vertragsgestaltung** unterscheidet man:
  - nach dem Inhalt der Leasingverträge
    - Leasingverträge ohne Kauf- und Mietverlängerungsoption
    - Leasingverträge mit Kauf- und Mietverlängerungsoption
  - nach der Dauer der Leasingverträge
    - Operate-Leasing
    - Finance-Leasing
- Zu den Vor- und Nachteilen des Leasings siehe Tabelle auf S. 63.

Kompetenztraining

20 Grundlagen des Leasings

1. Eine Möglichkeit, die Anschaffung eines Geschäftswagens zu finanzieren, bietet das Leasing.

   Aufgaben:

   1.1 Beschreiben Sie den Grundgedanken des Leasings!

   1.2 Definieren Sie den Begriff Leasing!

   1.3 Überprüfen Sie den Satz: Durch Leasing wird ihr Kreditspielraum nicht belastet!

2. „Leasing hilft Kosten sparen" – so lautet häufig die Werbung der Leasinggesellschaften. Prüfen Sie diese Aussage!

3. „Leasing schont Ihre Liquidität" – ein anderer Werbespruch. Prüfen Sie, ob diese Aussage zutreffend ist!

21 Liquiditätsvergleich Darlehen – Leasing

Bei der Lars Biller KG ist letzte Woche eine alte Maschine endgültig ausgefallen. Eine moderne Ersatzmaschine kostet 96 000,00 EUR und hat eine Nutzungsdauer von 8 Jahren. Die Maschine soll linear abgeschrieben werden.

Das Unternehmen hat infolge hoher sonstiger Investitionen mit Liquiditätsengpässen zu kämpfen. Für Lars Biller kommt daher nur die Finanzierungsalternative mit der geringeren Liquiditätsbelastung infrage.

Es gibt folgende Finanzierungsalternativen:

- **Bankkredit:** Laufzeit 8 Jahre; Auszahlung 100 %, Zinssatz 4,5 %, Tilgung in gleichen Raten am Jahresende.
- **Leasing:** Grundmietzeit 5 Jahre, Leasingrate 20 000,00 EUR/Jahr, Anschlussleasing mit einer jährlichen Leasingrate von 10 000,00 EUR möglich.

Aufgaben:

1. Stellen Sie die beiden Finanzierungsalternativen hinsichtlich ihrer Liquiditätsbelastung tabellarisch gegenüber!

   Begründen Sie, zu welcher Finanzierungsart Sie der Lars Biller KG raten würden!

2. Führen Sie den rechnerischen Nachweis, ob die Lars Biller KG eventuell mit ihrer Bank wegen eines Fälligkeitsdarlehens verhandeln sollte!
3. Die Leasinggesellschaft wirbt mit „Leasen steigert Ihre Rentabilität und schont Ihre Liquidität". Nehmen Sie dazu Stellung, indem Sie die Auswirkungen auf Rentabilität und Liquidität beim Leasing und Kreditkauf vergleichen!

22 Analyse von Finanzierungsalternativen

Die Möhrle Design AG benötigt Textilmaschinen für die Produktion von Kleidern. Die Anschaffungskosten der Maschinen betragen 1,2 Mio. EUR. Zwei Finanzierungsmöglichkeiten sind gegeben:

- Kauf der Textilmaschinen mithilfe eines Bankkredits zu 4 %. Ratentilgung in 4 Jahren am Ende des Jahres.
- Leasing zu einem Monatsbetrag von 2,5 % des Anschaffungswerts. Die Grundmietzeit beträgt 4 Jahre. Nach deren Ablauf wird die Monatsmiete auf 10 % des bisherigen Betrags gesenkt, falls der Leasingvertrag verlängert wird. Die Wartungskosten trägt der Leasingnehmer.

Die Nutzungsdauer der Textilmaschinengruppe beträgt 8 Jahre.

Aufgaben:

1. Nennen Sie die Art des Leasingvertrags!
2. Berechnen Sie den Zinsaufwand für den Bankkredit!
3. Ermitteln Sie, wie viel Prozent der Zinsaufwand vom Kaufpreis der Textilmaschinen ausmacht!
4. Ermitteln Sie, wie viel Prozent vom Kaufpreis der jährliche Mietaufwand im Jahr der Kündigung beträgt!
5. Angenommen, die Möhrle Design AG mietet die Textilmaschinen für 8 Jahre. Ermitteln Sie, wie viel Prozent vom Kaufpreis der durchschnittliche jährliche Mietaufwand beträgt!
6. Angenommen, eine Kostenvergleichungsrechnung ergibt, dass die Finanzierung durch Leasing teurer als der Kauf ist. Formulieren Sie Gründe, die dennoch für das Leasen sprechen könnten!
7. Nennen Sie Gründe, die für den Kauf der Textilmaschinen sprechen!

23 Aufwandsvergleich Kredit – Leasing

Die Motorenbau Anton Thomalla e. Kfm. hat einen neuen Hochleistungsmotor für den Betrieb von Blockheizkraftwerken entwickelt. Damit sie diesen Motor auch in einer größeren Serie produzieren kann, benötigt sie eine neue Fertigungsmaschine zum Anschaffungspreis von 90 000,00 EUR. Die Maschine hat eine betriebsgewöhnliche Nutzungsdauer von 6 Jahren und soll linear abgeschrieben werden.

Die Motorenbau Anton Thomalla e. Kfm. hat zwei Finanzierungsmöglichkeiten:

Alternative 1: Kreditangebot der Commerzbank

- Darlehen in Höhe von 90 000,00 EUR
- Sollzinssatz 3 %
- Laufzeit 48 Monate
- Tilgung jeweils am Jahresende in gleichen Raten

5 Kaier, Speth, Hug - ISBN 978-3-8120-0662-0

Alternative 2: Angebot der Deutschen Leasing AG
- Grundmietzeit 48 Monate
- jährliche Leasingrate während der Grundmietzeit (zahlbar jeweils am Jahresende): 20 % der Anschaffungskosten
- jährliche Leasingrate nach Ablauf der Grundmietzeit (zahlbar jeweils am Jahresende): 17 % der Anschaffungskosten

Aufgaben:

1. Prüfen und begründen Sie, welche Art des Leasingvertrages hinsichtlich der Dauer der Leasingzeit vorliegt!
2. Ermitteln Sie den Mittelabfluss und den Gesamtaufwand für beide Finanzierungsalternativen während der gesamten Nutzungsdauer. Begründen Sie anschließend, für welche Alternative sich die Motorenbau Anton Thomalla e. Kfm. entscheiden sollte!

   Verwenden Sie zur Lösung folgende Schemata:

   Alternative 1:

Jahr	Darlehen Jahresanfang	Zinsen	Tilgung	Abschreibung	Mittelabfluss	Gesamtaufwand

   Alternative 2:

Jahr	Mittelabfluss	Gesamtaufwand

3 Den Einsatz von Factoring prüfen und die Auswirkung auf Bilanz und Erfolg beurteilen

LB 1 Handlungssituation 5: Über den Einsatz von Factoring entscheiden

Die Liquiditätsanalyse des Jahresabschlusses der Anlagen- und Maschinenbau AG, Augsburg (vgl. Handlungssituation 1, S. 17) hat gezeigt, dass sich der Liquiditätsgrad 2 im Vergleich zum Vorjahr deutlich auf immerhin 75 % verbessert hat. Sehr unbefriedigend blieb jedoch der Liquiditätsgrad 1 mit nur 10 %.

AM AG ANLAGEN- UND MASCHINENBAU

Da mangelnde Zahlungsfähigkeit sehr schnell den Bestand eines Unternehmens gefährden kann, sucht Frau Obermayer, Controllerin der AM AG, nach geeigneten finanzwirtschaftlichen Maßnahmen, um die Situation nachhaltig zu verbessern. Bei der Recherche im Internet taucht auf einmal folgendes Werbe-Banner auf, das bei Frau Obermayer großes Interesse weckt:[1]

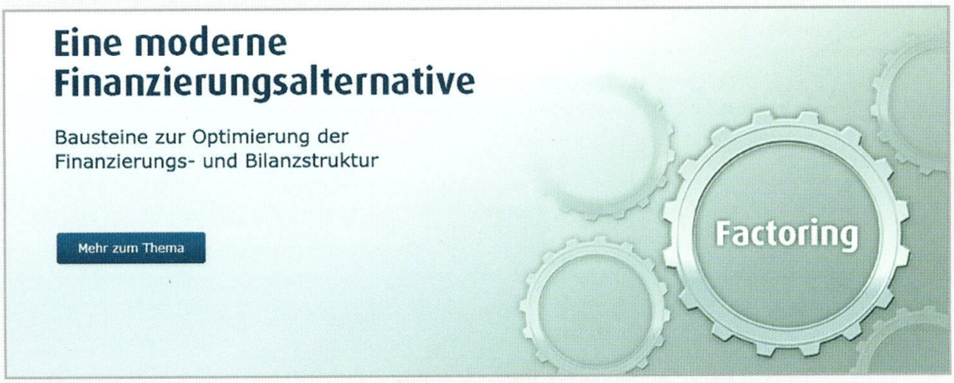

Kompetenzorientierte Arbeitsaufträge:

1. Erklären Sie, worin die Finanzierungsfunktion des Factorings besteht!
2. Beschreiben Sie in eigenen Worten den Ablauf eines offenen Factorings!
3. Berechnen Sie den neuen Liquiditätsgrad 1, wenn am Ende des Vorjahrs alle Forderungen aus Lieferungen und Leistungen (siehe Handlungssituation 1) gegen Gebühren und Zinsen in Höhe von 3 % an einen Factor verkauft werden!
4. Erläutern Sie mögliche negative Auswirkungen des offenen Factorings für die Anlagen- und Maschinenbau AG!

1 http://www.af-ag.de/eBusiness/services/resources/media/1063144443880832787-NA-1139222879758284291-1-33-NA.jpeg; 20.10.2017

3.1 Begriff Factoring und dessen Ablauf

(1) Begriff

Beim **Factoring**[1] kauft der Factor (eine Bank oder eine spezielle Factoring-Gesellschaft) alle Forderungen seines Kunden, die aus Sach- und Dienstleistungen stammen, gegen ein entsprechendes Entgelt auf und übernimmt das volle Kreditrisiko (Delkredere).[2]

Dadurch erhält das Unternehmen sein Geld früher (Finanzierungseffekt), als wenn es abwarten würde, bis die Kunden ihre Rechnungen bezahlen.

Beispiel:

Die Sport-Burr KG liefert am 10. April 20.. Tennisschläger im Wert von 12000,00 EUR an einen Kunden. Die am 10. April 20.. ausgestellte Rechnung räumt dem Kunden ein Zahlungsziel von 30 Tagen ein. Um das Geld schneller zu erhalten, verkauft das Unternehmen die Forderung am 10. April an den Factor.

(2) Ablauf

In der Regel wird das **offene Factoring** praktiziert, d.h., der Käufer wird vom Verkäufer über das geplante Factoring informiert. Das offene Factoring läuft wie folgt ab:

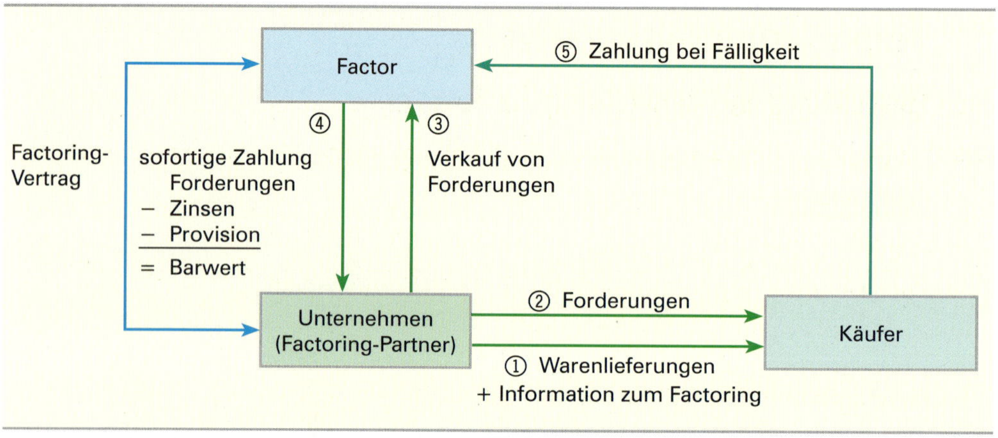

3.2 Funktionen des Factors

Die Factoring-Gesellschaft übernimmt bei einem **Full-Service-Factoring** für das betreute Unternehmen drei verschiedene Aufgaben:

Dienstleistungsfunktion	Führung der Debitorenbuchhaltung einschließlich Mahnwesen und Einzug der Forderungen.

1 **Factura**: Rechnung.

2 **Delkredere** (wörtlich): „vom guten Glauben".

Kreditgewährungsfunktion	Ankauf der Forderungen (offene Zession) und Vorfinanzierung bis zum Fälligkeitstermin bzw. Zahlung der Forderungen.
Kreditsicherungsfunktion	Übernahme der Haftung für einen eventuellen Forderungsausfall (Delkrederefunktion).[1]

Manche Factoring-Institute übernehmen – ebenfalls gegen Gebühr – auch die Rechnungsschreibung (Fakturierung).

Beispiel:

Der Sport-Burr KG liegt folgendes Angebot eines Factoring-Instituts vor:

Dienstleistungsgebühr für Debitorenbuchhaltung und Mahnwesen	1 % vom Umsatz
Delkrederegebühr zur Abdeckung möglicher Forderungsausfälle	1 % vom Umsatz
Zinssatz für Finanzierung	1,5 % des Kreditbetrags

Aufgabe:

Berechnen Sie die Factoring-Kosten bei einem Forderungsbetrag von 3 Mio. EUR!

Lösung:

Dienstleistungsgebühr (1 % von 3 Mio. EUR)	30 000,00 EUR
Delkrederegebühr (1 % von 3 Mio. EUR)	30 000,00 EUR
Zinsen (1,5 % von 3 Mio. EUR)	45 000,00 EUR
	105 000,00 EUR

3.3 Bedeutung und Beurteilung des Factorings

Das Factoring ist ein Wachstumsmarkt, der sich in den letzten 10 Jahren mehr als verdoppelt hat.[2]

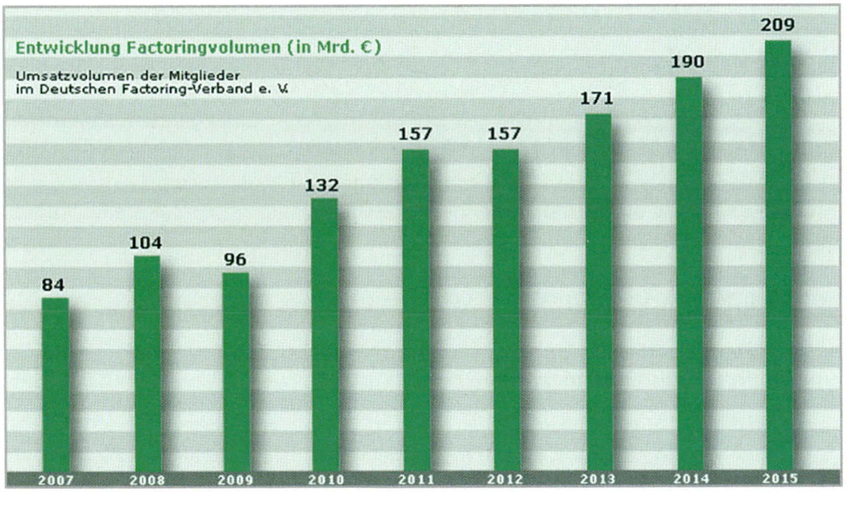

1 Von Forderungsausfällen spricht man, wenn Forderungen des Gläubigers wegen Zahlungsschwierigkeiten oder Zahlungsunfähigkeit der Schuldner nicht mehr oder nur teilweise erfüllt (z. B. bezahlt) werden.

2 Quelle: https://www.dresdner-factoring.de/images/stories/info-factoring/factoringvolumen_2007_2015.png; 19. 10. 2017.

Das Factoring weist aus der Sicht des Factor-Partners (z. B. der Sport-Burr KG) folgende Vor- und Nachteile auf:

Vorteile	Nachteile
■ Sofortige Verfügung über den Barwert der Forderungen. ■ Verbesserung der Liquidität, um z. B. Skonto bei Lieferantenrechnungen nutzen zu können. ■ Kein Ausfallrisiko bei den Forderungen. ■ Aufwand für die Einziehung von Forderungen entfällt.	■ Leistung von (hohen) Zins- und Provisionszahlungen an den Factor. ■ Kein Eingehen auf individuelle Zahlungsprobleme von einzelnen Kunden. ■ Verärgerung von Kunden durch schematischen Forderungseinzug.

Zusammenfassung

- Der **Factor** kauft von seinem Factor-Partner dessen Forderungen aus Warenlieferungen und Dienstleistungen und bevorschusst sie vor Fälligkeit des Rechnungsbetrags.
- Der Factor übernimmt eine **Dienstleistungsfunktion** (z. B. Führung der Debitorenbuchhaltung), eine **Kreditgewährungsfunktion** (Ankauf der Forderungen vor ihrer Fälligkeit) sowie eine **Kreditsicherungsfunktion** (z. B. Übernahme der Haftung bei einem Zahlungsausfall).

Kompetenztraining

24 Factoring

1. 1.1 Beschreiben Sie das Factoring mit eigenen Worten!

   1.2 Nennen Sie die Funktionen des Factors und ordnen Sie diesen die entsprechenden Kosten zu!

   1.3 Nennen Sie die Vor- und Nachteile der Factoring-Finanzierung für den Kunden (Factor-Partner)!

   1.4 Begründen Sie, warum Factor-Gesellschaften u. a. mit folgendem Argument werben: „Factoring beseitigt Ihre Liquiditätsprobleme"!

2. Das Management der Augsburger Büromöbel AG stellt sich die Frage, ob sich Factoring unabhängig von den Liquiditätskennzahlen rechnet, wenn folgende Daten vorliegen:

Monatlicher Umsatz	10 Mio. EUR
Durchschnittlicher Forderungsausfall	0,6 % vom Umsatz
Monatliche Kosten der Debitorenbuchhaltung und des Mahnwesens	22 000,00 EUR
Zwischenfinanzierung von 50 % des Umsatzes durch Kontokorrentkredite mit einem Zinssatz von	9 % p. a.
Factoring-Kosten pauschal	2,5 % vom Umsatz

Aufgabe:

Ermitteln Sie die mögliche Kostenersparnis bei Factoring und stellen Sie diese den Factoring-Kosten gegenüber. Ziehen Sie ein Fazit bezüglich des Einsatzes von Factoring!

4 Zur Kapazitätserweiterung den Lohmann-Ruchti-Effekt nutzen

LB 1 Handlungssituation 6: Abschreibungsrückflüsse zur Kapazitätserweiterung nutzen

Die CLEAN-TEC OHG kann sich über eine jährlich steigende Anzahl von Aufträgen zur Grünanlagenpflege freuen.

Sie erwirbt zunächst vier Rasentraktoren im Wert von 2000,00 EUR, deren Nutzungsdauer jeweils vier Jahre beträgt. Die lineare Abschreibung entspricht dem tatsächlichen Wertverlust und wird in die Preise einkalkuliert.

Es ist zunächst geplant, die Ersatzbeschaffungen nach Ablauf der Nutzungsdauer jeweils aus den angesparten Abschreibungsrückflüssen zu finanzieren.

Kompetenzorientierte Arbeitsaufträge:

CLEAN-TEC OHG
Alfred-Nobel-Str.17
86169 Augsburg

1. Erläutern Sie, wie die Abschreibungsgegenwerte in das Unternehmen zurückfließen!
2. Stellen Sie den Verlauf der Abschreibungsfinanzierung sowie den Mittelabfluss durch die Ersatzbeschaffungen in folgender Tabelle dar!

Jahr (Ende) / Abschreibung	1	2	3	4	5	6	7	8
Rasentraktor 1/Ersatztraktor Rasentraktor 2/Ersatztraktor Rasentraktor 3/Ersatztraktor Rasentraktor 4/Ersatztraktor								
jährliche Abschreibungssumme								
= freigesetzte Mittel – Reinvestition								
= freiverfügbare Mittel								

3. Angenommen, die Anzahl der Aufträge ist stärker angestiegen. Begründen Sie, ab wann die angesparten Abschreibungsrückflüsse ausreichen würden, einen fünften (zusätzlichen) Rasentraktor zu finanzieren!

4. Stellen Sie die Entwicklung des Bestands an Rasentraktoren in den ersten sechs Jahren dar, wenn die Abschreibungsrückflüsse sobald wie möglich in zusätzliche Rasentraktoren investiert werden! Nutzen Sie dazu folgende Tabelle:

Jahr	Fahrzeugbestand vor Zusatzinvestition [Stück]	Zusatzinvestition zu Jahresbeginn [Stück]	Bestand an Rasentraktoren zu Jahresbeginn	Erwirtschaftete Abschreibung pro Jahr [EUR]	Tatsächliche Investition [EUR]	Liquide Mittel für Investitionen [EUR]
1						
2						
3						
4						
5						
6						

5. Beschreiben Sie das Problem, das im 5. Jahr auftritt, und unterbeiten Sie der CLEAN-TEC OHG einen Lösungsvorschlag!

4.1 Grundsätzliches zur Finanzierung aus Abschreibungsrückflüssen

Die Abschreibungsbeträge auf das Anlagevermögen werden als Kosten in die Preise der Produkte einkalkuliert und fließen dem Unternehmen über die Umsatzerlöse wieder zu. Da diese Abschreibungsrückflüsse in der Periode ihrer Erwirtschaftung nicht mit Ausgaben verbunden sind, können sie bis zur Ersatzbeschaffung der noch genutzten Anlagen zur Finanzierung weiterer Investitionen genutzt werden.[1]

4.2 Lohmann-Ruchti-Effekt

4.2.1 Erweiterung der Periodenkapazität

Werden die Abschreibungsrückflüsse sofort in gleichartige Anlagen investiert (Zusatzinvestitionen), so steigt die Periodenkapazität an, weil die Leistungsfähigkeit des Unternehmens aufgrund der zusätzlich geschaffenen Anlagen erhöht wird.

Beispiel:

Die Münchner Kosmetik AG gliedert den gesamten Vertrieb in die Münchner Kosmetik Vertriebs-GmbH aus. Diese kauft fünf neue Pkws für die Außendienstmitarbeiterinnen. Jedes dieser Fahrzeuge kostet 60 000,00 EUR und hat eine durchschnittliche Fahrleistung von 200 000 km. Die Nutzungsdauer wird auf fünf Jahre festgesetzt. Jährlich werden 20 % von den Anschaffungskosten abgeschrieben. Die jährliche Nutzung eines Fahrzeugs liegt damit bei 40 000 km.

Aufgaben:

1. Stellen Sie die Entwicklung des Fahrzeugbestands in den ersten zehn Jahren dar, wenn die Abschreibungsrückflüsse jeweils zu Beginn des neuen Jahres in zusätzliche Fahrzeuge investiert werden!
2. Ermitteln Sie den Kapazitätserweiterungsfaktor!

1 Vgl. hierzu Merkurbuch 0659, Jahrgangsstufe 12, Lernbereich 4, Kapitel 2.7, S. 470 f.

Lösungen:

Zu 1.: Entwicklung des Fahrzeugbestands:

Jahr	Verfügbare liquide Mittel	Investitionsgüterzugang [Stück]	Abgang nach 5 Jahren [Stück]	Investitionsgüterbestand [Stück]	Summe der Anschaffungswerte	Nicht investierte liquide Mittel	Zugang Abschreibungsgegenwerte
1	300 000,00	5	0	5	300 000,00	0,00	60 000,00
2	60 000,00	1	0	6	360 000,00	0,00	72 000,00
3	72 000,00	1	0	7	420 000,00	12 000,00	84 000,00
4	96 000,00	1	0	8	480 000,00	36 000,00	96 000,00
5	132 000,00	2	5	10	600 000,00	12 000,00	120 000,00
6	132 000,00	2	1	7	420 000,00	12 000,00	84 000,00
7	96 000,00	1	1	7	420 000,00	36 000,00	84 000,00
8	120 000,00	2	1	8	480 000,00	0,00	96 000,00
9	96 000,00	1	2	8	480 000,00	36 000,00	96 000,00
10	132 000,00	2	2	8	480 000,00	12 000,00	96 000,00

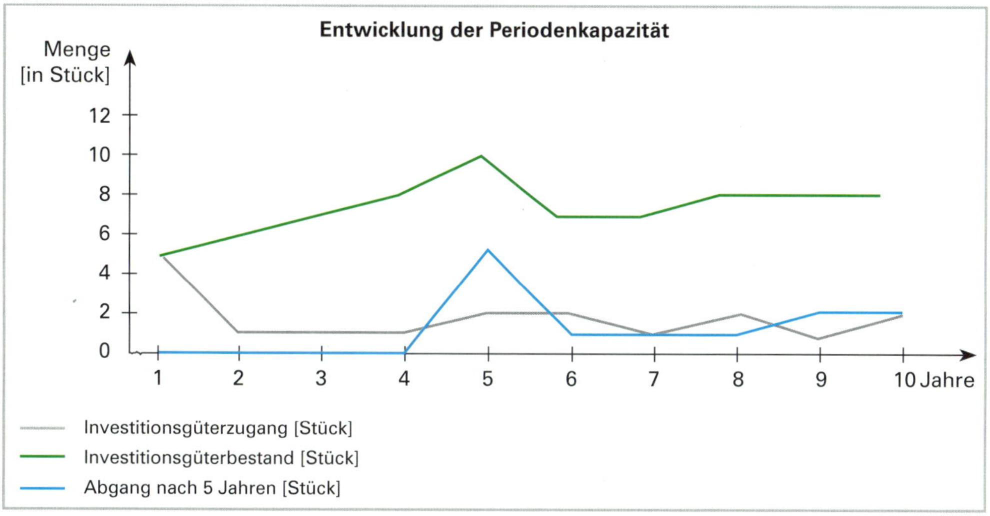

Erläuterung der Zusatzinvestition am Beispiel der ersten zwei Jahre:

Der Buchwert im 1. Jahr für die angeschafften 5 Fahrzeuge beträgt 300 000,00 EUR. Hieraus ergeben sich Abschreibungsrückflüsse am Ende des ersten Jahres von 60 000,00 EUR. Mit diesem Betrag kann zu Beginn des 2. Jahres ein weiteres Fahrzeug beschafft werden. Der Fahrzeugbestand erhöht sich damit auf 6 Fahrzeuge.

Die Abschreibungsrückflüsse für 6 Fahrzeuge betragen am Ende des 2. Jahres 72 000,00 EUR. Da dieser Betrag nur für die Anschaffung von einem Fahrzeug ausreicht, bleibt ein Rest an liquiden Mitteln in Höhe von 12 000,00 EUR, der im 3. Jahr zu den dort erzielten Abschreibungsrückflüssen hinzuaddiert wird.

Zu 2.: Kapazitätserweiterungsfaktor

Die Formel für den Kapazitätserweiterungsfaktor bei linearer Abschreibung und der Nutzungsdauer n lautet:

$$\text{Kapazitätserweiterungsfaktor} = \frac{2 \cdot n}{(n+1)} = \frac{2}{(1+\frac{1}{n})}$$

$$= \frac{2 \cdot 5}{(5+1)} = \frac{2}{(1+\frac{1}{5})} = \underline{\underline{1{,}67}}$$

Der Faktor von 1,67 gibt an, dass die Kapazität von der Ausgangssituation (Anfangsbestand: 5 Pkws) aus betrachtet, um 67 % auf 8 Pkws zunimmt (5 Pkws · 1,67 = 8,35 Pkws, vgl. Grafik, S. 73).

Der **Kapazitätserweiterungsfaktor** gibt den Faktor an, um den die ursprüngliche Periodenkapazität wachsen kann, **ohne** dass zusätzliche Finanzierungsmaßnahmen in Anspruch genommen werden müssen.

4.2.2 Betrachtung der Gesamtkapazität

Da neben den zusätzlich hinzukommenden Anlagegütern (Zusatzinvestitionen) immer ein Teil der vorhandenen Anlagegüter teilweise abgeschrieben (verbraucht) ist, bleibt die Summe der vorhandenen Kapazitätsreserve konstant.

Beispiel:

Wir gehen wieder vom Pkw-Beispiel der Münchner Kosmetik Vertriebs-GmbH aus (siehe S. 72).

Aufgabe:

Stellen Sie tabellarisch die Entwicklung der Periodenkapazität der jeweils vorhandenen Gesamtkapazität gegenüber!

Lösung:

Darstellung der Kapazitätsentwicklung:

Jahr	Fahrzeugbestand vor Zusatzinvestition [Stück]	Zusatzinvestition zu Jahresbeginn [Stück]	Periodenkapazität aller Fahrzeuge [km]	Kapazitätsreserve über gesamte Nutzungsdauer [km]
1	5	–	200 000	1 000 000
2	5	1	240 000	1 000 000
3	6	1	280 000	960 000
4	7	1	320 000	880 000
5	8	2	400 000	960 000
6	5	2	280 000	960 000

Erläuterung der Kapazitätsreserve (Gesamtkapazität):

Wenn die erwirtschafteten Abschreibungsbeträge sofort wieder investiert werden, bleibt bei unterstellter Teilbarkeit der Investitionsgüter die Gesamtkapazität bis zur Erneuerung der Erstausstattung immer konstant. Da aber in der Realität wegen der nicht vorhandenen Teilbarkeit der Investitionsgüter ein Teil der Abschreibungen nicht sofort wieder investiert werden kann, müssen zum Nachweis der unveränderten Gesamtkapazität die nicht sofort wieder investierten Abschreibungsteile in entsprechende Leistungseinheiten umgerechnet werden.

2. Jahr:	5 Pkws mit Restkapazität von je 160 000 km	800 000 km
	1 Pkw mit Restkapazität von	200 000 km
		1 000 000 km
5. Jahr:	5 Pkws mit Restkapazität von je 40 000 km (sie scheiden am Jahresende aus),	200 000 km
	1 Pkw mit Restkapazität von	80 000 km
	1 Pkw mit Restkapazität von	120 000 km
	1 Pkw mit Restkapazität von	160 000 km
	2 Pkws mit Restkapazität von je 200 000 km	400 000 km
	Liquide Mittel 12 000,00 EUR (nicht investierte Abschreibungsgegenwerte in km umgerechnet)	40 000 km
		1 000 000 km

Beim **Lohmann-Ruchti-Effekt** kommt es zu einer Erweiterung der Periodenkapazität, nicht jedoch zur Erweiterung der Gesamtkapazität.

4.2.3 Bedingungen und Grenzen des Kapazitätserweiterungseffekts

(1) Bedingungen des Lohmann-Ruchti-Effekts

Der auf S. 72 ff. beschriebene Kapazitätserweiterungseffekt tritt in vollem Umfang nur ein, wenn folgende Bedingungen erfüllt sind:

- Die Erstausstattung ist neuwertig und wird durch Eigenkapital finanziert.
- Die Verkaufspreise decken die Vollkosten einschließlich der kalkulierten linearen Abschreibung und fließen dem Unternehmen als liquide Mittel zu.
- Der Markt nimmt die zusätzlichen Produkte bzw. Dienstleistungen auf.
- Die Investitionsgüter besitzen eine ausreichende Teilbarkeit.
- Die Zusatz- und späteren Ersatzinvestitionen können zu den ursprünglichen Preisen erfolgen.
- Das aufgrund der Kapazitätserweiterung in anderen Unternehmensbereichen zusätzlich erforderliche Vermögen (z. B. höhere Lagerbestände) wird anderweitig finanziert.

Jede Einschränkung in den Prämissen führt zu einer Abschwächung des Kapazitätserweiterungseffekts. Umgekehrt tritt eine Verstärkung dieses Effekts auf, wenn degressive Abschreibungsverfahren angewandt werden oder die Investitionen schon während des Jahres stattfinden.

(2) Grenzen des Kapazitätserweiterungseffekts

Probleme dieser Finanzierungsform entstehen nach dem Ausscheiden der Erstausstattung, weil die Periodenkapazität schlagartig zurückgeht (vgl. 6. Jahr im Beispiel auf S. 73: nur noch 7 nach zuvor 10 Pkws). Die drei fehlenden Fahrzeuge müssen anderweitig finanziert werden.

Die kontinuierliche Wiederanlage der Abschreibungsgegenwerte scheitert in der Praxis häufig an der Unteilbarkeit der Investitionseinheiten (vgl. Spalte „Nicht investierte liquide Mittel", S. 73).

Die bilanzielle Abschreibung ist kleiner als die kalkulatorische Abschreibung, d. h., der in der Finanzbuchhaltung verrechnete Abschreibungsaufwand ist kleiner als der tatsächlich angefallene. Der nicht berücksichtigte Aufwand wird als **Scheingewinn** ausgewiesen, muss versteuert werden und kann ausgeschüttet werden. Ein Teil der Abschreibungsgegenwerte ist in diesem Fall für Investitionen verloren; der Kapazitätserweiterungseffekt schwächt sich ab.

In der Praxis sind dem **Kapazitätserweiterungseffekt** Grenzen gesetzt:

- durch die eingeschränkte Gültigkeit der Prämissen und
- durch die Möglichkeit, dass die bilanzielle Abschreibung unter dem tatsächlichen Werteverzehr liegt.

Zusammenfassung

- Die durch die Abschreibung entstandenen liquiden Mittel können entweder zur **Erweiterung der liquiden Mittel, zur Ersatzinvestition** oder zur **Erweiterungsinvestition** herangezogen werden.
- Werden Abschreibungsrückflüsse sofort in gleichartige Anlagen investiert (Zusatzinvestitionen), so **steigt die Periodenkapazität, nicht jedoch die Gesamtkapazität** (Leistungsreserve aller vorhandenen Anlagen dieses Typs).
- Der **Kapazitätserweiterungsfaktor** gibt den Faktor an, um den die ursprüngliche Periodenkapazität wachsen kann, ohne dass zusätzliche Finanzierungsmaßnahmen in Anspruch genommen werden müssen.
- Der Kapazitätserweiterungseffekt (Lohmann-Ruchti-Effekt) tritt nur unter **bestimmten Bedingungen** auf.

Kompetenztraining

25 Kapazitätserweiterungseffekt

1. Die Fensterbau Franz GmbH kaufte Anfang des 1. Jahres fünf Fräsmaschinen zu je 30 000,00 EUR netto. Die Maschinen sollen bilanziell und kalkulatorisch jeweils mit 20 % von den Anschaffungskosten abgeschrieben werden. Die verdienten Abschreibungen sollen zur Anschaffung neuer Fräsmaschinen eingesetzt werden. Die Anschaffung erfolgt jeweils zu Beginn des Folgejahres.

Aufgaben:

1.1 Zeigen Sie die Kapazitätserweiterung für die ersten fünf Jahre nach folgendem Muster:

Jahr	Maschinen Stück	Anschaffungskosten	Abschreibungen	flüssige Mittel	Investitionen		Buchwert
					EUR	Stück	
Anfang 1. Jahr Ende 1. Jahr							
Anfang 2. Jahr usw.							

1.2 Ermitteln Sie, wie viel EUR zusätzlich zu den Abschreibungsrückflüssen beschafft werden müssen, damit dem Betrieb im 6. Jahr acht Maschinen zur Verfügung stehen!

1.3 Nennen Sie vier Voraussetzungen für eine Kapazitätserweiterung aus Abschreibungen und begründen Sie, warum sie erfüllt sein müssen!

2. Die Düngemittel Passau AG hat zu Beginn des Jahres 20.. neue, gleichartige Perliermaschinen für Kunstdünger zu je 132 000,00 EUR und einer Nutzungsdauer von 6 Jahren in Betrieb genommen. Mit jeder Anlage können jährlich 180 Tonnen Dünger perliert werden. Die Abschreibung beträgt jährlich $16^2/_3$ % von den Anschaffungskosten.

Aufgabe:

Beweisen Sie für die ersten vier Jahre, dass trotz steigender Periodenkapazität die rechnerische Gesamtkapazität der vorhandenen Anlage konstant bleibt! Verwenden Sie dazu folgende Tabelle:

Jahr	Fahrzeugbestand vor Zusatzinvestition [Stück]	Zusatzinvestition zu Jahresbeginn [Stück]	Periodenkapazität aller Maschinen [Tonnen]	Kapazitätsreserve über gesamte Nutzungsdauer [Tonnen]	Restmittel nach Zusatzinvestitionen [EUR]	Erwirtschaftete Abschreibungsgegenwerte [EUR]	Liquide Mittel für Zusatzinvestitionen im folgenden Jahr [EUR]

26 Anlagenfinanzierungsplan und mögliche Störungen

1. In der Bilanz der Molkerei Fitzer AG, Berchtesgaden, stehen 10 Verpackungsautomaten zum Buchwert von insgesamt 600 000,00 EUR. Sie wurden zu Beginn des abgeschlossenen Geschäftsjahres zu insgesamt 800 000,00 EUR beschafft. Sie werden kalkulatorisch wie bilanziell mit jeweils 25 % von den Anschaffungskosten abgeschrieben. Im Laufe der nächsten Jahre sollen weitere Verpackungsautomaten angeschafft werden. Dies soll allein durch die Reinvestition der Abschreibungsrückflüsse jeweils zu Beginn eines jeden Folgejahres erfolgen, wobei allerdings eine Preissteigerungsrate von jährlich 5 % ab Beginn des zweiten Jahres für die zusätzlich beschafften Maschinen zu berücksichtigen ist.

Aufgaben:

1.1 Untersuchen Sie, in welchem Umfang eine Kapazitätserweiterung erwartet werden kann, indem Sie einen Anlagenfinanzierungsplan nach folgendem Muster bis zum Beginn des fünften Jahres erstellen! Runden Sie auf volle EUR auf.

Jahr	Automaten		Abschreibungen in EUR	Flüssige Mittel in EUR	Neuanschaffung in EUR
	Anzahl	Anschaffungswert in EUR			
Anfang 1. Jahr Ende 1. Jahr					
Anfang 2. Jahr usw.					

1.2 Die Geschäftsleitung will die Kapazitätserweiterung wie vorgesehen durchführen. Vorsorglich soll jedoch geprüft werden, welche Auswirkungen in bestimmten kritischen Situationen befürchtet werden müssen.

Beschreiben und begründen Sie die zu erwartenden Auswirkungen auf ein in solcher Weise finanziertes Investitionsvorhaben in den folgenden Fällen:

- Die Produkte müssen ohne Gewinnzuschlag verkauft werden.
- Die Produkte können nur unter den Selbstkosten verkauft werden.
- Die Produkte können nur teilweise verkauft werden.

2. In der Näherei Grüner GmbH, Kempten, sind 400 gleichartige Arbeitsplätze mit neuen Nähmaschinen für je 16 000,00 EUR ausgestattet worden. Die Nähmaschinen haben eine betriebsgewöhnliche Nutzungsdauer von 10 Jahren. Sie werden kalkulatorisch mit jeweils 10 % von den Anschaffungskosten und bilanziell mit 20 % von den jeweiligen Buchwerten abgeschrieben.

Aufgaben:

2.1 Erläutern Sie, welche der beiden Abschreibungen die Grundlage für die von Lohmann und Ruchti beschriebene Abschreibungsfinanzierung ist!

2.2 Stellen Sie mithilfe folgender Tabelle fest, in welchen Jahren durch überhöhte bilanzielle Abschreibungen stille Rücklagen entstanden sind!

Jahr	Kalkulatorische Abschreibungen	Bilanzielle Abschreibungen	Entstandene stille Rücklagen

2.3 Angenommen, die stillen Rücklagen stehen für die Reinvestition von Nähmaschinen nicht zur Verfügung!

Begründen Sie, ab welchem Jahr dadurch der Kapazitätserweiterungseffekt eingeschränkt wird!

5 Den Faktor Zeit bei Investitionsentscheidungen einbeziehen

LB 1 Handlungssituation 7: Investitionsalternativen mithilfe der Kapitalwertmethode vergleichen

Weber Metallbau GmbH

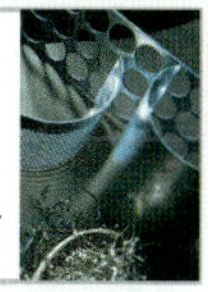

Die Geschäftsleitung der Weber Metallbau GmbH möchte die Entscheidung hinsichtlich der Rohrbiegemaschine nicht auf Grundlage der statischen Verfahren der Investitionsrechnung treffen, da diese die durch die Anschaffung verursachten Ein- und Auszahlungen unzureichend berücksichtigen.

Das Management zerbricht sich insbesondere wegen der Auswirkungen der unterschiedlichen Zahlungszeitpunkte und der wechselnden Höhe der Zahlungen den Kopf.

Aktuell steht die Anschaffung einer Rohrbiegemaschine an. Die Entscheidung soll zwischen folgenden zwei Maschinen erfolgen:

	Rohrbiegemaschine I	Rohrbiegemaschine II
Anschaffungskosten	266 500,00 EUR	351 000,00 EUR
Nutzungsdauer	6 Jahre	6 Jahre
Restwert	–	19 500,00 EUR

Nach Auskunft der zuständigen Abteilungsleiter ist im Fall der Rohrbiegemaschine I bzw. II neben den Anschaffungsauszahlungen und dem Liquidationserlös für den Restwert im Laufe der Nutzungsdauer mit folgenden **Einzahlungsüberschüssen** (in EUR) zu rechnen:

Jahr	Rohrbiegemaschine I	Rohrbiegemaschine II
1	50 000,00 EUR	70 000,00 EUR
2	60 000,00 EUR	85 000,00 EUR
3	70 000,00 EUR	90 000,00 EUR
4	60 000,00 EUR	80 000,00 EUR
5	60 000,00 EUR	70 000,00 EUR
6	50 000,00 EUR	60 000,00 EUR

Kompetenzorientierte Arbeitsaufträge:

1. Die Geschäftsleitung der Weber Metallbau GmbH möchte wissen, ob es mit den Rohrbiegemaschinen unter Berücksichtigung der Zahlungszeitpunkte (Abzinsung mit einem Kalkulationszinsfuß von 6 %) gelingt, jeweils einen positiven Kapitalwert, d. h. mehr als das investierte Kapital, zu verdienen. Führen Sie einen Vergleich der beiden Rohrbiegemaschinen nach der Kapitalwertmethode durch. Erläutern Sie der Geschäftsleitung die Ergebnisse!

   Hinweis: Zu den Abzinsungsfaktoren siehe Tabelle S. 82.

2. Unterbreiten Sie der Geschäftsleitung der Weber Metallbau GmbH auf Grundlage der Kapitalwertmethode einen begründeten Entscheidungsvorschlag!

5.1 Grundlagen der dynamischen Investitionsrechnungsverfahren

(1) Abgrenzung der dynamischen von den statischen Investitionsrechnungsverfahren

Den dynamischen Methoden der Investitionsrechnung ist gemeinsam, dass sie nicht nur – wie die statischen Verfahren[1] – die Summe der Einzahlungen und Auszahlungen berücksichtigen, sondern darüber hinaus auch die **zeitlichen Unterschiede im Anfall von Einzahlungen und Auszahlungen.** Das geschieht mithilfe von **finanzmathematischen Methoden.**

> Die **dynamischen Investitionsrechnungsverfahren** beurteilen ein Investitionsprojekt über alle Nutzungsjahre hinweg und berücksichtigen hierbei den **Zeitpunkt der Einzahlungen** und **Auszahlungen.**

(2) Wichtige Begriffe der dynamischen Investitionsrechnungsverfahren

Den Wert einer Einzahlung oder Auszahlung zum Zeitpunkt ihrer Entstehung bezeichnet man als **Zeitwert.** Möchte der Investor die Vorteilhaftigkeit einer Investition beurteilen, muss er alle Einzahlungen und Auszahlungen, die während der gesamten Nutzungsdauer der Investition anfallen, einander gegenüberstellen. Da die Einzahlungen und Auszahlungen während der Nutzungsdauer jedoch zu unterschiedlichen Zeiten anfallen, sind die Zeitwerte für den Investor nicht vergleichbar.

Eine Einzahlung, die im ersten Nutzungsjahr anfällt, ist höher zu bewerten, als die gleiche Einzahlung, die erst ein Jahr später eingeht, da der Investor im ersten Fall den Betrag für ein Jahr zinsbringend anlegen kann.

> **Beispiel:**
>
> Beträgt die Einzahlung am 1. Februar des 1. Jahres 1000,00 EUR und hat der Investor die Möglichkeit, den Betrag zu 4 % anzulegen, so haben die 1000,00 EUR jetzt für den Investor den gleichen Wert wie 1040,00 EUR in einem Jahr.

In gleicher Weise hängt die Bewertung einer Auszahlung vom Zeitpunkt des Entstehens ab. Wird eine Ausgabe mit Fremdmitteln finanziert und beträgt der Darlehenszinssatz z.B. 8 %, so bedeutet dies, dass bei einer Auszahlung von 1000,00 EUR, die, statt am 1. Februar des ersten Jahres, ein Jahr später anfällt, Zinsen in Höhe von 80,00 EUR vermieden werden.

Die Vergleichbarkeit der Zeitwerte bei den dynamischen Investitionsrechnungsverfahren wird hergestellt durch **Abzinsen der Zeitwerte auf den Anschaffungszeitpunkt.** Den Wert einer Einzahlung oder Auszahlung zu diesem Zeitpunkt nennt man **Barwert.**

> - Wird der **Beginn der Investition** als **Bezugszeitpunkt** angenommen, so müssen alle später anfallenden Einzahlungen und Auszahlungen **abgezinst** werden. Den Wert einer Einzahlung oder Auszahlung zu diesem Bezugszeitpunkt nennt man **Barwert.**
> - Rechnerisch erfolgt die Bestimmung des Barwerts durch **Multiplikation des Zeitwerts** mit dem **Abzinsungsfaktor.**
> - Die **Höhe des Barwerts** hängt neben der **Höhe des Zeitwerts** und der **Zeitdifferenz zwischen Entstehungs- und Bezugszeitpunkt** von der **Höhe des Zinsfußes** ab.

1 Vgl. zu den statischen Verfahren Merkurbuch 0659, Jahrgangsstufe 12, Lernbereich 4, Kapitel 3.2.2, S. 481 ff.

5.2 Kapitalwertmethode

(1) Aufbau der Kapitalwertmethode[1]

	Abgezinste Einzahlungsüberschüsse (Barwertsumme)
–	Anschaffungsauszahlung
=	Kapitalwert

Die Kapitalwertmethode wählt als **Bezugszeitpunkt** den **Beginn der Investition,** d.h., alle zukünftigen Einzahlungen und Auszahlungen, die während des Investitionszeitraums anfallen, werden auf den Zeitpunkt unmittelbar vor Beginn der Investition abgezinst. Der **Kapitalwert einer Investition** ergibt sich dann aus der Differenz zwischen der Summe der Barwerte aller Einzahlungen[2] und der Summe der Barwerte aller Auszahlungen[3], die mit dieser Investition zusammenhängen. Die Abzinsung erfolgt mit einem **vom Investor** festgelegten **Zinssatz (Kalkulationszinsfuß).** Der Kalkulationszinsfuß stellt die Renditeerwartung (Zinserwartung) dar, die der Investor mit seiner Investition mindestens erzielen möchte.

- Bei der **Kapitalwertmethode** werden alle Einzahlungen und Auszahlungen, die während des Investitionszeitraums anfallen, auf den **Beginn des Investitionszeitraums abgezinst.**
- **Kapitalwert einer Investition** = (**Barwert aller Einzahlungen** – **Barwert aller Auszahlungen**) – **Anschaffungsauszahlung**
- Der **Kalkulationszinsfuß** drückt die Rendite aus, die der Investor durch seine Investition mindestens erzielen möchte.

(2) Bedeutung des Kapitalwerts

Ist der **Kapitalwert gleich null,** so wird gerade die vom Investor erwartete Mindestverzinsung erreicht, d.h., die Einzahlungsüberschüsse reichen aus, um das investierte Kapital zu tilgen sowie die geplanten Zinsen zu erwirtschaften. Bei einem **positiven Kapitalwert** übersteigt die erzielbare Rendite der Investition den Kalkulationszinsfuß. Ein **negativer Kapitalwert** besagt, dass nur eine unter dem Kalkulationszinsfuß liegende Verzinsung erreichbar ist, also die Kapitalkosten des Investors nicht gedeckt werden können.

Über den **Vergleich der Kapitalwerte** ist auch die **Bewertung von Investitionsalternativen** möglich. Es gilt: Die Investition mit dem größten Kapitalwert ist die vorteilhafteste. Diese Alternative ist allerdings nur dann auch absolut gesehen vorteilhaft, wenn ihr Kapitalwert größer oder gleich null ist.

- Ist der **Kapitalwert null oder positiv,** so ist die **Investition vorteilhaft.**
- Ist der **Kapitalwert negativ,** so ist die **Investition nachteilig.**

1 Synonym (gleichartig) zu dem Begriff Kapitalwertmethode werden die Begriffe **Diskontierungsmethode** oder **Barwertmethode** verwendet.
Diskontieren: eine später fällig werdende Forderung unter Abzug von Zinsen ankaufen.

2 Die **Einzahlungen** setzen sich zusammen aus den **laufenden Einzahlungen** (z.B. Umsatzerlöse) sowie dem **Liquidationserlös.**

3 Die **Auszahlungen** umfassen lediglich die **ausgabewirksamen Kosten.** Ausgabeunwirksame Kosten wie z.B. die Abschreibungen, gehören nicht zu den Auszahlungen.

6 Kaier, Speth, Hug - ISBN 978-3-8120-0662-0

(3) Berechnung des Abzinsungsfaktors

Bei der Abzinsung (Diskontierung) wird danach gefragt, wie viel eine Zahlung, die z. B. **am Ende des Jahres n** anfällt, zu Beginn des Investitionszeitraums wert ist. Wird ein positiver **Kalkulationszinssatz** (**p** > 0) angenommen, so ist der gesuchte Barwert stets kleiner als der Zeitwert der Rechnung. Der Barwert wird mithilfe des Abzinsungsfaktors berechnet.

Beispiel:

Am Ende des zweiten Investitionsjahres beträgt der Einzahlungsüberschuss 30 000,00 EUR. Die Investitionsdauer beträgt 5 Jahre. Es wird mit einem Kalkulationszinsfuß von 3,5 % gerechnet.

Aufgaben:

Berechnen Sie den Abzinsungsfaktor und den Barwert des Einzahlungsüberschusses!

Lösung:

$$\text{Abzinsungsfaktor}^{1} = \frac{1}{\left(1 + \frac{p}{100}\right)^{n}} = \frac{1}{(1 + i)^{n}} = \frac{1}{q^{n}} = q^{-n}$$

$$\text{Abzinsungsfaktor} = \frac{1}{\left(1 + \frac{3{,}5}{100}\right)^{2}} = \underline{\underline{0{,}9335}}$$

Barwert = Einzahlungsüberschuss · Abzinsungfaktor

Barwert = 30 000,00 · 0,9335 = 28 005,00 EUR

Abzinsungstabelle:

Jahre (n)	Zinssatz (p)										
	2,5 %	3,0 %	3,5 %	4,0 %	4,5 %	5,0 %	6,0 %	7,0 %	8,0 %	9,0 %	10,0 %
1	0,9756	0,9709	0,9662	0,9615	0,9569	0,9524	0,9434	0,9346	0,9259	0,9174	0,9091
2	0,9518	0,9426	0,9335	0,9246	0,9157	0,9070	0,8900	0,8734	0,8573	0,8417	0,8264
3	0,9286	0,9151	0,9019	0,8890	0,8763	0,8638	0,8396	0,8163	0,7938	0,7722	0,7513
4	0,9060	0,8885	0,8714	0,8548	0,8386	0,8227	0,7921	0,7629	0,7350	0,7084	0,6830
5	0,8839	0,8626	0,8420	0,8219	0,8025	0,7835	0,7473	0,7130	0,6806	0,6499	0,6209
6	0,8623	0,8375	0,8135	0,7903	0,7679	0,7462	0,7050	0,6663	0,6302	0,5963	0,5645
7	0,8413	0,8131	0,7860	0,7599	0,7348	0,7107	0,6651	0,6227	0,5835	0,5470	0,5132
8	0,8207	0,7894	0,7594	0,7307	0,7032	0,6768	0,6274	0,5820	0,5403	0,5019	0,4665
9	0,8007	0,7664	0,7337	0,7026	0,6729	0,6446	0,5919	0,5439	0,5002	0,4604	0,4241
10	0,7812	0,7441	0,7089	0,6756	0,6439	0,6139	0,5584	0,5083	0,4632	0,4224	0,3855

(4) Behandlung eines Liquidationserlöses

Erzielt das Unternehmen aus dem Investitionsobjekt am Ende der Nutzungsdauer einen Liquidationserlös (Restwert), so muss dieser – abgezinst auf den Bezugszeitpunkt – zur Barwertsumme hinzugezählt werden.

	Barwertsumme
–	Anschaffungsauszahlung
+	Liquidationserlös (abgezinst)
=	Kapitalwert (C)

1 In der Praxis werden die Abzinsungsfaktoren in Abzinsungstabellen vorgegeben.

(5) Beurteilung eines Investitionsprojekts[1]

Beispiel:

Die Industriewerke Bayreuth AG erwägen den Kauf einer neuen Abkantmaschine. Die Anschaffungsauszahlungen hierfür betragen 650000,00 EUR.

Mit dieser Maschine lassen sich in den kommenden 5 Jahren folgende Einzahlungsüberschüsse erzielen:

Jahr	Einzahlungsüberschüsse
1	90000,00 EUR
2	150000,00 EUR
3	180000,00 EUR
4	160000,00 EUR
5	130000,00 EUR

Aufgaben:

1. Ermitteln Sie rechnerisch, ob die Geschäftsleitung diese Investition befürworten soll, wenn sie bei anderen Investitionen üblicherweise 2,5 % erwirtschaften kann!
2. Berechnen Sie den Kapitalwert der Investition unter der Annahme, dass mit einem Kalkulationszinsfuß von 4 % zu rechnen ist und am Ende der Nutzungsdauer ein Liquidationserlös in Höhe von 10000,00 EUR erzielt werden kann!

Lösungen:

Zu 1.: Berechnung des Kapitalwerts mit einem Kalkulationszinsfuß von 2,5 %

Ende des	Einzahlungsüberschüsse	Abzinsungsfaktor	Barwert
1. Jahres	90000,00 EUR	0,9756	87804,00 EUR
2. Jahres	150000,00 EUR	0,9518	142770,00 EUR
3. Jahres	180000,00 EUR	0,9286	167148,00 EUR
4. Jahres	160000,00 EUR	0,9060	144960,00 EUR
5. Jahres	130000,00 EUR	0,8839	114907,00 EUR
Barwertsumme			657589,00 EUR
– Anschaffungsauszahlung		1,0000	650000,00 EUR
= Kapitalwert C_1			7589,00 EUR

Ergebnis: Der Kapitalwert der gesamten Investition ist positiv. Die Investition lohnt sich bei einem Kalkulationszinsfuß von 2,5 %, da die auf den Barwert abgezinsten Einzahlungsüberschüsse größer sind als die gegenwärtigen Anschaffungsauszahlungen. Der Investor erhält sein eingesetztes Kapital zurück, erzielt eine Verzinsung in Höhe des Kalkulationszinssatzes sowie einen zusätzlichen Überschuss, dessen Barwert 7589,00 EUR beträgt.

1 Die Kapitalwertmethode geht davon aus, dass der Investor jederzeit beliebig hohe Beträge zu dem von ihm gewählten Kalkulationszinssatz verzinslich anlegen oder als Kredit beschaffen kann **(vollkommener Kapitalmarkt)**.

Zu 2.: Berechnung des Kapitalwerts mit einem Kalkulationszinsfuß von 4 %

Ende des	Einzahlungsüberschüsse	Abzinsungsfaktor	Barwert
1. Jahres	90 000,00 EUR	0,9615	86 535,00 EUR
2. Jahres	150 000,00 EUR	0,9246	138 690,00 EUR
3. Jahres	180 000,00 EUR	0,8890	160 020,00 EUR
4. Jahres	160 000,00 EUR	0,8548	136 768,00 EUR
5. Jahres	130 000,00 EUR	0,8219	106 847,00 EUR
Barwertsumme			628 860,00 EUR
– Anschaffungsauszahlung		1,0000	650 000,00 EUR
+ Liquidationserlös (10 000,00 EUR)		0,8219	8 219,00 EUR
= Kapitalwert C_2			– 12 921,00 EUR

Ergebnis: Der Kapitalwert der gesamten Investition ist negativ. Die Investition lohnt sich unter diesen Bedingungen nicht, da die Barwertsumme sowie der abgezinste erzielbare Liquidationserlös nicht ausreichen, um die Anschaffungsauszahlungen auszugleichen.

5.3 Kritik an der Kapitalwertmethode

Gegen die Kapitalwertmethode werden insbesondere folgende Argumente eingewendet:

- Es wird unterstellt, dass die künftigen Einzahlungen und Auszahlungen bekannt sind. Dies ist nicht der Fall. In der Realität ist man auf mehr oder weniger **grobe Schätzungen** angewiesen, da zukünftige Ereignisse nie mit Sicherheit vorhergesehen werden können.
- Es gibt **keinen „richtigen" Kalkulationszinsfuß.** Vielmehr hängt die Höhe des Kalkulationszinsfußes neben dem Kapitalmarktzins stark von subjektiven Zielvorstellungen des Investors ab. Seine Festlegung unterliegt somit einer gewissen Willkür. Dies ist insofern ein Nachteil, da wegen der Abhängigkeit des Kapitalwerts vom Kalkulationszinsfuß das Ergebnis der Rechnung in einem gewissen Rahmen willkürlich ist.
- Es wird unterstellt, dass alle Einzahlungen und Auszahlungen den jeweiligen Investitionsprojekten zugerechnet werden können. Dies ist unrealistisch, denn z. B. die Umsatzerlöse **(Einzahlungen)** können **nicht unmittelbar einem Investitionsprojekt zugerechnet werden,** sondern sind das Ergebnis einer Vielzahl gleichzeitig zusammenwirkender Faktoren (z. B. Werbung, Modetrend, technische Neuheit usw.).

Allerdings stellt die Kapitalwertmethode gegenüber den statischen Verfahren eine Verbesserung dar, da sie Einzahlungen und Auszahlungen **aller Nutzungsperioden** erfasst und **zeitliche Unterschiede** im Anfall der Einzahlungen und Auszahlungen durch Abzinsen **berücksichtigt.**

Zusammenfassung

- Die **Kapitalwertmethode** beurteilt ein Investitionsprojekt über alle Nutzungsjahre hinweg und berücksichtigt hierbei den **Zeitpunkt einer Einzahlung oder Auszahlung.**
- Wichtige **Begriffe der Kapitalwertmethode**:
  - Der **Zeitwert** einer Einzahlung oder Auszahlung ist der Wert zum Zeitpunkt des Entstehens.
  - Der **Barwert** einer Einzahlung oder Auszahlung ist der auf den Beginn des Investitionszeitraums abgezinste Wert der Zahlung.
  - Der **Abzinsungsfaktor** wird nach folgender Formel berechnet: $\frac{1}{\left(1 + \frac{p}{100}\right)^n}$
- Der **Kapitalwert einer Investition** ergibt sich als Differenz zwischen der Summe der Barwerte aller Einzahlungen und der Summe der Barwerte aller Auszahlungen, die mit dieser Investition zusammenhängen.
- Der **Kalkulationszinsfuß** drückt die Rendite aus, die der Investor durch seine Investition mindestens erzielen möchte.
- Ist der **Kapitalwert null oder positiv,** so ist die Investition **vorteilhaft.**
- Ein **negativer Kapitalwert** ist ein Zeichen dafür, dass die Kapitalkosten des Investors nicht gedeckt werden können.

Kompetenztraining

27 Kapitalwertmethode

Ein Industriebetrieb will zur Betriebserweiterung in einen Maschinensatz zu 270 000,00 EUR Anschaffungswert investieren. Die laufenden Einzahlungen und Auszahlungen werden für die Nutzungsdauer von 6 Jahren wie folgt geschätzt:

Jahre / Geldvorgang	1. Jahr	2. Jahr	3. Jahr	4. Jahr	5. Jahr	6. Jahr
Einzahlungen in EUR	138 000,00	155 000,00	165 000,00	150 000,00	135 000,00	180 000,00
Auszahlungen in EUR	85 000,00	105 000,00	140 000,00	130 000,00	125 000,00	25 000,00

Aufgaben:

1. Ermitteln Sie den Überschuss als Saldo zwischen Einzahlungen und Auszahlungen ohne Berücksichtigung der Zeit!
2. Beurteilen Sie die Zweckmäßigkeit der Investition, wenn Sie die Einzahlungen und Auszahlungen auf den Zeitpunkt zu Beginn der Investition mit einem Kalkulationszinsfuß von 4,5 % abzinsen! Zu den Abzinsungsfaktoren vgl. Tabelle S. 82.

   Hinweis: Runden Sie die Abzinsungsfaktoren auf 3 Nachkommastellen!
3. Erläutern Sie, worin die eigentliche Problematik jeder Investitionsrechnung liegt!
4. Erörtern Sie, welche Vorteile die Kapitalwertmethode gegenüber der Gewinnvergleichsrechnung[1] hat!

1 Näheres zur Gewinnvergleichsrechnung siehe Merkurbuch 0659, S. 483f. (Lernbereich 4, Jahrgangsstufe 12).

28 Kapitalwertmethode

Bei einem Unternehmen stehen zwei Investitionsalternativen zur Auswahl. Folgende Planungsdaten stehen für die Investitionsprojekte zur Verfügung:

Jahre	Geschätzte Einzahlungen	Geschätzte Auszahlungen
2018	2 640 000,00 EUR	2 160 000,00 EUR
2019	2 640 000,00 EUR	2 280 000,00 EUR
2020	3 060 000,00 EUR	2 160 000,00 EUR
2021	3 060 000,00 EUR	2 160 000,00 EUR
2022	3 120 000,00 EUR	2 280 000,00 EUR
2023	3 120 000,00 EUR	2 160 000,00 EUR

Der Kalkulationszinssatz beträgt beim Investitionsprojekt I 3 % und beim Investitionsprojekt II 5 %. Die Anschaffungsauszahlungen betragen beim Investitionsprojekt I 3 900 000,00 EUR und beim Investitionsprojekt II 3 740 000,00 EUR. Am Ende der Nutzungsdauer erzielt der Investor beim Investitionsprojekt II einen Liquidationserlös von 16 500,00 EUR.

Hinweis: Zu den Abzinsungsfaktoren vgl. Tabelle S. 82. Runden Sie die Abzinsungsfaktoren auf 3 Nachkommastellen!

Aufgaben:

1. Führen Sie einen Vergleich der beiden Investitionsprojekte nach der Kapitalwertmethode durch und beurteilen Sie die Ergebnisse!
2. Untersuchen Sie, ob ein Vergleich der beiden Investitionsprojekte in dieser Form sinnvoll ist! Begründen Sie Ihre Meinung!
3. Beschreiben Sie zwei Nachteile der Kapitalwertmethode!
4. Erläutern Sie zwei Faktoren, die bei der Festlegung der Höhe des Kalkulationszinssatzes von Bedeutung sein können!
5. Ein Konkurrenzunternehmen, das ein ähnliches Investitionsvorhaben plant, rechnet mit einem Kalkulationszinssatz, der 1,5 % höher liegt.
   5.1 Erläutern Sie zwei Gründe, die das Unternehmen zu dieser Maßnahme veranlasst haben!
   5.2 Beschreiben Sie die Auswirkungen eines höheren Kalkulationszinssatzes auf den Kapitalwert!

Lernbereich 2: Mithilfe des Controllings das Unternehmen operativ und strategisch steuern

1 Ausgehend von einem Unternehmensleitbild und einer strategischen Situationsanalyse eine Balanced Scorecard erstellen

LB 2 Handlungssituation 1: Mithilfe der Balanced Scorecard für eine gegebene Unternehmenssituation strategische Ziele, operative Maßnahmen und geeignete Messgrößen bestimmen

Die Sport-Burr KG, Sportartikelhersteller in Augsburg, möchte ihr Unternehmen mithilfe verschiedener Controlling-Instrumente weiterentwickeln.

Ausgangspunkt ist das Unternehmensleitbild der Sport-Burr KG:

Steigerung der UNTERNEHMENSWERTE

Wir möchten unsere Position als führender Sportartikelhersteller langfristig ausbauen und setzen dabei auf profitables Wachstum und nachhaltige Wertsteigerung.

Wir treiben INNOVATIONEN voran – und gestalten die Zukunft

Aus Ideen und Erfindungen entwickeln wir erfolgreiche Sportprodukte. Kreativität und Erfahrung sichern uns eine Spitzenstellung.

Dies erreichen wir auch dadurch, dass wir vertrauensvolle und langfristige Geschäftsbeziehungen mit zuverlässigen, innovativen Lieferanten pflegen.

Unsere KUNDEN

Die Zufriedenheit unserer Kunden steht im Mittelpunkt unserer Zielsetzungen. Wir pflegen langfristige, europaweite Kundenbeziehungen und erreichen mit hervorragenden Produkten sowie einem umfassenden Netz von Beratung und Dienstleistungen optimale Kundennähe.

Unsere MITARBEITER

Die Basis unserer Unternehmung bilden unsere motivierten und verantwortungsbewussten Mitarbeiter. Die Kompetenz unserer Mitarbeiter fördern wir durch kontinuierliche Weiterbildung und sichern damit langfristig Arbeitsplätze.

Unsere PROZESSE

Unsere Geschäftsprozesse werden laufend überprüft und nach technischen und wirtschaftlichen Maßstäben optimiert. Sämtliche Geschäftsprozesse werden durch schonenden Einsatz von Ressourcen umweltverträglich gestaltet.

UNTERSTÜTZUNG

Wir unterstützen soziale und Umweltschutzprojekte und gehen Partnerschaften mit Unternehmen und Organisationen ein, deren Produkte und Dienstleistungen zu einer nachhaltigen Entwicklung beitragen.

DIALOG MIT UNSEREN GESCHÄFTSPARTNERN

Wir legen Wert darauf, mit allen Geschäftspartnern in einer Atmosphäre des gegenseitigen Vertrauens und Respekts zu kommunizieren, und informieren sie regelmäßig über die Fortschritte unseres Unternehmens im Hinblick auf Sozialverträglichkeit und Umweltschutz.

Die bei der Sport-Burr KG kürzlich durchgeführte SWOT-Analyse brachte folgende Erkenntnisse:

Interne Analyse (Unternehmen)	
Stärken (Strengths)	**Schwächen (Weaknesses)**
■ hoher Bekanntheitsgrad ■ guter Qualitätsstandard ■ pünktliche Lieferungen	■ geringer Dienstleistungsanteil (z. B. Sportkurse) ■ Management trifft Entscheidungen ohne Rücksprache ■ nur wenige Innovationen

Externe Analyse (Markt)	
Chancen (Opportunities)	**Risiken (Threats)**
■ neue Sporttrends ■ auf Kundenwünsche reagieren ■ eigenen Webshop ausbauen	■ Zusammenschluss von Wettbewerbern ■ Wettbewerber setzen neue Trends ■ Billigprodukte aus Fernost

Kompetenzorientierte Arbeitsaufträge:

1. Ordnen Sie die im Unternehmensleitbild angesprochenen Ziele den verschiedenen Zielarten (ökonomische, ökologische und soziale Ziele) zu!
2. Beantworten Sie im Hinblick auf die SWOT-Analyse folgende Fragen:
   - Welche Stärken helfen der Sport-Burr KG, die Chancen zu nutzen?
   - Aufgrund welcher Schwächen verpasst die Sport-Burr KG Chancen?
   - Welche Stärken hat die Sport-Burr KG, um ihre Risiken zu bewältigen?
   - Welchen Risiken ist die Sport-Burr KG wegen ihrer Schwächen ausgesetzt?
3. Erstellen Sie für die Sport-Burr KG eine Balanced Scorecard für die Perspektiven Finanzen, Kunden, interne Prozesse sowie Mitarbeiter und nennen Sie jeweils mindestens ein konkretes Ziel mit der geeigneten Messgröße, einer realistischen Zielvorgabe sowie operativen Maßnahmen zur Zielerreichung!

   Hinweis: Eine Balanced Scorecard können Sie nach folgendem Muster erstellen:

Perspektiven	Mögliche Ziele	Messgrößen	Zielvorgaben	Operative Maßnahmen

1.1 Begriff und Funktionen des Controllings

1.1.1 Begriffsklärungen

Der Begriff Controlling ist von dem angelsächsischen Wort „to control" abgeleitet und kann mit steuern, führen und kontrollieren übersetzt werden. Der Ausdruck Controlling darf also nicht dazu verleiten, ihn inhaltlich ausschließlich mit kontrollieren gleichzusetzen.

Controlling ist eine Methode, die den Planungs-, Entscheidungs- und Steuerungsprozess von Führungskräften durch die Bereitstellung entsprechender Informationen unterstützt.

- Controlling muss sicherstellen, dass die Unternehmensführung die **Entwicklung von Marktprozessen** frühzeitig aufnimmt und für das **eigene Unternehmen nutzbar** macht.
- Gleichzeitig muss das Controlling darauf achten, eventuelle **Gefahren aus Marktveränderungen** rechtzeitig zu erkennen und deren **negative Auswirkungen vom Unternehmen** abzuwenden.

Das Controlling übernimmt z. B. die Gestaltung von Informationssystemen, koordiniert die Planungen der einzelnen organisatorischen Einheiten (z. B. Abteilungen), lässt die Zielerreichung auf der Basis der Zahlen des Rechnungswesens messen, analysiert Abweichungen, diskutiert über Korrekturmaßnahmen und überwacht z. B. die Realisierung von Maßnahmen. Ihm obliegt somit die Koordination und Integration des gesamten Unternehmensgeschehens.

Die Unterstützungsfunktion des Controllings endet mit Analysen, Empfehlungen usw. Die **Entscheidung selbst** wird letztendlich von der **Unternehmensführung getroffen.**

1.1.2 Aufgaben des Controllings

Damit die Unternehmensführung die Zielsetzung, das Ergebnis zu optimieren, erreichen kann, müssen die Controller die Führungsinformationen so aufbereiten, dass alle Handlungen und Entscheidungen in den Unternehmen ergebnisorientiert ausgerichtet sind. Dem Controlling kommt damit primär eine **Führungsunterstützungsfunktion** zu.

Aus dieser generellen Aufgabe leiten sich für das Controlling insbesondere folgende **spezielle Aufgaben** ab:

- Mitwirkung und Mitentscheidung bei der **Planung der Unternehmensziele,** bei der **strategischen und operativen Planung** und deren **Kontrolle,**
- Abwicklung des **Rechnungswesens** (Durchführung der Kosten- und Leistungsrechnung, Buchhaltung, Jahresabschluss, Steuerwesen),
- Erstellung **ergebnisorientierter Informationen** für die Führungskräfte auf allen Ebenen,
- Mitgestaltungsrecht bei Fragen der **Organisation** und der **Informationssysteme.**

Controlling umfasst also Dienstleistungs- bzw. Beratungsaufgaben sowie Entscheidungs- bzw. Mitentscheidungsaufgaben bezogen auf das gesamte Unternehmen, Unternehmensbereiche, Aufgabenbereiche, Produkte und Projekte, und zwar auf allen organisatorischen Ebenen.

1.1.3 Arten des Controllings

(1) Strategisches Controlling

Das strategische Controlling ist auf die **langfristige Existenzsicherung** des Unternehmens bedacht. Es ist überwiegend nach außen gerichtet und **verzichtet auf messbare Daten.** Es bezieht rechtliche, politische und wirtschaftliche Entwicklungen in die Überlegungen ein und ist in zeitlicher Hinsicht völlig offen. So werden z. B. die Entwicklungen auf dem Gebiet des Umweltschutzes verfolgt, um frühzeitig umweltfreundliche Produkte in das Produktprogramm aufnehmen zu können.

Dem strategischen Controlling fällt die **Aufgabe** zu, im Hinblick auf eine dauerhafte Existenzsicherung des Unternehmens **Chancen** und **Risiken** für das Unternehmen abzuschätzen. Die **Stärken** und **Schwächen** des Unternehmens herauszustellen, um darauf aufbauend Risiken und Chancen abzuwägen und entsprechende Maßnahmen zur Begünstigung der Stärken und zur Behebung der Schwächen einzuleiten.

Das **strategische Controlling** dient der **langfristigen Existenzsicherung** des Unternehmens.

(2) Operatives Controlling

Das operative Controlling bezieht sich auf einen **kurz- bis mittelfristigen Zeitraum** und operiert mit **messbaren Daten,** d. h. mit Mengen- und/oder Wertgrößen. Es ist sowohl **vergangenheits-, gegenwarts- als auch zukunftsbezogen.** Durch Sicherung von Liquidität, Rentabilität und Wirtschaftlichkeit soll die Lebensfähigkeit des Unternehmens gewährleistet werden. Daten der Vergangenheit werden teilweise auch in Planvorgaben für die nahe Zukunft transformiert. Instrumente des operativen Controllings sind insbesondere die Kennzahlen aus der Jahresabschlussanalyse und die Balanced Scorecard.

- Das **operative Controlling** dient der **kurzfristigen Steuerung** des Unternehmens.
- **Steuerungsgrößen** sind insbesondere Liquidität, Rentabilität und Wirtschaftlichkeit.

1.2 SWOT-Analyse als Instrument des strategischen Controllings

1.2.1 Grundlegendes

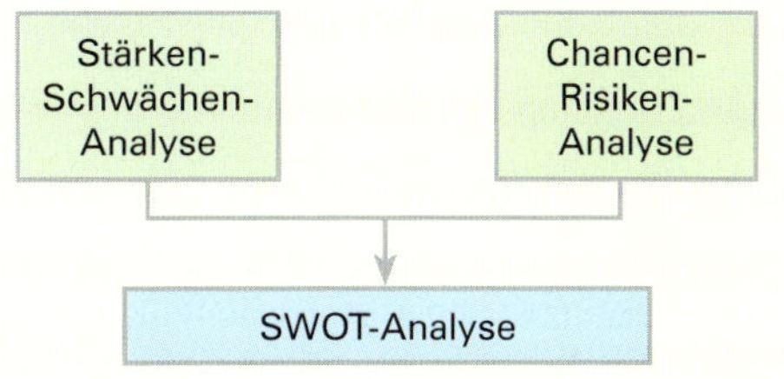

Um die eigene Marktsituation zu bestimmen, ist es erforderlich, die Daten der wichtigsten Wettbewerber zu erfassen und sie mit denen des eigenen Unternehmens zu vergleichen und zu bewerten.[1] Dabei werden auf der Grundlage eines Bewertungssystems (z. B. Schulnotenskala) die ausgewählten Kriterien gesichtet und beurteilt, und zwar zum einen für das eigene Angebot/Unternehmen und zum anderen für die wichtigsten Wettbewerber. Durch diese Gegenüberstellung lässt sich ein **Stärken-Schwächen-Profil** des Unternehmens im Verhältnis zu wichtigen Wettbewerbern erstellen.

Werden die Stärken und Schwächen eines Unternehmens mit der möglichen Entwicklung des Marktes konfrontiert, kommt es zu einer **Chancen-Risiken-Analyse.** Durch die Auswertung der Chancen-Risiken-Analyse hat das Unternehmen die Möglichkeit, rechtzeitig entsprechende strategische Entscheidungen vorwegzunehmen.

Eine Kombination der Ergebnisse von Stärken-Schwächen-Analysen mit der Chancen-Risiken-Analyse ermöglicht die **SWOT-Analyse** (**S**trengths, **W**eaknesses, **O**pportunities, **T**hreats).[2]

1.2.2 Stärken-Schwächen-Analyse

Die **Stärken-Schwächen-Analyse** beinhaltet die Bewertung der wesentlichen Vorteile (Stärken) und Nachteile (Schwächen) eines Unternehmens im Vergleich zu seinen wichtigsten Wettbewerbern **(interne Analyse).**

Ziel der Stärken-Schwächen-Analyse ist es, auf den jeweiligen Geschäftsfeldern wettbewerberbezogene Handlungsspielräume aufzuzeigen. Zur **Durchführung der Stärken-Schwächen-Analyse** empfiehlt sich eine **dreistufige Vorgehensweise:**

- Festlegung, Erfassung und Bewertung der **eigenen strategischen Potenziale** (z. B. der finanziellen, technischen und organisatorischen Ausstattung sowie der Verfügbarkeit von Ressourcen wie Energie, Rohstoffen, Infrastruktur u. Ä.).
- Ermittlung der **Stärken und Schwächen der wichtigsten Wettbewerber.**
- Visualisierung der Resultate dieser Gegenüberstellung anhand eines **Stärken-Schwächen-Profils.**

1 Das eigene Angebot/Unternehmen wird nach den gleichen Kriterien bewertet, die zur Wettbewerberanalyse ausgewählt worden sind. Die Ermittlung der eigenen Stärken und Schwächen erfolgt in einer sogenannten **Ressourcenanalyse (Potenzialanalyse).**

2 **Strength:** Stärke; **weakness:** Schwäche; **opportunities:** (günstige) Gelegenheiten; **threat:** Drohung.

Stärken-Schwächen-Profil eines Unternehmens im Verhältnis zu einem wichtigen Wettbewerber

Potenziale	Beurteilungen
Unternehmensführung ■ Unternehmenskultur und -philosophie ■ Ziele und erkennbare Strategien ■ System der Mitarbeiter-Motivation ■ …	
Produktion ■ Fertigungstechnische Ausstattung ■ Elastizität der Produktionsanlagen ■ Qualität der Fertigungsplanung/-steuerung ■ …	
Forschung und Entwicklung ■ Intensität und Wirksamkeit der F&E ■ Know-how ■ Einführung neuer Kommunikationstechnologien ■ …	
Marketing ■ Organisation des Vertriebs ■ Standort der Vertriebsniederlassung ■ Stellung der Produkte im Lebenszyklus ■ …	
Personal ■ Altersstruktur der Belegschaft ■ Ausbildungsstand ■ Qualifikation/Motivation der Führungskräfte ■ …	
Finanzen ■ Eigenkapitalausstattung ■ Finanzieller Überschuss ■ Möglichkeiten der Fremdfinanzierung ■ …	

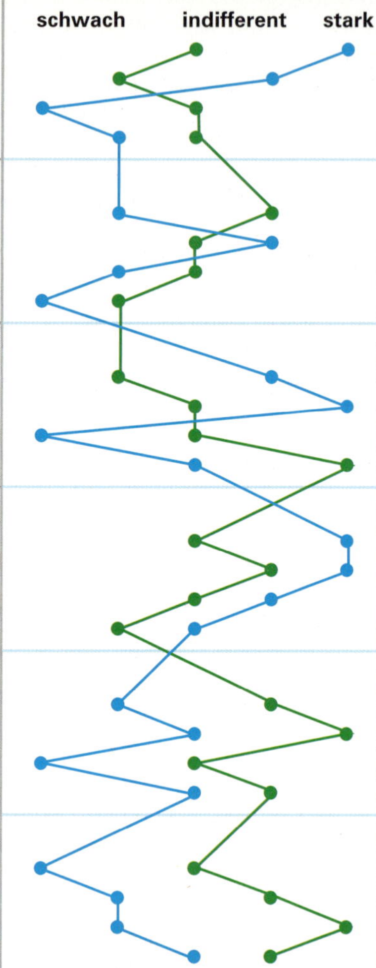

Legende: ● Eigenes Unternehmen ● Wichtiges Konkurrenzunternehmen

Quelle: Nieschlag, R.; Dichtl, E.; Hörschgen, H.: Marketing, 19. Aufl., Berlin 2002, S. 114.

Über die Stärken-Schwächen-Analyse gelingt es, die Hauptstärken herauszuarbeiten, auf denen eine erfolgreiche Strategie aufgebaut werden kann. Zudem werden die Hauptschwächen deutlich, die zur Vermeidung von Misserfolgen beseitigt werden müssen.

1.2.3 Chancen-Risiken-Analyse

Im Rahmen der Chancen-Risiken-Analyse versucht das Unternehmen, mögliche Entwicklungen aus dem Markt und aus dem weiteren Umfeld (z. B. technischer Fortschritt, politisch-rechtliche Gegebenheiten, ökonomische Situation, gesellschaftspolitische Lage) aufzudecken. Eine solche Analyse versetzt ein Unternehmen in die Lage, rechtzeitig strategische Entscheidungen vornehmen zu können. Außerdem kann das Unternehmen seine Möglichkeiten nutzen, die negativen Ereignisse zu verhindern, d. h. ihrem Eintreten (z. B. durch Lobbyarbeit) aktiv entgegenzuwirken.

Beispiel: Chancen und Risiken für einen Automobilhersteller

Chancen	Risiken
▪ Entwicklung eines Kompaktwagens mit extrem niedrigem Benzinverbrauch ▪ Entwicklung eines Autos mit extrem niedrigen Abgaswerten bei gleichzeitig hoher Leistung ▪ Entwicklung eines leistungskräftigen elektrischen Autos mit hoher Reichweite und leichten Batterien ▪ Attraktivitätsverlust der öffentlichen Verkehrsmittel	▪ Umsatzrückgänge aufgrund des Dieselskandals ▪ Zunehmende Verbraucherakzeptanz von einfachen Fahrzeugen zu niedrigen Preisen von Wettbewerbern aus „Niedriglohnländern" ▪ Drastische Geschwindigkeitsbeschränkungen und Fahrverbote in Innenstädten. ▪ Neue Konkurrenten im Bereich der Elektro-Pkws

Aufgabe der **Chancen-Risiken-Analyse** ist es, die Entwicklungen aus dem Markt und dem weiteren Umfeld aufzudecken, die die Stärken und Schwächen des Unternehmens betreffen **(externe Analyse).**

1.2.4 SWOT-Analyse

Die SWOT-Analyse führt die Stärken-Schwächen-Analyse und die Chancen-Risiken-Analyse in einer **Matrix** zusammen. Durch deren Analysen können die Entscheidungen der Unternehmensführung präziser getroffen werden.

SWOT-Analyse[1]		Interne Analyse (Unternehmen, Produkte)	
		Strengths (Stärken)	**Weaknesses (Schwächen)**
Externe Analyse (Markt, Wettbewerb)	**Opportunities (Chancen)**	Mit den eigenen Stärken die bestehenden Chancen nutzen.	Eigene Schwächen beseitigen, um bestehende Chancen zu nutzen.
	Threats (Risiken)	Mit den eigenen Stärken drohende Risiken abwehren.	Eigene Schwächen beseitigen, um drohende Risiken abzuwehren.

Die **SWOT-Analyse** stellt sicher, dass für anstehende strategische Maßnahmen alle Daten aus Unternehmung, Markt und Umfeld erfasst werden.

1 Vgl. http://www.projektmagazin.de/sites/default/files/imported/glossar/swot-analyse.gif, 23.10.2017.

Auf der Basis der Strategieanalyse sind anschließend für jede der vier Matrix-Felder passende Strategien zu entwickeln.

Beispiel: SWOT-Analyse eines Automobilherstellers

SWOT-Analyse		**Interne Analyse**	
		Strengths (Stärken)	**Weaknesses (Schwächen)**
Externe Analyse	**Opportunities (Chancen)**	▪ Know-how-Vorsprung bei sparsamen Motoren ermöglicht Wachstum bei Hybridfahrzeugen. ▪ Nachfrageverlagerung hin zu SUV-Pkws aufgrund des Modetrends.	▪ Wechselprämien für alte Diesel-Pkws erhöhen die Nachfrage nach schadstoffarmen Pkws. ▪ Nachfragesteigerung bei elektrisch betriebenen Autos aufgrund technischer Innovationen außerhalb des Unternehmens.
	Threats (Risiken)	▪ Die chinesische Regierung erlaubt zahlreichen Konkurrenten den Aufbau von Fabriken in China ohne weitere Auflagen. ▪ Mehrmarkenstrategie wird zum Risiko statt zur Chance, da die Verwendung von Gleichteilen die Unterschiede bei den Konzernmarken verschwinden lässt.	▪ Starker Nachfragerückgang nach deutschen Pkws in den USA aufgrund des Dieselskandals. ▪ Geringe Partizipation am Marktwachstum durch E-Mobilität in China und den USA aufgrund von technologischem Rückstand.

Erläuterungen:

- Es kann z. B. festgestellt werden, dass die Kompetenzen des Unternehmens genau die Entwicklung und spezifischen Anforderungen des Marktes treffen (siehe SO-Feld). In diesem Fall hat das Unternehmen alle Anstrengungen zu unternehmen, die Chancen zu einem Durchbruch in neue Marktdimensionen zu nutzen.
- Die Analyse kann aber auch deutlich machen, dass eine bestimmte Marktchance nicht genutzt werden kann, weil sie die Ressourcen des Unternehmens übersteigt oder mit dem spezifischen Ressourcenprofil der Unternehmung nicht vereinbar ist (siehe WO-Feld: Elektroantriebe).

Zur SWOT-Analyse ist **kritisch anzumerken,** dass sie vor allem dazu geeignet ist, einzelne Geschäftsfelder eines Unternehmens zu beurteilen. Sie ermöglicht jedoch keine aussagefähige Gesamtanalyse über die verschiedenen Tätigkeitsbereiche des Unternehmens und deren zukünftige Entwicklung im Markt.

Zusammenfassung

- **Generelle Aufgabe des Controllings** ist es, die Geschäftsleitung bei der Steuerung des Unternehmens durch Planung, Beschaffung und Aufbereitung von Informationen, durch Koordinieren, Analysieren und Kontrollieren zu unterstützen. Hierfür werden die Informationen so aufbereitet, dass eine ergebnisorientierte Führung des Unternehmens möglich wird.
- Unter dem Gesichtspunkt des **Zeithorizonts** (des Planungszeitraums) unterscheidet man:
- **operatives Controlling** (kurzfristiger Planungszeitraum) und
- **strategisches Controlling** (langfristige, existenzsichernde Planungsperspektive).
- Die **Stärken-Schwächen-Analyse** beinhaltet die Bewertung der wesentlichen Vorteile (Stärken) und Nachteile (Schwächen) eines Unternehmens im Vergleich zu seinen wichtigsten Wettbewerbern.
- Ziel der **Chancen-Risiken-Analyse** ist es, die Entwicklungen aus dem Markt und dem weiteren Umfeld aufzudecken, die die Stärken und Schwächen des Unternehmens betreffen.
- Die Kombination der Ergebnisse von Stärken-Schwächen-Analyse und Chancen-Risiken-Analyse ermöglicht die **SWOT-Analyse.** Sie ist ein wichtiges Instrument, um Marketingstrategien zu entwickeln.

Kompetenztraining

29 Begriff und Arten des Controllings

1. Geben Sie in einer allgemein gehaltenen Kurzfassung an, was man unter dem Begriff Controlling versteht!
2. Interpretieren Sie die nebenstehende Grafik und erläutern Sie Stellung und Aufgaben des Controllings!
3. Unterscheiden Sie das operative Controlling vom strategischen Controlling, indem Sie die folgende Tabelle in Ihr Heft übernehmen und jeweils ankreuzen.

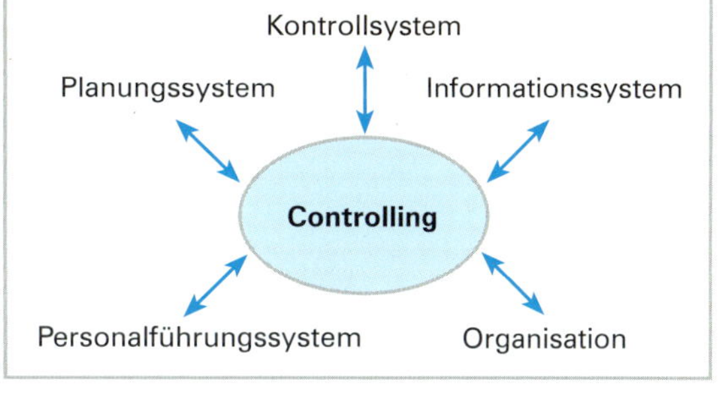

Merkmal	Operatives Controlling	Strategisches Controlling
Ist langfristig orientiert.		
Mittlere und untergeordnete Abteilungen übernehmen die Durchführung.		
Bezieht sich auf innerbetriebliche Vorgänge.		
Unternehmensleitung übernimmt dafür Verantwortung.		

Merkmal	Operatives Controlling	Strategisches Controlling
Konkrete Mengen- und Wertgrößen werden eingesetzt.		
Unternehmensziele sollen längerfristig gesichert werden.		
Messzahlen außerhalb des Unternehmens stehen im Mittelpunkt.		
Kurz- und mittelfristige Zeiträume werden betrachtet.		

4. Grenzen Sie die Aufgaben der Geschäftsleitung von denen des Controllers ab!

30 SWOT-Analyse

1. 1.1 Beschreiben Sie den Inhalt der Stärken-Schwächen-Analyse!
   1.2 Interpretieren Sie das auf S. 92 abgebildete Stärken-Schwächen-Profil!
   1.3 Weisen Sie nach, dass die Stärken-Schwächen-Analyse durch die Chancen-Risiken-Analyse ergänzt wird!
2. 2.1 Beschreiben Sie die Bedeutung der SWOT-Analyse!
   2.2 Zur Beschreibung der strategischen Situation eines Unternehmens kann eine SWOT-Matrix erstellt werden.

	S Auflistung der Stärken/Strengths	**W** Auflistung der Schwächen/Weaknesses
O Auflistung der Gelegenheiten/Opportunities	**SO-Situation:**	**WO-Situation:**
T Auflistung der Bedrohungen/Threats	**ST-Situation:**	**WT-Situation:**

Quelle: Nieschlag, R.; Dichtl, E.; Hörschgen, H.: Marketing, 19. Aufl., Berlin 2002, S. 117.

Aufgabe:

Formulieren Sie zu den vier Situationen die Ihrer Meinung nach richtige Marketingstrategie!

3. Ein Hersteller von Nahrungsergänzungsmitteln weist folgende Ergebnisse der internen und externen Analyse auf:

   Stärken: hoher Cashflow, starke Forschungs- und Entwicklungsabteilung, motivierte Mitarbeiter.

   Schwächen: hohe Personalkosten, geringe Kapazitätsauslastung.

   Chancen: weltweit zunehmendes Gesundheitsbewusstsein, steigende Kaufkraft

   Risiken: Zunahme der gesetzlichen Beschränkungen, neue ausländische Konkurrenz, erodierende[1] Margen im Food-Bereich.

   Aufgabe:

   Stellen Sie in einer SWOT-Matrix für jeden der vier Strategiebereiche denkbare Strategien dar!

SWOT-Analyse		**Interne Analyse**	
		Strengths (Stärken)	**Weaknesses (Schwächen)**
Externe Analyse	**Opportunities (Chancen)**	SO-Strategien?	WO-Strategien?
	Threats (Risiken)	ST-Strategien?	WT-Strategien?

31 Interne und externe Analyse, SWOT-Analyse, Entwicklung von Strategien

Die Outdoor GmbH ist ein mittelständisches Unternehmen. Es hat vier feste Produktgruppen aus verschiedenen Bereichen der Kleidungs- und Ausstattungsproduktion. Teilweise werden die Produkte selber hergestellt, während andere Produkte nur gehandelt werden.

Nach einigen Jahren am Markt hat die Geschäftsführung entschieden, dass sich das Unternehmen vergrößern möchte. Dazu ist eine ausführliche Analyse notwendig. Als geeignetes Instrument wird eine SWOT-Analyse durchgeführt.

Folgende Informationen und Daten wurden von der Controlling-Abteilung aus den verschiedenen Bereichen zusammengetragen:

Produktgruppe	Marktbereich	Umsatzveränderung in %	Anzahl der Wettbewerber
Outdoorkleidung	Outdoor	+ 4 %	5
Outdoorausrüstung	Outdoor	– 3 %	11
Outdoorschuhe	Outdoor	– 2 %	7
Sportkleidung	Freizeit, Sport	+3 %	13

Die Umsätze aus den verschiedenen Bereichen haben sich unterschiedlich entwickelt. Dies könnte im Bereich Ausrüstung und Schuhe daran liegen, dass das Produktprogramm zu eng gefasst ist und man sich zu wenig von Wettbewerbern distanziert. Immer mehr Wettbewerber aus dem osteuropäischen Raum versuchen mit preiswerteren Angeboten Marktanteile zu gewinnen. Dies liegt auch daran, dass die Outdoor GmbH außerhalb von Deutschland nicht sonderlich bekannt ist.

1 **Erodieren**: zerstören.

7 Kaier, Speth, Hug - ISBN 978-3-8120-0662-0

Auf der anderen Seite hat die Unternehmensführung von vornherein darauf geachtet, dass alle Mitarbeiter eine gewisse Affinität zu den verkauften Produkten haben. Die Mitarbeiter können sich deshalb sehr gut mit dem Unternehmen identifizieren. Dies zeigt sich auch bei den regelmäßigen Umfragen mit den Zulieferern und Kunden. Beide Gruppen sind in einem hohen Maße mit der Outdoor GmbH als Partner zufrieden.

Die Umsatzrückgänge und die verhaltenen Umsatzzugänge lassen sich auch damit erklären, dass noch nicht alle Vertriebsschienen (z. B. Onlineverkauf) intensiv genutzt werden. Zudem ist die Produktion noch nicht zu 100 % ausgelastet. Momentan liegt die Produktionsauslastung bei 77 %. Dies könnte eine Stärke darstellen, weil man dadurch noch flexibler und schneller auf Veränderungen in den verschiedenen Bereichen reagieren könnte.

Eine Veränderung in den letzten Jahren ist, dass immer mehr Menschen mit einem mittleren und älteren Lebensalter (seit ca. 10 Jahren) etwas für ihre Fitness tun wollen. Gleichzeitig sind immer mehr junge Erwachsene bereit – trotz geringeren finanziellen Budget – hochwertigere Produkte zu erwerben. Die Analyse hat ferner gezeigt, dass die Innovationsbereitschaft des Unternehmens ein wenig nachgelassen hat. Dies könnte sich in den letzten Jahren negativ auswirken, wenn man nicht gegensteuert.

Aufgaben:

1. Erstellen Sie mithilfe der Informationen und Daten zunächst eine interne und externe Analyse! Übertragen Sie die folgenden zwei Tabellen in Ihr Heft und fassen Sie die Informationen und Daten zusammen!

   1.1 Interne Analyse

Stärken	Schwächen
■ …	■ …

   1.2 Externe Analyse

Chancen	Risiken
■ …	■ …

2. Führen Sie diese Informationen in die SWOT-Matrix ein und entwickeln Sie daraus entsprechende Strategien! Nutzen Sie dazu die Vorlage!

SWOT-Analyse		**Interne Analyse**	
		Strengths (Stärken)	**Weaknesses (Schwächen)**
Externe Analyse	**Opportunities (Chancen)**	■ …	■ …
	Threats (Risiken)	■ …	■ …

3. Beurteilen Sie das Instrument der SWOT-Analyse kritisch!

1.3 Balanced Scorecard (BSC)

1.3.1 Begriff und Ziele der Balanced Scorecard

Die Balanced Scorecard[1] ist ein **ganzheitliches Führungskonzept,** das das Unternehmen aus vier Perspektiven sieht. Die Grundidee besteht darin, die Finanzkennzahlen **(Finanzperspektive)** durch eine **Kunden-,** eine **interne Prozess-** und eine **Mitarbeiterperspektive** (Lernen und Entwicklung) zu ergänzen und die jeweils wichtigsten **Zielvorgaben und Maßnahmen** auf einer **Scorecard** (Anzeigetafel) abzubilden.[2]

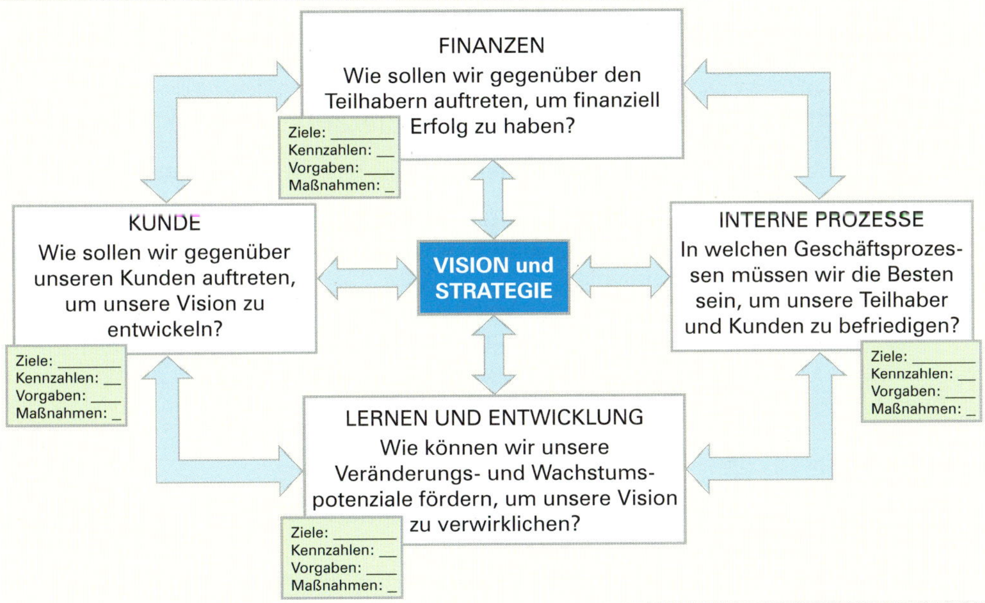

- Die **Finanzperspektive** hat das Ziel, die Ertragskraft und den Wert des Eigenkapitals (Shareholder Value) zu steigern. Die Betrachtung bezieht sich nicht allein auf den Gewinn, sondern der Wert des Unternehmens wird mit einbezogen.

  Messgrößen sind: Rentabilität, Cashflow, Umsatzwachstum, Kostensenkung.
- Die **Kundenperspektive** untersucht, wie das Unternehmen aus Sicht der Kunden eingeschätzt wird. Mögliche Ziele sind: Marktanteile erhöhen, Produktinnovationen entwickeln, Kundenzufriedenheit verbessern.

  Messgrößen sind: Marktanteile, Kundentreue, Kundenaquisition, Kundenservice, Imagefaktor von Produkten bzw. des Unternehmens.
- Die **interne Prozessperspektive** analysiert die internen Kernprozesse, die für das Erreichen der gesetzten strategischen Ziele am Wichtigsten sind. Solche Kernprozesse sind insbesondere der Innovationsprozess, der Leistungserstellungsprozess und der Kundendienstprozess. Ziele der internen Prozessperspektive sind z. B. Verbesserung der Organisation, Rationalisierung der Produktionsabläufe, Optimierung des Personaleinsatzes.

  Messzahlen sind: Ausschussquoten, Reklamationsquoten, Störungsquote, Durchlaufzeiten, Verwaltungskostenquote.

1 Der Begriff „Balanced Scorecard" bedeutet wörtlich übersetzt „ausgewogene Anzeigetafel".

2 Vgl. Schneck, Ottmar: Erfahrungen bei der Einführung der Balanced Scorecard, in: EWuB 1/03, S. 57 ff.

- Die **Mitarbeiterperspektive** untersucht, wie das Unternehmen seine Wettbewerbssituation verbessern kann. Ansatzpunkte hierfür sind z. B. Stärkung von Forschung und Entwicklung, Erhöhung der Leistungsfähigkeit des Informationssystems, Weiterbildung der Mitarbeiter.
  Messzahlen sind: Forschungskostenquote, Produktinnovationsquote, Fluktuationsrate, Schulung je Mitarbeiter, Produktivität je Mitarbeiter.

- Das Konzept der **Balanced Scorecard (BSC)** berücksichtigt neben der **Finanzperspektive** auch die **Kundenperspektive,** die **interne Prozessperspektive** sowie die **Mitarbeiterperspektive.**
- Das Konzept der Balanced Scorecard umfasst alle wichtigen Unternehmensbereiche und stellt somit ein **ganzheitliches Führungskonzept** dar.

1.3.2 Schritte zur Erstellung einer Balanced Scorecard

Die Erstellung einer Balanced Scorecard besteht im Wesentlichen aus drei Arbeitsschritten:

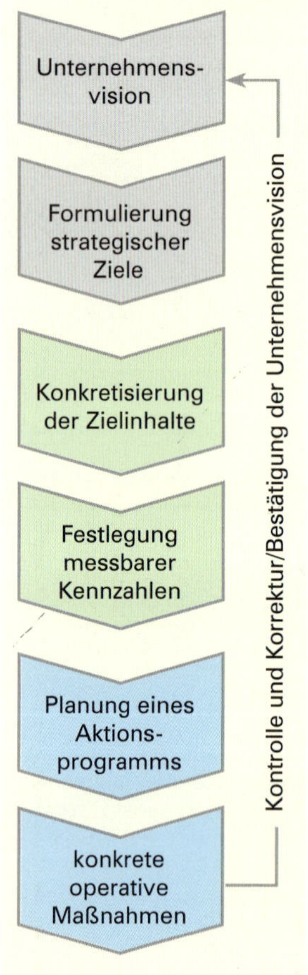

(1) Formulierung von Zielen für die vier Kernperspektiven

Ausgangspunkt der Balanced Scorecard ist die **Unternehmensvision.**[1] Die Vision ist ein realisierbares, wenn auch nur vage formuliertes oberstes Ziel, das die gemeinsamen Grundwerte und Überzeugungen, Verhaltensregeln und Standards zum Inhalt hat. Aus der Unternehmensvision werden anschließend **strategische Ziele** für die vier Kernperspektiven abgeleitet.

(2) Festlegung von Messgrößen (Kennzahlen) und Zielwerten

Nach der Formulierung der strategischen Ziele sind diese nach **Inhalt, Ausmaß** und **zeitlichem Bezug** zu konkretisieren. So gilt es beispielsweise für das Ziel Renditeerwartung festzulegen, welche Rentabilitätsgrößen gemessen werden sollen (Zielinhalt), welche Renditenhöhe (Zielausmaß) angestrebt wird und bis zu welchem Zeitpunkt (zeitlicher Bezug) dies zu erreichen ist.

(3) Entwickeln von konkreten operativen Maßnahmen

Stehen die Messgrößen und Zielwerte fest, sind konkrete operative Maßnahmen zu entwickeln, die sicherstellen sollen, dass die angestrebten Ziele zum vorgegebenen Zeitpunkt erreicht werden.

Am Ende der einzelnen operativen Maßnahmen steht jeweils das **strategische Controlling.** Sein vorrangiges Ziel ist es, die Richtigkeit des strategischen Konzepts und dessen Umsetzung zu überprüfen. Darüber hinaus leistet das strategische Controlling einen Beitrag zur Stärkung der Anpassungsfähigkeit und Flexibilität des Unternehmens.

1 **Vision:** Idee von der Zukunft; z. B. „Autos ohne Abgase".

Beispiel: Balanced Scorecard

Perspektiven	Strategische Ziele	Messgrößen	Zielwerte	Operative Maßnahmen
Finanzielle Perspektive: Was wollen wir unseren Kapitalgebern bieten?	■ Renditeansprüche der Eigentümer erfüllen oder übertreffen ■ Schnelles Wachstum ■ Cashflow-Investment	■ Gesamtkapital-rentabilität/ Umsatzrentabilität ■ Umsatzwachstum ■ Cashflow	15 % 20 % 200 Mio. EUR	■ Kauf von 3 Unternehmen in Asien ■ 1 Joint Venture in Europa
Kundenperspektive: Wie sollen uns unsere Kunden wahrnehmen?	■ Neue Kunden gewinnen ■ Fokus auf wichtige Kunden ■ Wettbewerbsfähige Preise (Leadership)	■ Umsatzanteil Neukunden ■ Umsatzanteil A/B-Kunden ■ Preisindex	20 % 90 % 0,9	■ Akquisitionsprogramm ■ Fokus-Programm ■ Preis-Monitor einführen
Prozessperspektive: Bei welchen Prozessen müssen wir Hervorragendes leisten?	■ Kurze Entwicklungszeiten ■ Wettbewerbsfähige Produktions- und Logistikprozesse ■ Kunden über kostengünstige Distributionskanäle bedienen	■ Neue Produkte ■ Kosten ■ Distributionskosten	5 –20 Mio. EUR –20 Mio. EUR	■ Komplexitätsreduktionsprojekt ■ Prozessoptimierung ■ Rabattsystem ändern/ Kundenzufriedenheits-Projekt
Mitarbeiterperspektive: Wie gewährleisten wir langfristig unseren Erfolg?	■ Innovative Produkte entwickeln ■ Informierte Mitarbeiter ■ Fähigkeit der Mitarbeiter stärken ■ Kontinuierliche Verbesserung	■ Umsatzanteil neuer Produkte ■ Anzahl verfügbarer strategischer Informationen ■ Mitarbeiterzufriedenheit ■ Kostensenkung, Durchlaufzeiten-Verbesserung	20 % 100 % + + 10 % pro Jahr	■ Freiräume für Kreativität ■ Aufbau Datenbank ■ Schulungsprogramm, Jobrotations-Programm ■ Kontinuierliche Verbesserungsprozesse einführen

Quelle: Angelehnt an Nieschlag/Dichtl/Hörschen: Marketing, 19. Aufl., Berlin 2002, S. 359.

- Die Balanced Scorecard ist ein Instrument der Unternehmensführung, das die **strategische Vision** eines Unternehmens in **operative Maßnahmen** umsetzt.
- Die **Zielerreichung** wird mithilfe von **Messgrößen (Scores)** überprüft.

1.3.3 Ursache-Wirkungs-Ketten

Zwischen den vier Perspektiven bestehen enge Zusammenhänge. Sie sind voneinander abhängig und sollen sich bei der Zielerreichung gegenseitig ergänzen. Es bestehen **Ursache-Wirkungs-Ketten,** die in Wenn-dann-Aussagen ausgedrückt werden können.

Beispiel:

Wenn ein **innovatives Produkt** – das vom Markt akzeptiert worden ist – in das Produktprogramm aufgenommen wird, die Organisation einen **optimalen Prozessablauf** mit **hoher Produktqualität** liefert und dadurch die **Kundenzufriedenheit** und die **Kundenbindung** wächst, dann wird eine **Umsatzsteigerung** und bei Preisen, die über der Kostendeckung liegen, eine **Erhöhung der Ertragskraft** erzielt. Gesichert wird der Finanzerfolg dadurch, dass Kundenreaktionen an die Mitarbeiter weitergeleitet werden.

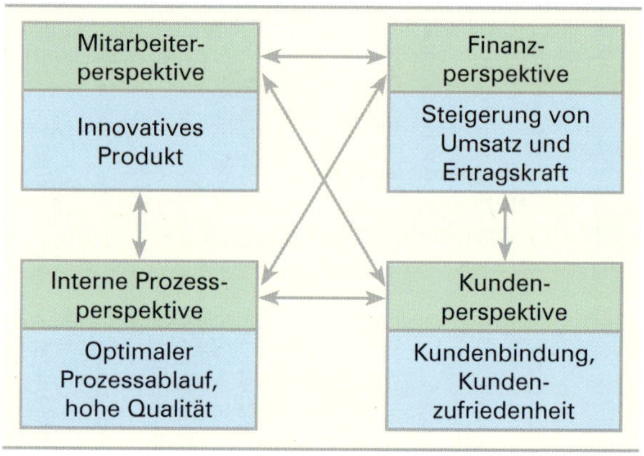

Das Beispiel zeigt: Zwischen den vier Perspektiven besteht ein enger Zusammenhang, sie beeinflussen sich gegenseitig und es entstehen Rückkopplungen. Wird z. B. keine optimale Produktqualität erstellt, nimmt die Kundenzufriedenheit ab. Das Produkt wird weniger gekauft, der Finanzerfolg sinkt.

Durch die Einbeziehung **mehrerer Perspektiven** wird die ausschließliche Betrachtung des finanziellen Aspekts vermieden. Damit trägt das Konzept der Balanced Scorecard dazu bei, das **Shareholder-Value-Denken** zu **überwinden.** Das Konzept der Balanced Scorecard zeigt auf, dass Finanzperspektive, Kundenperspektive und Mitarbeiterperspektive sich keinesfalls widersprechen, sondern sehr eng miteinander zusammenhängen.

Zwischen den **vier Perspektiven** bestehen **Ursache-Wirkungs-Beziehungen,** die aufzeigen, **wie** sich die Perspektiven gegenseitig beeinflussen.

1.3.4 Balanced-Scorecard-Kennzahlensystem

1.3.4.1 Überblick über das Kennzahlensystem Balanced Scorecard und die Bedeutung von Kennzahlensystemen

(1) Überblick über das Kennzahlensystem einer Balanced Scorecard

Das Kennzahlensystem Balanced Scorecard (BSC) berücksichtigt neben den sogenannten **harten Kennzahlen** aus der finanzwirtschaftlichen Sicht (z. B. Rentabilität) auch die **weichen Kennzahlen** aus anderen Perspektiven (z. B. Mitarbeiterzufriedenheit, Kundentreue). Die anzuwendenden Kennzahlen werden nicht starr vorgegeben. Dadurch ist das BSC-Kennzahlensystem **flexibel** und kann an nahezu jedes Unternehmen angepasst werden.

Welche Kennzahlen in das Steuerungssystem Eingang finden und wie stark sie gewichtet werden, ist von den unternehmensspezifischen Werttreibern abhängig. **Werttreiber** sind Faktoren und Aktivitäten, die den Wert des Unternehmens steigern.

Die nachfolgende Abbildung zeigt beispielhaft das Kennzahlensystem einer Balanced Scorecard:

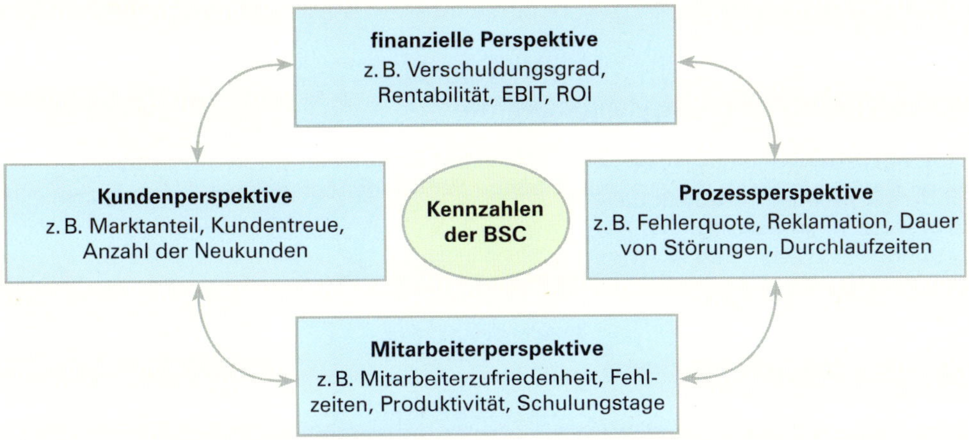

(2) Bedeutung von Kennzahlensystemen

Gemeinsames Merkmal aller Kennzahlen ist deren **Mess- und Überprüfbarkeit.** Sie übernehmen im Rahmen des operativen Controllings die Funktion von Indikatoren.[1]

- **Spätindikatoren** wie Gewinn oder Kundenzufriedenheit geben Endergebnisse des gesamten Prozesses (oder größerer Abschnitte des Prozesses) an. Sie ermöglichen Korrekturen nur im Nachhinein.
- **Frühindikatoren** (z. B. Zahl der Neukunden; Umsatz eines Teilsortiments) sind „vorlaufende" Indikatoren, die ein frühzeitiges Eingreifen in laufende Prozesse ermöglichen.

1 Vgl. Vry, Wolfgang: Absatzwirtschaft, 6. Auflage, Ludwigshafen/Rhein 2004, S. 122.

Kennzahlensysteme sind somit zum einen **Informationsinstrumente,** weil sie Informationen bereitstellen, um Sachverhalte analysieren zu können. Zum anderen werden Kennzahlensysteme zu **Steuerungsinstrumenten,** wenn sie als Ziele verwendet werden. Mit der Zielvorgabe gewinnen sie einen Vorgabecharakter, an dem Entscheidungen und Handlungen auszurichten sind.

- Kennzahlensysteme sind zum einen ein geeignetes Instrument zur **Informationsanalyse,** weil sie Zusammenhänge zwischen verschiedenen Größen aufzeigen.
- Zum anderen dienen sie als **Steuerungsinstrument,** wenn sie dazu genutzt werden, Ziele vorzugeben, an denen Entscheidungen und Handlungen auszurichten sind.

1.3.4.2 Kennzahlen der Finanzperspektive

Die hier relevanten finanzwirtschaftlichen Kennzahlen wurden bereits im Zusammenhang mit der Analyse des Jahresabschlusses dargestellt:

- Eigenkapitalquote, Fremdkapitalquote, statischer Verschuldungsgrad (siehe S. 25f.),
- Rentabilitäten von Eigen- und Gesamtkapital sowie des Umsatzes (siehe S. 35f.),
- Return on Investment (siehe S. 37f.),
- EBIT (siehe S. 48f.).

1.3.4.3 Kennzahlen der Kundenperspektive

Die Kundenzufriedenheit ist die Basis für einen langfristigen Unternehmenserfolg. Folgende Darstellung zeigt die Zusammenhänge der Kundenperspektive:[1]

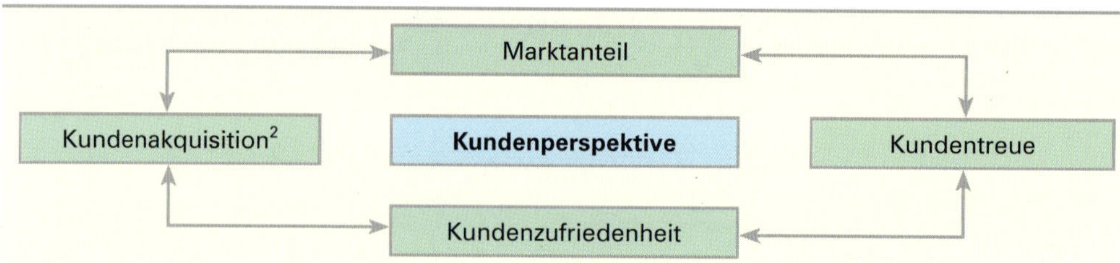

Kennzahlen	Erläuterung
Relativer Marktanteil	Prozentualer Anteil an einem gegebenen Marktvolumen (z.B. Anzahl Kunden bezogen auf Kundenpotenzial; anteiliger Umsatz)
Kundenakquisition	Ausmaß, in dem neue Kunden gewonnen werden (z.B. prozentualer Anstieg der Kundenzahl im Vergleich zum Vormonat)
Kundentreue	Ausmaß, in dem dauerhafte Kundenbeziehungen entstehen (z.B. Wiederbestellquote)
Kundenzufriedenheit	Zufriedenheitsgrad der Kunden anhand bestimmter Leistungskriterien (z.B. Weiterempfehlungsquote bei einer Befragung)

1 Vgl. ad rem: Wirtschaft-Soziales-Recht, Nr. 73, S. 4.

2 **Kundenakquisition**: Werbung neuer Kunden.

Beispiel:

Ein Internetkaufhaus „Exotische Süßwaren online GmbH" setzt sich folgende kundenbezogenen operativen Ziele: Marktanteil 40 %; Steigerung der Kundenzahl um monatlich 1 %; Anteil der Stammkunden 65 %; Kundenbefragung soll mindestens 75 % Weiterempfehlung signalisieren. Die Zahl der Reklamationen sollte unter 2 % der Kundenaufträge liegen.

Zurzeit hat das Unternehmen 122 000 erfasste Kunden, wovon 968 im letzten Monat hinzukamen. 72 500 Kunden haben bereits zweimal oder öfters bei diesem Internetkaufhaus bestellt. In den 56 862 erfolgten Bewertungen werden 38 423 Weiterempfehlungen gemacht. Das Marktvolumen in diesem Marktsegment wird auf 1 200 000,00 EUR pro Monat geschätzt. Die GmbH hat im vergangenen Monat für 495 000,00 EUR Süßwaren abgesetzt. Die Kunden bemängelten 1 713 der insgesamt 97 564 Lieferungen.

Aufgabe:

Überprüfen Sie rechnerisch, ob die gesetzten operativen Ziele jeweils erreicht werden!

Lösungen:

$$\text{Marktanteil} = \frac{\text{Umsatz} \cdot 100}{\text{Marktvolumen}} = \frac{495\,000 \cdot 100}{1\,200\,000} = \underline{\underline{41{,}25\,\%}}$$

→ Ziel erreicht

$$\text{Wiederbestellquote} = \frac{\text{Stammkunden} \cdot 100}{\text{gesamte Kundenzahl}} = \frac{72\,500 \cdot 100}{122\,000} = \underline{\underline{59{,}4\,\%}}$$

→ Ziel noch nicht erreicht

$$\text{Kundenakquisition} = \frac{\text{Anzahl neuer Kunden} \cdot 100}{\text{Anzahl bisheriger Kunden}} = \frac{968 \cdot 100}{121\,032} = \underline{\underline{0{,}8\,\%}}$$

→ zu wenig Neukunden geworben

$$\text{Weiterempfehlungsquote} = \frac{\text{Weiterempfehlungen} \cdot 100}{\text{Zahl der Befragungen}} = \frac{38\,423 \cdot 100}{56\,862} = \underline{\underline{67{,}6\,\%}}$$

→ gewünschte Quote nicht erreicht

$$\text{Reklamationsquote} = \frac{\text{Zahl der Reklamationen} \cdot 100}{\text{Zahl der Aufträge}} = \frac{1\,713 \cdot 100}{97\,564} = \underline{\underline{1{,}8\,\%}}$$

→ Ziel erreicht

Es ist erkennbar, dass die Kundenzufriedenheit gesteigert werden muss. Sowohl die Zahl der Stammkunden als auch die Zahl der Neukunden blieb unter den Zielvorgaben.

Der **Fokus der Kundenperspektive** liegt auf der **Kundenzufriedenheit.** Nur so können bisherige Kunden gehalten und neue Kunden hinzugewonnen werden.

1.3.4.4 Kennzahlen der Prozessperspektive

Die Optimierung der internen Prozesse führt zur Erfüllung der Kundenwünsche und damit zur Verbesserung des Unternehmensergebnisses:[1]

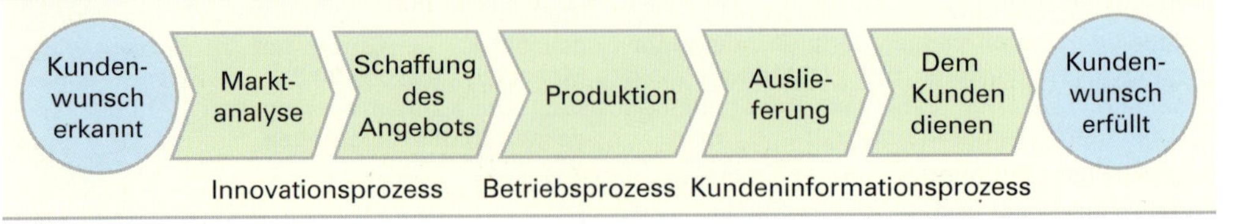

Ein Maß für die Qualität des **Innovationsprozesses** ist beispielsweise die Zahl der neu angemeldeten **Patente.** Ein reibungsloser **Betriebsprozess** ist dadurch gekennzeichnet, dass **Störungen nur von kurzer Dauer** sind und lediglich eine geringe **Fehlerquote** auftritt. Ein funktionierender **Kundendienstprozess** strebt eine **schnelle Bearbeitung** der eingehenden Reklamationen an.

Beispiel:

Ein Hersteller von Solarzellen greift den Kundenwunsch nach optisch ansprechenden Lösungen auf, indem er Solarzellen in den gängigen Ziegelformen mit kabellosen Klick-Verbindungen entwickelt und zum Patent anmeldet. Die Durchlaufzeit pro Ziegel soll nicht mehr als 1 Tag betragen. Bei der Produktion sollen die Ausschussquote unter 1 % liegen. Das Budget in Höhe von 50 Mio. EUR für die Produktionskosten soll eingehalten werden.

Der Leiter der Produktion für Solarmodule erwartet eine Produktivitätssteigerung um 1,5 %.

Im letzten Monat (20 Arbeitstage) wurden 2 335 400 Stück Solarziegel produziert. Die Endkontrolle hat 30 064 schadhafte Solarzellen aussortiert. Im Fertigungsumlauf sind laufend ungefähr 120 000 Solarziegel.

Im letzten Monat haben 33 Mitarbeiter 40 400 Stück Solarmodule produziert. Im gleichen Monat des Vorjahres haben die damals 25 Mitarbeiter 30 200 Module hergestellt. Folgende Kostenstruktur liegt vor: fixe Kosten 4 Mio. EUR; variable Stückkosten 20,00 EUR.

Aufgabe:

Überprüfen Sie rechnerisch, ob die gesetzten operativen Ziele erreicht werden!

Lösungen:

$$\text{Durchlaufzeit} = \frac{\text{Umlaufbestand in Stück}}{\text{Durchsatz in Stück/Zeiteinheit}}$$

$$= \frac{120\,000 \text{ Stück}}{2\,335\,400 \text{ Stück/20 Arbeitstage}} = \underline{\underline{1{,}02 \text{ Tage}}}$$ → Ziel fast erreicht

$$\text{Fehlerquote} = \frac{\text{Ausschussteile} \cdot 100}{\text{produzierte Stückzahl}}$$

$$= \frac{30\,064 \cdot 100}{2\,335\,400} = \underline{\underline{1{,}3\,\%}}$$ → Ziel noch nicht erreicht

1 Vgl. ad rem: Wirtschaft-Soziales-Recht, Nr. 73, S. 4.

Ermittlung der Produktivitätssteigerung:

$$\text{Produktivität je Mitarbeiter} = \frac{\text{Ausbringungsmenge}}{\text{eingesetzte Mitarbeiter}}$$

$$\text{Produktivität Vormonat} = \frac{40\,400}{33} = 1\,224{,}2 \text{ Module/Mitarbeiter}$$

$$\text{Produktivität Vorjahresmonat} = \frac{30\,200}{25} = 1\,208 \text{ Module/Mitarbeiter}$$

$$\text{Produktivitätssteigerung} = \frac{\text{zusätzliche Module je Mitarbeiter} \cdot 100}{\text{Module je Mitarbeiter Vorjahr}} = \frac{16{,}2 \cdot 100}{1\,208} = \underline{\underline{1{,}3\,\%}}$$

→ gewünschte Produktivitätssteigerung nicht erreicht.

$$\text{Budgeterfüllung} = \frac{\text{tatsächliche Produktionskosten} \cdot 100}{\text{Budgetvorgabe}}$$

$$= \frac{(4\,000\,000 + 2\,335\,400 \cdot 20) \cdot 100}{50\,000\,000} = \underline{\underline{101{,}4\,\%}}$$

→ Budgetvorgabe um 1,4 % überschritten

Die Kennzahlen der internen Prozesse weisen auf die Notwendigkeit von Verbesserungen hin.

Eine **Optimierung der internen Prozesse** ermöglicht neben einer Kostensenkung vor allem eine **Verbesserung der Kundenzufriedenheit.**

1.3.4.5 Kennzahlen der Mitarbeiterperspektive

Ein modernes Unternehmen versteht sich als **lernende Organisation,** die die Mitarbeiterpotenziale nach Kräften fördert. Unterstützt wird dies durch transparente Informationssysteme und einen kooperativen Führungsstil. Nachfolgende Grafik macht deutlich, dass eine hohe **Mitarbeiterzufriedenheit** die Erreichung der Ziele der Prozessperspektive und aller anderen Perspektiven erleichtert.[1]

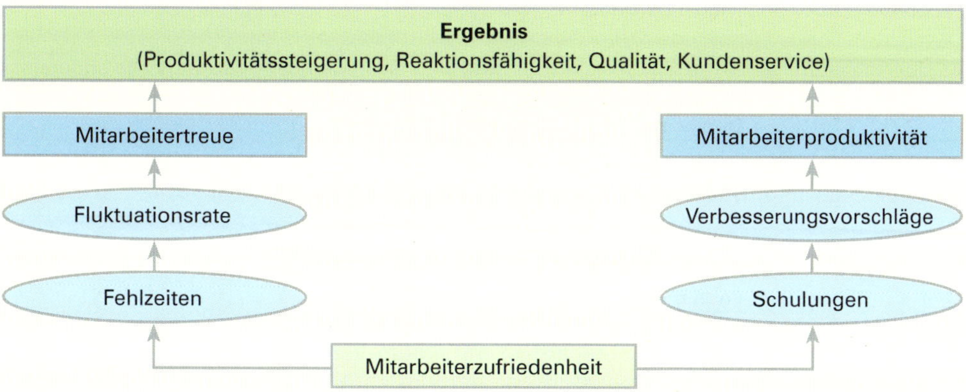

1 Vgl. ad rem: Wirtschaft-Soziales-Recht, Nr. 73, S. 5.

Die Mitarbeiterzufriedenheit schlägt sich einerseits in der **Mitarbeitertreue** und andererseits in der **Mitarbeiterproduktivität** nieder.

Beispiel:

Der Hersteller von Solarzellen (vgl. Beispiel S. 106) kennt die Bedeutung der Mitarbeiterzufriedenheit.

Der eingesetzte Arbeitskreis geht von einer hohen Mitarbeiterzufriedenheit aus, wenn folgende Kennzahlen erreicht werden:

Fehlzeiten unter 3 %; Fluktuationsrate unter 5 %; mindestens 7 Schulungstage je Mitarbeiter; durchschnittlich 2 Verbesserungsvorschläge pro Mitarbeiter und Jahr.

Die Statistik des Solarunternehmens weist folgende Zahlen aus:

Die 213 Mitarbeiter brachten es im vergangenen Jahr (220 Arbeitstage) auf insgesamt 1 805 krankheitsbedingte Fehltage. 9 Mitarbeiter verließen im vergangenen Jahr das Unternehmen auf eigenen Wunsch. Die Personalabteilung hat insgesamt 965 Fortbildungstage finanziert. Das Unternehmen profitierte von insgesamt 597 Verbesserungsvorschlägen.

Aufgabe:

Überprüfen Sie rechnerisch, ob die angestrebten Kennzahlenwerte der Mitarbeiterperspektive erreicht werden!

Lösungen:

$$\text{Fehlzeitenquote} = \frac{\text{Fehltage} \cdot 100}{\text{Gesamtzahl an Arbeitstagen}} = \frac{1\,805 \cdot 100}{46\,860} = \underline{\underline{3{,}9\,\%}}$$

→ Ziel nicht erreicht

$$\text{Fluktuationsrate} = \frac{\text{abgewanderte Mitarbeiter} \cdot 100}{\text{Beschäftigtenzahl}} = \frac{9 \cdot 100}{213} = \underline{\underline{4{,}2\,\%}}$$

→ Ziel erreicht

$$\text{Schulungstage je Mitarbeiter} = \frac{\text{Zahl der Schulungstage}}{\text{Mitarbeiterzahl}} = \frac{965}{213} = \underline{\underline{4{,}5 \text{ Tage}}}$$

→ Ziel deutlich verfehlt

$$\text{Verbesserungsvorschläge je Mitarbeiter} = \frac{\text{Zahl der Verbesserungsvorschläge}}{\text{Mitarbeiterzahl}} = \frac{597}{213} = 2{,}8 \text{ Vorschläge}$$

→ Ziel übertroffen

Das Überschreiten der Fehlzeiten einerseits und das Unterschreiten der Schulungstage andererseits deuten auf eine Überlastung der Mitarbeiter hin.

Zufriedene und gut ausgebildete Mitarbeiter sind das wichtigste Kapital eines erfolgreichen Unternehmens.

1.3.4.6 Beurteilung des Konzepts der Balanced Scorecard

Die Einführung der Balanced Scorecard ist mit einem Veränderungsprozess hin zu einer strategieorientierten Unternehmensführung verbunden. Eine Umsetzung kann nur gelingen, wenn das Management die erforderlichen Freiräume und Ressourcen bereitstellt.

Die Integration des Konzepts der Balanced Scorecard in das Managementsystem bringt folgende **Vor- und Nachteile**:

Vorteile	■ Die Betrachtung des Unternehmens erfolgt aus **mehreren Perspektiven.** ■ **Strategische** und **operative Ebene** werden **vernetzt.** Somit wird die Umsetzung von Strategien in konkrete Handlungen erleichtert. ■ Durch den **teamorientierten Ansatz** werden Management und betroffene Mitarbeiter zusammengeführt. Das erhöht die Motivation. ■ Die **Identifikation der Mitarbeiter** mit dem Unternehmen, seinen Zielen und Strategien, wird gefördert. ■ Es wird eine **mehrperspektivische Überwachung** der Zielerreichung ermöglicht.
Nachteile	■ Es entstehen **hohe Kosten** durch internen Personalaufwand und externen Beratungsbedarf. ■ **Fehlendes Verständnis** der Mitarbeiter, strategisch zu denken, erschwert die Umsetzung des Konzepts. ■ Zwischen den angestrebten Zielen der vier Perspektiven können **Zielkonflikte** auftreten. ■ Inhalt, Ausmaß und Aussagekraft der ausgewählten Messzahlen sind **problematisch.**

Zusammenfassung

- Die **Balanced Scorecard** (BSC) erlaubt eine **ganzheitliche Sichtweise,** da sie neben der **Finanzperspektive** auch die **Kundenperspektive,** die **interne Prozessperspektive** sowie die **Mitarbeiterperspektive** berücksichtigt.
- Aus der Unternehmensvision wird die Unternehmensstrategie entwickelt. Die Ableitung der konkreten **strategischen Ziele** für die jeweiligen Perspektiven erfolgt unter **Beteiligung der Mitarbeiter.**
- Die Balanced Scorecard ist ein **Führungsinstrument** zur **Umsetzung von Strategien in konkrete Handlungen.**
- Das mehrperspektivische BSC-Kennzahlensystem dient der **Präzisierung der strategischen Ziele** und erst in zweiter Linie der **Ergebniskontrolle.**
- Die wichtigsten Kennzahlen der **Finanzperspektive** sind der Verschuldungsgrad, die Rentabilitätskennzahlen, das Ergebnis vor Zinsen und Steuern (EBIT) und der Return on Investment.
- Der Fokus der **Kundenperspektive** liegt auf der Kundenzufriedenheit. Wichtige Kennzahlen sind hier der Marktanteil, die Wiederbestellquote, die Zahl der Reklamationen und die Weiterempfehlungsquote.
- Eine Optimierung der **internen Prozesse** ermöglicht neben einer Kostensenkung vor allem eine Verbesserung der Kundenzufriedenheit. Von besonderer Bedeutung sind die Durchlaufzeit, die Fehlerquote, die Produktivität sowie die Budgeterfüllung.
- In der **Mitarbeiterperspektive** wird die Bedeutung der Mitarbeiterzufriedenheit sichtbar, die sich in der Fehlzeitenquote und Fluktuationsrate, der Weiter- und Fortbildung sowie der Zahl der Verbesserungsvorschläge niederschlägt.
- Hervorstechendes Merkmal des **BSC-Kennzahlensystems** ist der Einbezug von **nicht monetären** Messgrößen.
- Das BSC-Kennzahlensystem ist ein **zukunftsfähiges Steuerungs- und Feedbacksystem,** da Management-Trends wie Dezentralisierung, offene Netzwerke, Informationszugang, Vertrauen und Mobilität sehr gut mit ihm vereinbar sind.

Kompetenztraining

32 Aufgaben zum Verständnis des Balanced-Scorecard-Konzepts

1. Beschreiben Sie die verschiedenen Perspektiven im Konzept der Balanced Scorecard!
2. Erklären Sie, warum die Finanzperspektive die Hauptperspektive ist!
3. Erläutern Sie den Weg von der Vision zur Strategie an einem selbst gewählten Beispiel!
4. Geben Sie an, welche Besonderheiten des BSC-Prozesses die Entwicklung von konkreten strategischen Zielen erleichtern!
5. Erläutern Sie an einem selbst gewählten Beispiel, welche Ursache-Wirkungs-Kette ein Fortbildungsprogramm für Mitarbeiter erwarten lässt!
6. Geben Sie an, welche der genannten Zielgrößen für das operative Controlling wichtig sind:
   6.1 relativer Marktanteil,
   6.2 EBIT,
   6.3 Stückdeckungsbeiträge,
   6.4 Verzinsung des eingesetzten Kapitals,
   6.5 durchschnittliche Urlaubstage,
   6.6 Schulungstage pro Mitarbeiter,
   6.7 Ausschussquote.
7. Prüfen Sie, welche der folgenden Aussagen über Kennzahlen richtig sind!
   7.1 Kennzahlen sind wichtige Instrumente der Unternehmensführung.
   7.2 Kennzahlen widersprechen der Grundidee der Balanced Scorecard.
   7.3 Kennzahlen erlauben den Vergleich mit anderen Unternehmen.
   7.4 Letztlich sind nur finanzwirtschaftliche Kennzahlen wichtig.
   7.5 Kennzahlen sollen das Beurteilen wichtiger Zusammenhänge ermöglichen.
8. 8.1 Nennen Sie Kennzahlen zur Steuerung eines Auftragsbearbeitungsprozesses und geben Sie an, wie diese zu berechnen sind!
   8.2 Beschreiben Sie die Bedeutung dieser Kennzahlen der Prozessperspektive für die Kundenzufriedenheit!
   8.3 Erläutern Sie die Vorteile des BSC-Ansatzes im Vergleich zu einem klassischen Kennzahlensystem!

33 Berechnung und Beurteilung von Kennzahlen der Balanced Scorecard

Bei der Sinzig-Hochbau AG soll als wesentliches Teilziel die Kundenorientierung verbessert werden. Als entscheidende Faktoren der Kundenperspektive werden eine sehr gute Termintreue, wenige Reklamationen und schneller Service bzw. kurze Reparaturdauer gesehen. Gleichzeitig dürfen die Kosten nicht wesentlich erhöht werden.

Die Bestandsaufnahme ergibt etwa zu 20 % nicht eingehaltene Termine und 10 % Reklamationen wegen mangelhafter Ausführung. Im nächsten Jahr sollen dann nur noch weniger als 10 % der Termine nicht eingehalten werden, die Anzahl der Mängelrügen soll auf 7 % verringert werden.[1]

Aufgaben:

1. Zeigen Sie auf, welche Ursachen es für die schlechten Ist-Werte geben könnte!

---

1 Vgl. http://www.promolook.de/bsc-beispiel.htm; 10.02.07.

2. Schlagen Sie Maßnahmen für die Verbesserung der Situation vor!
3. Überprüfen Sie die Wirksamkeit der vom Unternehmen umgesetzten Maßnahmen, wenn folgende Zahlen vorliegen:

   Von den 232 Bauaufträgen konnten 207 pünktlich fertiggestellt werden. Von den Bauherren kamen noch 19 Reklamationen wegen mangelhafter Ausführung.

34 Berechnung und Beurteilung von Kennzahlen der Balanced Scorecard

Die Regensburger Kunststoffformer AG verwendet das BSC-Kennzahlensystem und ist insbesondere mit den Ergebnissen der Mitarbeiterperspektive unzufrieden, da die Fehlzeiten mit zurzeit durchschnittlich 17 Tagen und die Fluktuationsrate mit 8 % sehr hoch sind.

Aufgaben:

1. Berechnen Sie die Fehlzeitenquote bei 223 Arbeitstagen im untersuchten Jahr!
2. Beschreiben Sie den Zusammenhang zwischen den genannten Kennzahlen und der Mitarbeiterzufriedenheit insgesamt!
3. Erläutern Sie, inwiefern durch die Abwanderung von Arbeitskräften Humankapital verloren geht!
4. Schlagen Sie Maßnahmen für die Verbesserung der Mitarbeiterbindung an das Unternehmen vor!
5. Eine Befragung der Fachkräfte in der Fertigung hat ergeben, dass sie die Tätigkeit mit der Zeit recht langweilig finden. Unterbreiten Sie Lösungsvorschläge, durch welche Veränderungen man die Motivation und Arbeitszufriedenheit der Beschäftigten verbessern könnte!

35 Umsetzung einer Strategie mithilfe der Balanced Scorecard[1]

Die Geschäftsführung der Designermöbel AG hat in den vergangenen Monaten entschieden, sich künftig auf hochwertige Avantgarde-Möbel[2] zu spezialisieren.

Als geeignetes Instrument zur Umsetzung dieser strategischen Neuausrichtung wird das Kennzahlensystem der Balanced Scorecard gewählt. Die Ausformulierung der strategischen Zielausrichtung erfolgt in mehreren Workshops und führt zu dem Unternehmensleitbild (der Mission): „Avantgarde-Möbel, um die man Sie beneiden wird".

Als Unternehmensleitziel (Vision) einigte man sich auf den Slogan: „Wir wollen die Nr. 1 für innovative Möbel in Deutschland sein!"

Um die Vision in konkretes Handeln umzusetzen, müssen strategische Aktionen folgen. Jede Investition, jede Entwicklung von Potenzialen kostet Geld, benötigt Zeit. Deshalb sollen alle Mitarbeiterinnen und Mitarbeiter auf die (neuen) Zielsetzungen „eingeschworen" werden, damit es zu einem gemeinsamen, zielgerichteten Handeln kommt. Diese strategische Neuorientierung wird auch deshalb für wichtig erachtet, weil die Hausbank angesichts der allgemein besorgniserregenden Situation in der Möbelbranche und der bevorstehenden Investitionen Informationen haben möchte, die weit über Quartalszahlen hinausgehen.

Die Notwendigkeit eines eher strategischen Berichtswesens wird deutlich. Um allen Mitarbeiterinnen und Mitarbeitern des Unternehmens ständig vor Augen führen zu können, ob der eingeschlagene Weg erfolgreich ist, sollen aussagekräftige Kennziffern gebildet werden!

Aufgaben:

1. Beurteilen Sie die Spezialisierungsstrategie!
2. Erklären Sie, wieso die Hausbank mit einer klassischen Amortisationsrechnung für die bevorstehenden Investitionen nicht zufrieden ist!

---

1 Zur Idee für diese Aufgabe vgl. http://www.dauestrasse-rinteln.de.

2 **Avantgarde** (fr.): Vorkämpfer einer Idee oder Richtung.

3. Konkretisieren Sie das Leitziel, indem Sie für die verschiedenen Perspektiven einer Balanced Scorecard mögliche Maßnahmen und geeignete Kennzahlen für das operative Controlling benennen.

Perspektive	Maßnahme	Kennzahl

4. Die am meisten zukunftsorientierte Perspektive in Bezug auf die Spezialisierung auf Avantgarde-Möbel ist die Mitarbeiterperspektive. Insbesondere die Mitarbeiter an der Basis, die direkt mit den Kunden und den internen Prozessen zu tun haben, sollen befähigt werden, Ideen und Anregungen zur Verbesserung von Leistungen und Prozessen zu liefern. Hierfür müssen sie zielorientiert motiviert und ausgebildet sein. Sie müssen das Unternehmensleitbild/-leitziel und die strategischen Ansätze für ihren Verantwortungsbereich kennen, sonst arbeiten sie im leeren Raum.

   Darüber hinaus sollten die Mitarbeiter solche Arbeitsbedingungen vorfinden, in denen sie ihre Fähigkeiten so effektiv wie möglich im Unternehmen einbringen können. In diesem Kontext müssen auch die informationsverarbeitenden Prozesse auf zukünftige Erfordernisse ausgerichtet werden. „Wir müssen unsere Kollegen befähigen und ermuntern, sich um mehr Wissen zu kümmern, ihre Teamfähigkeit auszubauen und das Engagement für ihr Unternehmen noch weiter zu verbessern."

   4.1 Schlagen Sie konkrete Maßnahmen vor, die den obigen Forderungen gerecht werden!

   4.2 Beschreiben Sie für Ihre Aktionen geeignete Kennzahlen!

5. Zeigen Sie auf, dass die interne Prozessperspektive bei der Optimierung des Geschäftsprozesses von der Identifikation der Kundenwünsche bis zu ihrer tatsächlichen Befriedigung ein viel weitergehender Prozess ist, der die Kunden- und Lieferantenperspektiven einschließt!

6. Die Finanzperspektive verfolgt u. a. folgende operativen Ziele: EBIT 1 200 000,00 EUR; ROI 15 %.

   Nach der strategischen Neuorientierung der Designermöbel AG liegen folgende Werte aus Bilanz und GuV vor:

Anlagevermögen	6 200 000,00 EUR	Jahresüberschuss	840 000,00 EUR
Umlaufvermögen	2 700 000,00 EUR	Zinserträge	35 000,00 EUR
Eigenkapital	4 000 000,00 EUR	Fremdkapitalzinsen	265 000,00 EUR
Fremdkapital	4 900 000,00 EUR	Steuern vom Einkommen und Ertrag	248 700,00 EUR
Umsatzerlöse	11 000 000,00 EUR		

   Aus der Kosten- und Leistungsrechnung liegen folgende Daten vor:

Fixe Kosten	2 378 700,00 EUR
Variable Kosten	7 781 300,00 EUR

   6.1 Überprüfen Sie, ob die genannten Ziele erreicht wurden!

   6.2 Erläutern Sie zwei Möglichkeiten, den ROI zu verbessern!

2 Im Rahmen der flexiblen Plankostenrechnung auf Vollkostenbasis Abweichungen ermitteln und analysieren

LB 2 Handlungssituation 2: Durch Soll-Ist-Vergleich unwirtschaftliches Handeln aufdecken und die Verantwortlichen benennen

Die Augsburger Büromöbel AG arbeitet bei der Vorgabe der Kostenstellenbudgets mit der flexiblen Plankostenrechnung auf Vollkostenbasis.

Nach der Ermittlung der Istkosten lt. BAB werden die entstandenen Abweichungen analysiert und notwendige Veränderungen diskutiert.

In der Kostenstelle Endmontage galten für den Monat März 20.. folgende Plankostenvorgaben:

Monat: März 20..	**Kostenstelle: Endmontage**		
Plan-Beschäftigung	470 Stunden		
Kostenart	Plankosten fix	Plankosten variabel	Plankosten gesamt
Gemeinkostenlöhne	88 000	52 000	140 000
Lohnnebenkosten	70 400	41 600	112 000
Energiekosten	2 000	12 800	14 800
Instandhaltungskosten	10 000	12 000	22 000
Kalk. Abschreibung	72 000	0	72 000
Kalk. Zinsen	24 000	0	24 000
Summe	**266 400**	**118 400**	**384 800**

Ende März 20.. ergeben sich lt. BAB nun folgende Istkosten:

Monat: März 20..	**Kostenstelle: Endmontage**
Ist-Beschäftigung	423 Stunden
Kostenart	Istkosten lt. BAB
Gemeinkostenlöhne	136 000
Lohnnebenkosten	112 000
Energiekosten	12 000
Instandhaltungskosten	24 600
Kalk. Abschreibung	72 000
Kalk. Zinsen	24 000
Summe	**380 600**

8 Kaier, Speth, Hug - ISBN 978-3-8120-0662-0

Kompetenzorientierte Arbeitsaufträge:

1. Berechnen Sie die Sollkosten je Kostenart und insgesamt und ermitteln Sie jeweils die Verbrauchsabweichungen!
2. Ermitteln Sie den Plankostenverrechnungssatz je Stunde und die insgesamt verrechneten Plankosten!
3. Bestimmen Sie die Beschäftigungs- und die Gesamtabweichung!
4. Stellen Sie die verschiedenen Gesamtkosten sowie die Kostenabweichungen grafisch dar!
5. Begründen Sie, für welche Abweichungen der Leiter der Kostenstelle verantwortlich ist!

2.1 Begriffbestimmungen zur Plankostenrechnung

(1) Begriff Plankostenrechnung

Die **Plankostenrechung** legt verbindliche

- **Leistungsvorgaben** (z.B. geplante Umsatzerlöse, Eigenleistungen) sowie
- **Kostenvorgaben** (z.B. für Fertigungsmaterial, Gemeinkostenmaterial)

für eine **bestimmte Planungsperiode** fest.

Die **wertmäßige** Festlegung der Leistungs- und Kostenvorgaben erfolgt zu **Planpreisen** bzw. **Plankosten.**

(2) Planpreise

Planpreise werden vor allem für **Produktionsfaktoren** gebildet, die

- in klar **bestimmbaren Mengen** benötigt werden,
- regelmäßig in bestimmten Mengen von **außen bezogen** werden und
- betragsmäßig derart von Bedeutung sind, dass **Preisschwankungen die betriebliche Kostensituation** stören würden.

Planpreise gelten in der Regel für den **gesamten Planungszeitraum** (z.B. ein Jahr) und richten sich in etwa an den **Durchschnittspreisen** aus, die am Markt zu erwarten sind. Sie müssen ständig mit den tatsächlich gezahlten Preisen verglichen werden, um Preisabweichungen feststellen zu können.

Planpreise sind **Verrechnungspreise**, die sich an der Entwicklung der Marktpreise orientieren. Sie gelten in der Regel für den **gesamten Planungszeitraum.**

(3) Plankosten

Plankosten sind Kosten, bei denen sowohl die **Preise** als auch die **Verbrauchsmengen** für eine **geplante Ausbringungsmenge (Planbeschäftigung)** vorgegeben werden.

Plankosten = Planverbrauchsmenge · Planpreis + Fixkosten

Die **Planverbrauchsmenge (Planbeschäftigung)** wird auf **technischer Grundlage,** z.B. durch die Konstrukteure, Betriebstechniker, Kostenrechner ermittelt.

Plankosten gehen aus der betrieblichen Planung hervor. Es handelt sich um planmäßige Kosten, die bei wirtschaftlicher Durchführung der Produktion anfallen. Plankosten stellen das **Ziel** dar, das erreicht und wenn möglich unterschritten werden soll. Plankosten haben **Vorgabecharakter.**

Plankosten sind die in Zukunft zu **erwartenden Kosten.** Sie werden aufgrund sorgfältiger Analysen in Zusammenarbeit mit Konstrukteuren und Kostenrechnern vorausberechnet.

2.2 Aufbau, Ablauf und Aufgaben der Plankostenrechnung

2.2.1 Aufbau und Ablauf der Plankostenrechnung

Der grundsätzliche **Aufbau der Plankostenrechnung** in **Kostenarten-, Kostenstellen-** und **Kostenträgerrechnung** ist den anderen Kostenrechnungssystemen ähnlich. Als neue Elemente kommen in der Plankostenrechnung noch die **Kostenplanung** und die **Kostenkontrolle** hinzu.

Der **Ablauf einer Plankostenrechnung** vollzieht sich im Wesentlichen in folgenden Schritten:

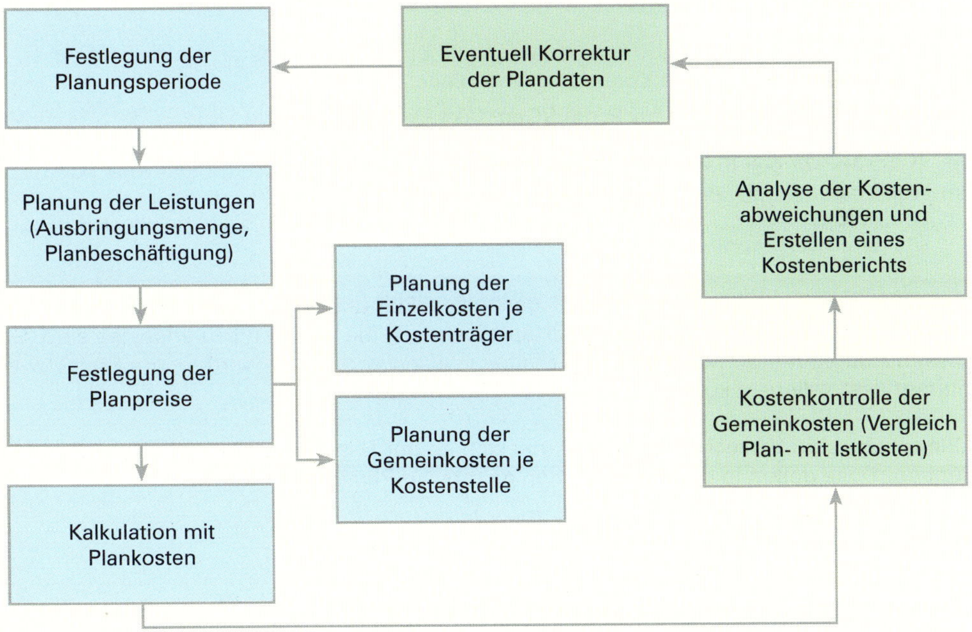

2.2.2 Aufgaben der Plankostenrechnung

Kalkulation der betrieblichen Leistungen	■ Festlegung der **Plangrößen** für jede Kostenstelle bei **vorgegebener Planbeschäftigung** (z. B. Produktions- und Maschinenstunden, Ausbringungsmenge). ■ Bestimmen der **Verbrauchsmengen** und **Verbrauchszeiten** für jede Kostenart. ■ Festlegen der **Plankosten für jede Kostenart** mithilfe von Planpreisen.
Kontrolle der Wirtschaftlichkeit	■ Kostenkontrolle durch Gegenüberstellen der Plankosten mit den tatsächlich angefallenen Istkosten **(Soll-Ist-Vergleich)**. ■ Ermitteln der **Abweichungen** zwischen Plan- und Istkosten.
Bereitstellen von Daten für Unternehmensentscheidungen	Die **Abweichungsanalyse** liefert wertvolle Ansatzpunkte zur Steigerung der Wirtschaftlichkeit, sodass die Plankosten zu einem wirksamen zukunftsorientierten **Steuerungs- und Planungsinstrument der Unternehmensführung** wird.

2.3 Kostenartenrechnung als Planungsrechnung

2.3.1 Planung der Einzelkosten

(1) Plan-Fertigungsmaterial

Einzelkosten sind dem Kostenträger direkt zurechenbar. Einzelkosten werden daher auch in der Plankostenrechnung je Kostenträger geplant. Allerdings verläuft der Verrechnungsweg hier in umgekehrter Richtung wie bei der Istkostenrechnung. Während bei der Istkostenrechnung die angefallenen Materialeinzelkosten den Kostenträgern zugerechnet werden, müssen bei der Plankostenrechnung die zu erwartenden Materialeinzelkosten von den geplanten Leistungen her abgeleitet werden.

Beispiel:

Für die Herstellung eines Produktes in der Maschinenfabrik Kromer GmbH liegen für die Einzelmaterialien folgende Angaben vor:

Einzelmaterialart	Netto-Plan-Einzelmaterialmenge	Plan-Abfallmenge in % der Brutto-Planmenge	Planpreis EUR/ME
A	124,80 kg	4 %	1,50
B	399,75 kg	2,5 %	1,70
C	5 Stück	–	9,00

Von dem Produkt werden 800 Stück hergestellt.

Aufgabe:

Berechnen Sie die Brutto-Plan-Materialkosten!

Lösung:

Einzelmaterialart	Brutto-Plan-Einzelmaterialmenge	Planpreis EUR/ME	Brutto-Plan-Einzelmaterialkosten
A	130 kg[1]	1,50	195,00
B	410 kg	1,70	697,00
C	5 Stück	9,00	45,00

Gesamte Brutto-Plan-Einzelmaterialkosten 937,00

Brutto-Plan-Materialkosten: 937,00 EUR · 800 Stück = 749600,00 EUR

(2) Plan-Lohneinzelkosten

Zur Planung der Lohneinzelkosten ist zunächst für jede Kostenträgereinheit die erforderliche Plan-Arbeitszeit zu ermitteln. Dies erfolgt in der Regel für alle Arbeitsvorgänge mittels Arbeitszeitstudien, wobei von Normalleistungen auszugehen ist. Durch Multiplikation der Plan-Arbeitszeit mit den Plan-Lohnsätzen werden dann die Plan-Lohneinzelkosten für die Kostenträgereinheit bestimmt.

Plan-Lohneinzelkosten = Plan-Arbeitszeit · Plan-Lohnsatz

Beispiel:

Eine Maschinenfabrik fertigt für einen Autohersteller das Gussteil MLX. Die Arbeitszeitstudien ergeben folgende Zeitvorgaben je Gussteil: Rüstzeit 9,2 Min., Stückzeit: 14,8 Min. Der Plan-Lohnsatz beträgt 54,00 EUR/Std. Planproduktionsmenge: 800 Stück.

Aufgaben:

1. Berechnen Sie die Auftragszeit zur Herstellung der 800 Stück!
2. Berechnen Sie die geplanten Lohnkosten je Fertigungsminute!
3. Berechnen Sie die Plankosten für die Fertigungslöhne!

Lösungen:

Zu 1.:

Rüstzeit	9,2 Min.
Ausführungszeit (14,8 Min. · 800 Stück)	11840,0 Min.
Auftragszeit	11849,2 Min.

Zu 2.:

Lohnkosten je Minute:

$$\frac{54{,}00 \text{ EUR}}{60 \text{ Min.}} = \underline{\underline{0{,}9 \text{ EUR/Min.}}}$$

Zu 3.:

Plankosten für Fertigungslöhne: 11849,2 Min. · 0,9 EUR/Min. = 10664,28 EUR

1 96 % ≙ 124,8 kg
100 % ≙ x kg
$x = \frac{124{,}80 \cdot 100}{96} = \underline{\underline{130 \text{ kg}}}$

2.3.2 Planung der Gemeinkosten

Im Rahmen der Kostenartenrechnung werden für jede Gemeinkostenart die Plankosten errechnet und anschließend für die einzelnen Kostenstellen festgelegt.

Beispiel: Kostenart: Hilfslöhne

Plankosten: 4 Aushilfskräfte, geplanter Lohn je Stunde 14,80 EUR; geplante Stundenzahl insgesamt 192 je Arbeitskraft
4 Aushilfskräfte · 14,80 EUR · 192 Std. = 11366,40 EUR

Um die **Plangemeinkosten bei unterschiedlichen Ausbringungsmengen** (Planbeschäftigungen, Beschäftigungsgraden) festlegen zu können, ist eine **Kostenauflösung**[1] in **fixe Kosten** und **variable Kosten** notwendig. Dadurch lassen sich die vorgeplanten Kosten „flexibilisieren", d. h., den Kostenstellen können Plankosten für unterschiedliche Beschäftigungsauslastungen vorgegeben werden **(flexible Plankostenrechnung).**

2.4 Kostenstellenrechnung als flexible Plankostenrechnung

Im Rahmen der Kostenstellenrechnung werden auf der Grundlage einer festgelegten Planbeschäftigung **(Basisplanbeschäftigung)** die Gemeinkosten in fixe und variable Kosten aufgegliedert. Damit wird erreicht, dass bei Beschäftigungsänderungen die variablen Gemeinkosten an die vom Plan abweichende Beschäftigung angepasst werden können, während die fixen Kosten in voller Höhe bestehen bleiben. Die Kostenstellenrechnung kann damit für jede Kostenstelle – auf der Basis der festgelegten Planbeschäftigung – einen **Kostenplan** (siehe Folgeseite) für einen bestimmten Planungszeitraum (z. B. einen Monat) bereitstellen.

Wird die Plan-Arbeitszeit für die jeweilige Kostenträgereinheit mit dem Plankostenverrechnungssatz Fertigung multipliziert, ergeben sich die **Plan-Fertigungskosten,** mit denen die Kostenstelle den Kostenträger belastet.

$$\text{Plankostenverrechnungssatz Fertigung} = \frac{\text{Plankosten}}{\text{Planbeschäftigung}}$$

$$\frac{33852{,}00\ \text{EUR}}{420\ \text{Std.}} = 80{,}60\ \text{EUR/Std.}$$

Beispiel:

Werden für den Auftrag Aluminiumräder 140 Fertigungslohnstunden benötigt, so weist diese Kostenstelle dem Auftrag 11284,00 EUR (140 Std. · 80,60 EUR/Std.) zu.

- Der **Plankostenverrechnungssatz** gibt an, welcher Plankostenbetrag auf eine Beschäftigungseinheit (z. B. eine Arbeitsstunde) entfallen.
- Der Plankostenverrechnungssatz enthält sowohl fixe Kosten als auch variable Kosten. Er ist somit ein **Vollkostensatz** und die **flexible Plankostenrechnung** deshalb eine **Vollkostenrechnung.**

1 Auf die Verfahren der Kostenauflösung wird im Folgenden nicht eingegangen.

Beispiel:

Kostenplan – Heilmann GmbH				
Zeitraum: Mai	Kostenstellenbezeichnung: Fertigungskostenstelle 4010 F I		Kst.-Nr. 4010	Blatt: 1
Planbezugsgröße: 420 Fertigungsstunden		KSt-Leiter: Stellvertreter:		
Nr.	Kostenart	Plankosten EUR/Monat		
		ges.	prop.	fix
1	Fertigungseinzelkosten (-löhne)	16 044,00	16 044,00	0,00
2	5. Hilfslöhne	–	–	–
3	6. Gehälter	10 450,00	0,00	10 450,00
4	7. Sozialaufwendungen	2 200,00	0,00	2 200,00
5	8. Materialkosten	420,00	420,00	0,00
6	9. Fremdenergie	280,00	196,00	84,00
7	10. Fremdleistungskosten	600,00	600,00	0,00
8	11. Steuern, Beiträge	10,00	0,00	10,00
9	12. Versicherungen	75,00	0,00	75,00
10	13. Leasing, Miete	220,00	0,00	220,00
11	14. Werbung, Repräsentation	–	–	–
12	15. allg. Verwaltungskosten	310,00	124,00	186,00
13	16. kalkulatorische Abschreibungen	550,00	165,00	385,00
14	17. kalkulatorische Zinsen	380,00	0,00	380,00
15	18. kalkulatorische Wagniskosten	2 313,00	7,00	2 306,00
16	Σ Plangemeinkosten	17 808,00	1 512,00	16 296,00
Σ Plan-Fertigungskosten		33 852,00	17 556,00	16 296,00
Planbezugsgröße (Std.)		420	420	420
Plan-Gemeinkostenzuschlagssatz (EUR/Std.)		42,40	3,60	38,80
Plankostenverrechnungssatz Fertigung (EUR/Std.)		80,60	41,80	38,80

2.5 Kostenträgerrechnung (Zuschlagskalkulation)

Im Folgenden beschränken wir uns auf die Darstellung der Plankalkulation auf **Vollkostenbasis**.

Beispiel:

Die Heilmann GmbH fertigt für einen Auftrag 600 Aluminiumräder. Es wird mit folgenden Kosten geplant:

Materialeinzelkosten 29 400,00 EUR, Materialgemeinkosten 12 %, Plankostenverrechnungssatz Fertigung 80,60 EUR, Sondereinzelkosten der Fertigung 2 200,00 EUR, Verwaltungsgemeinkosten 14 %, Vertriebsgemeinkosten 6 %, Sondereinzelkosten des Vertriebs 850,00 EUR.

Aufgabe:

Berechnen Sie die Planselbstkosten des Auftrags!

Lösung:

	Fertigungsmaterial	29 400,00 EUR	
+	12 % MGK	3 528,00 EUR	
=	Planmaterialkosten		32 928,00 EUR
	Plan-Fertigungskosten 80,60 EUR · 600 Stück	48 360,00 EUR	
+	Sondereinzelkosten der Fertigung	2 200,00 EUR	50 560,00 EUR
=	Plan-Herstellkosten		83 488,00 EUR
+	14 % Verwaltungsgemeinkosten		11 688,32 EUR
+	6 % Vertriebsgemeinkosten		5 009,28 EUR
+	Sondereinzelkosten des Vertriebs		850,00 EUR
=	Planselbstkosten		101 035,60 EUR

2.6 Sollkosten

Der Plankostenverrechnungssatz enthält fixe und variable Kosten. Zieht man den Plankostenverrechnungssatz bei unterschiedlichen Beschäftigungsgraden zur Berechnung der Plangemeinkosten heran, so wird unterstellt, dass die fixen Kosten proportional zur Beschäftigungsänderung steigen oder fallen.

Verrechnete Plangemeinkosten = Plankostenverrechnungssatz · (Ist-)Beschäftigung

Die Annahme, dass die fixen Kosten proportional zur Beschäftigungsänderung verlaufen, ist falsch, da diese innerhalb bestimmter Kapazitätsgrenzen unverändert bleiben. Die Plangemeinkosten müssen daher bei unterschiedlichen Beschäftigungsgraden so berechnet werden, dass die **fixen Plangemeinkosten unverändert** bleiben und sich nur die **variablen Plangemeinkosten proportional** verändern. Diese Art der Berechnung berücksichtigen die **Sollkosten.** Die Sollkosten lassen sich mit folgender Gleichung berechnen:

$$\text{Sollkosten} = \frac{\text{variable Plangemeinkosten} \cdot \text{Istbeschäftigung}}{\text{Planbeschäftigung}} + \text{fixe Plangemeinkosten}$$

Über die Berechnung der Sollkosten werden die variablen Plangemeinkosten vom geplanten Beschäftigungsgrad auf den tatsächlichen Beschäftigungsgrad umgerechnet, wobei die fixen Plangemeinkosten in voller Höhe erhalten bleiben.

!

- Nur bei einer einzigen Beschäftigung – der **Basisplanbeschäftigung** – stimmen die bei der Kalkulation berücksichtigten Kosten **(verrechnete Plangemeinkosten)** mit den Kostenvorgaben der Kostenstelle **(Sollkosten)** überein.
- Ist die **tatsächliche Auslastung** der Kostenstelle (Istbeschäftigung) **geringer als die Basisplanbeschäftigung,** so liegen die verrechneten Plankosten **unter** den Sollkosten. Damit werden **zu wenig** fixe Kosten verrechnet.
- Ist die **tatsächliche Auslastung** der Kostenstelle **höher als die Basisplanbeschäftigung,** liegen die verrechneten Plankosten **über** den Sollkosten. Damit werden zu viele fixe Kosten verrechnet.

Fortsetzung des Beispiels von S. 119

Bei einer Planbeschäftigung von 420 Stunden/Monat betragen die variablen Plangemeinkosten 17 556,00 EUR und die fixen Plangemeinkosten 16 296,00 EUR. Der Plankostenverrechnungssatz beträgt 80,60 EUR.

Aufgabe:

Stellen Sie die verrechneten Plangemeinkosten und die Sollkosten grafisch dar und kennzeichnen Sie die zu viel bzw. zu wenig verrechneten Fixkosten!

Lösung:

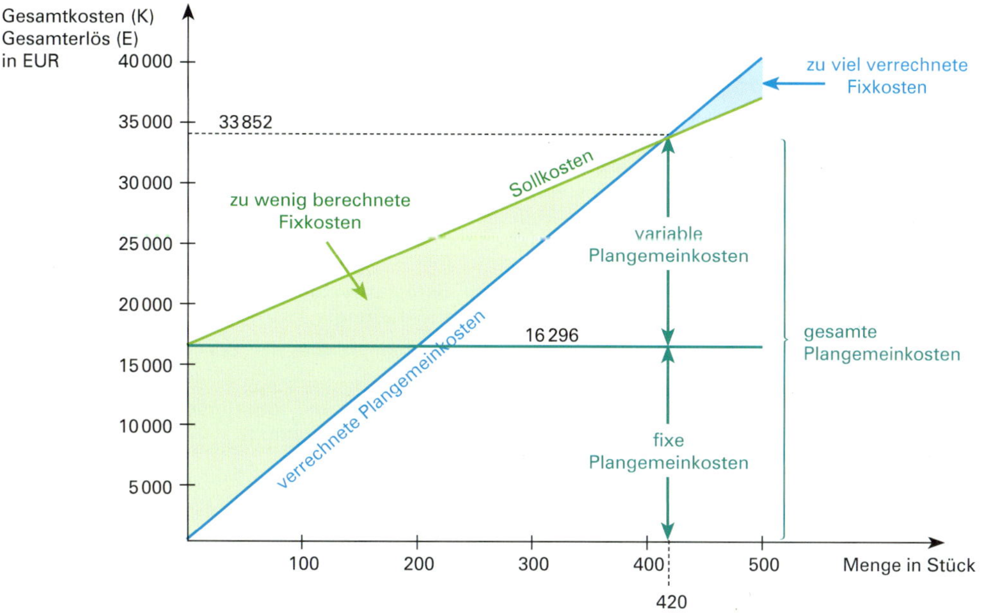

2.7 Soll-Ist-Kostenvergleich (Kostenkontrolle)

(1) Kostenabweichungen

Abweichungen von den Kostenvorgaben können auftreten als Preisabweichungen, Verbrauchsabweichungen (Mengenabweichung) und Beschäftigungsabweichungen.

Preisabweichungen	Sie treten auf, wenn Planpreis und tatsächlich gezahlter Preis nicht übereinstimmen.[1] Um Preisabweichungen aus dem Soll-Ist-Kostenvergleich fernzuhalten, werden den Istkosten der Abrechnungsperiode die **gleichen Verrechnungspreise** zugrunde gelegt wie den Sollkosten.
Beschäftigungsabweichungen	Sie entstehen immer dann, wenn die Istbeschäftigung von der Planbeschäftigung abweicht. Durch den **Vergleich der verrechneten Plangemeinkosten** mit den **Sollkosten bei Istbeschäftigung** (siehe S. 122) lassen sich die Beschäftigungsabweichungen ermitteln und aus der Kostenkontrolle heraushalten.

1 Aufgrund des Lehrplans wird auf Preisabweichungen nicht eingegangen.

Verbrauchsabweichungen	Sie zeigen an, inwieweit die tatsächlich verbrauchte Gemeinkostengütermenge mit der geplanten Verbrauchsmenge übereinstimmt. Die in den Kostenstellen ausgewiesenen Verbrauchsabweichungen stellen den Maßstab für die Wirtschaftlichkeitskontrolle dar. Deshalb besteht der eigentliche Zweck der flexiblen Plankostenrechnung in der Ermittlung der Verbrauchsabweichungen. Ein Mehrverbrauch an Gemeinkostengütern ist von den Kostenstellenleitern zu verantworten.

(2) Berechnung der Beschäftigungs- und Verbrauchsabweichung

Beispiel:

In der Kostenstelle „Fräserei" der Metallwaren Willmuth GmbH wird die Basisplanbeschäftigung mit 7000 Stunden vorgegeben. Bei dieser Beschäftigung werden Gesamtkosten in Höhe von 21000,00 EUR erwartet. Die Beurteilung dieser Kosten ergibt einen Fixkostenanteil von 7000,00 EUR sowie einen Anteil variabler Kosten in Höhe von 14000,00 EUR.

Bei der Aufstellung des BABs der Metallwaren Willmuth GmbH für den Monat Februar wurden die tatsächlichen Kosten (Istkosten) der Kostenstelle Fräserei mit 12000,00 EUR ermittelt. Die Kostenstelle wurde im Abrechnungszeitraum 5000 Stunden (Istbeschäftigung) beansprucht.

Aufgaben:

1. Berechnen Sie die Plankosten und den Plankostenverrechnungssatz!
2. Berechnen Sie die Gesamtabweichung der Istkosten von den verrechneten Plankosten!
3. Berechnen Sie die Sollkosten bei Istbeschäftigung!
4. Berechnen Sie die Beschäftigungsabweichung!
5. Berechnen und interpretieren Sie die Verbrauchsabweichung!

Lösungen:

Zu 1.: Berechnung der Plankosten bei Basisplanbeschäftigung

Im Beispiel ergeben sich variable Stückkosten in Höhe von 2,00 EUR/Stunde (14000,00 EUR/7000 Stunden)

Plankosten = 2,00 · 7000 + 7000,00 = 21000,00 EUR

$$\text{Plankostenverrechnungssatz} = \frac{21\,000{,}00\text{ EUR}}{7000\text{ Std.}} = 3{,}00\text{ EUR/Std.}$$

Zu 2.: Um eine Kontrolle der Kostenstelle vornehmen zu können, muss zunächst einmal die **Gesamtabweichung** der **Istkosten** von den **verrechneten Plankosten** ermittelt werden:

verrechnete Plankosten bei Istbeschäftigung ($Kp_{(i)}$) (3,00 EUR/Std. · 5000 Std.)	15000,00 EUR
– Istkosten lt. BAB ($K_{(i)}$)	12000,00 EUR
= Gesamtabweichung (GA)	3000,00 EUR

Diese positive Gesamtabweichung bedeutet eine Verbesserung des Betriebsergebnisses gegenüber den Planüberlegungen, da den Kostenträgern bei der Vorkalkulation mehr Kosten belastet wurden als tatsächlich angefallen sind.

Zu 3.: Die Gesamtabweichung kann nichts über das Verhalten der Kostenstelle aussagen, da noch die Beschäftigungsabweichung zu berücksichtigen ist. Dazu benötigen wir zusätzlich die **Sollkosten** bei **Istbeschäftigung** ($KS_{(i)}$):

$KS_{(i)} = KF + k_v \cdot i$

$KS_{(i)} = 7000{,}00\text{ EUR} + 2{,}00\text{ EUR/Std.} \cdot 5000\text{ Std.}$

$KS_{(i)} = 17000{,}00\text{ EUR}$

Zu 4.: Wir erhalten die **Beschäftigungsabweichung,** indem wir die **Sollkosten bei Istbeschäftigung ($KS_{(i)}$)** von den bei der Istbeschäftigung **verrechneten Plankosten ($Kp_{(i)}$)** subtrahieren:

	verrechnete Plankosten bei Istbeschäftigung ($Kp_{(i)}$)	15 000,00 EUR
–	Sollkosten bei Istbeschäftigung ($KS_{(i)}$)	17 000,00 EUR
=	Beschäftigungsabweichung (BA)	– 2 000,00 EUR

Diese negative Beschäftigungsabweichung sagt aus, dass wegen der Unterschreitung der Basisplanbeschäftigung Fixkosten in Höhe von 2 000,00 EUR bei der Kalkulation nicht berücksichtigt werden konnten. Diese Abweichung kann nicht dem Leiter der Kostenstelle angelastet werden.

Zu 5.: Der Kostenstellenleiter hat lediglich die **Verbrauchsabweichung** zu verantworten, die sich als Differenz zwischen den **Sollkosten bei Istbeschäftigung ($KS_{(i)}$)** und den **Istkosten lt. BAB ($K_{(i)}$)** ergibt:

	Sollkosten bei Istbeschäftigung ($KS_{(i)}$)	17 000,00 EUR
–	Istkosten lt. BAB ($K_{(i)}$)	12 000,00 EUR
=	Verbrauchsabweichung (VA)	5 000,00 EUR

Diese positive Verbrauchsabweichung besagt, dass die tatsächlich angefallenen Kosten unter den für die Kostenstelle geplanten Kosten liegen. Die Kostenstelle hat also durch verantwortlichen Verbrauch eine echte Kosteneinsparung erzielt. Mit anderen Worten, der Kostenstellenleiter hat sein vorgegebenes Kostenbudget um 5 000,00 EUR unterschritten.

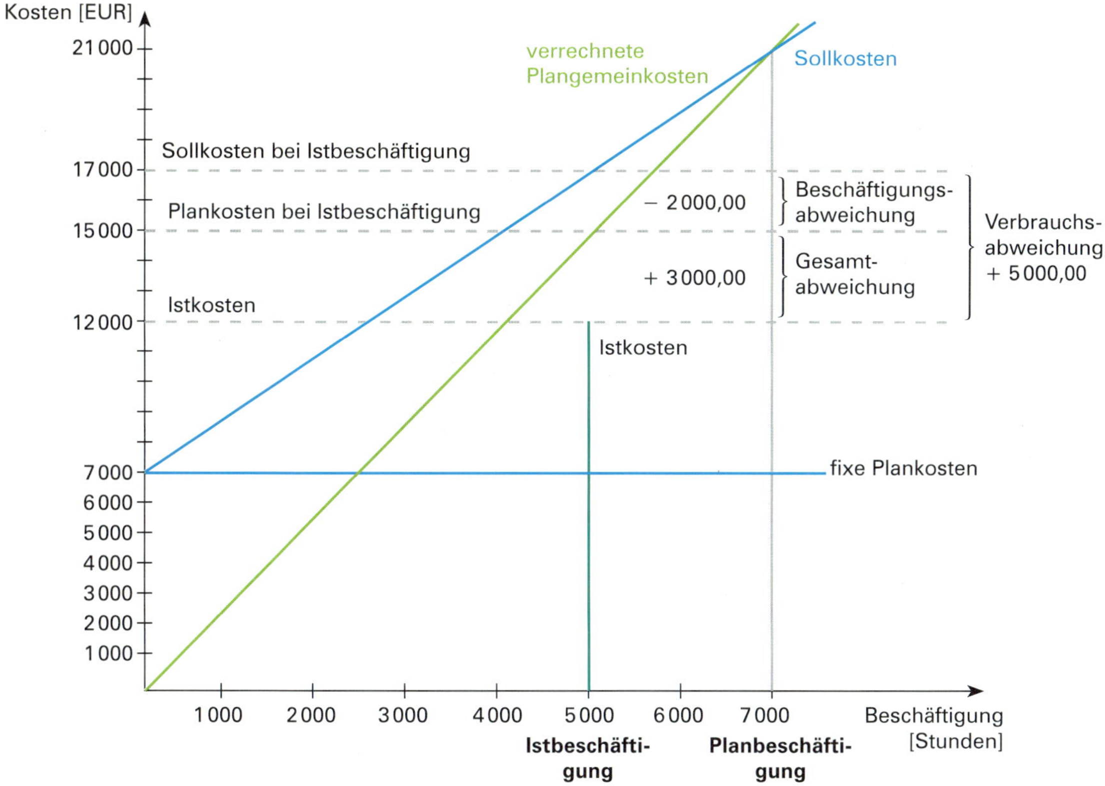

Durch die Aufspaltung der Sollkosten in fixe und variable Bestandteile wird die Beschäftigungsabweichung beim Soll-Ist-Vergleich zunächst herausgehalten. Durch den Trick der Proportionalisierung der fixen Bestandteile bei der Ermittlung der verrechneten Plankosten lassen sich dann die Beschäftigungsabweichungen ermitteln.

Wichtige Begriffe der Plankostenrechnung	
Basisplanbeschäftigung (Bpb):	Auslastung der Kostenstelle, die bei der Kostenplanung als Vorgabe angenommen wird.
Istbeschäftigung (i):	Tatsächliche Auslastung der Kostenstelle in einem Abrechnungszeitraum.
Sollkosten (KS):	Kostenvorgabe für unterschiedliche Beschäftigungsgrade auf der Basis einer linearen Kostenfunktion.
Plankostenverrechnungssatz (PkVs):	Faktor, mit dem der Beschäftigungsgrad zu multiplizieren ist, um die den Kostenträgern zuzurechnenden Kosten zu ermitteln.
verrechnete Plankosten (Kp):	Kosten, die im Rahmen der Vorkalkulation auf die Kostenträger umgelegt wurden.
Istkosten ($K_{(i)}$):	Kosten, die der Kostenstelle aufgrund des Betriebsabrechnungsbogens zuzurechnen sind.
Beschäftigungsabweichung (BA): **positive BA:** **negative BA:**	Differenz zwischen verrechneten Plankosten bei Istbeschäftigung und Sollkosten, die nicht vom Kostenstellenleiter zu vertreten ist. Sie gibt an, inwieweit die Fixkosten bei der Kalkulation berücksichtigt wurden. ≙ Überdeckung der Fixkosten ≙ Unterdeckung der Fixkosten
Verbrauchsabweichung (VA): **positive VA:** **negative VA:**	Differenz zwischen Sollkosten und Istkosten. Werden Preisabweichungen ausgeschlossen, so hat der Kostenstellenleiter diese Abweichung zu vertreten. ≙ tatsächliche Kosten liegen unter der Kostenvorgabe. ≙ tatsächliche Kosten liegen über der Kostenvorgabe.
Gesamtabweichung (GA): **positive GA:** **negative GA:**	Summe aus Beschäftigungs- und Verbrauchsabweichung oder Differenz zwischen verrechneten Plankosten bei Istbeschäftigung und Istkosten. Betriebsergebnis ist höher als geplant, da den Kostenträgern mehr Kosten belastet wurden, als aufgrund der Betriebsabrechnung notwendig gewesen wäre. Betriebsergebnis ist niedriger als geplant, da den Kostenträgern weniger Kosten belastet wurden, als aufgrund der Betriebsabrechnung notwendig gewesen wäre.

Zusammenfassung

- Die **flexible Plankostenrechnung** auf Vollkostenbasis ist ein Instrument zur **Planung und Kontrolle der Kosten** der Kostenstellen unter Berücksichtigung der **Istbeschäftigung.**
- Der **Vergleich von Soll- und Istkosten** verdeutlicht die **Verbrauchsabweichungen,** welche der Kostenstellenleiter zu verantworten hat.
- Der **Vergleich von verrechneten** (proportionalisierten) **Plankosten und Sollkosten** macht die **Beschäftigungsabweichung** deutlich, die der Kostenstellenleiter nicht zu verantworten hat.
- Verbrauchs- und Beschäftigungsabweichung ergeben die **Gesamtabweichung** der Rechnungsperiode.

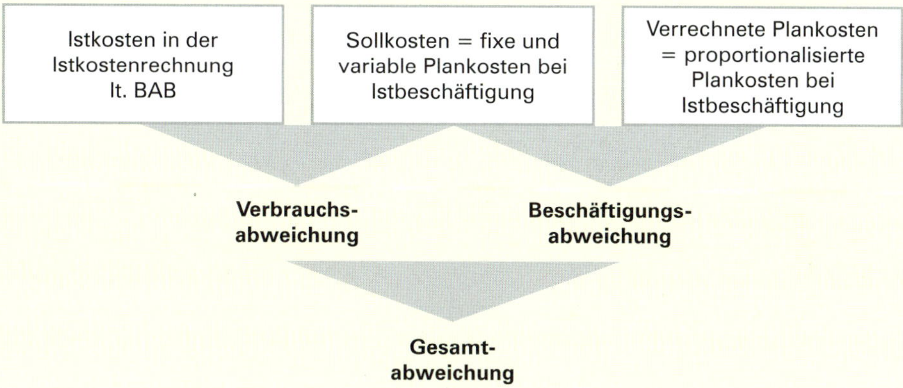

Kompetenztraining

36 Stoffvertiefung Plankostenrechnung

1. Beschreiben Sie die Unterschiede zwischen der Plankostenrechnung und der Istkostenrechnung!
2. Stellen Sie dar, welche Aufgaben (Funktionen) der Plankostenrechnung im Rahmen des Rechnungswesens zugeschrieben werden können!
3. Erklären Sie, welche Arten von Kostenabweichungen der Kostenstellenleiter bei der Kontrolle der Istkosten mithilfe der Plankosten nicht zu verantworten hat!
4. Begründen Sie, warum auch im Bereich der Plankostenrechnung eine Aufteilung der Kosten in fixe und variable Kosten erforderlich ist!
5. Geben Sie die einzelnen Rechenschritte an, die bei der Ermittlung der Beschäftigungsabweichung vorzunehmen sind und erläutern Sie diese kurz!
6. Die Summe der variablen Plankosten wurde bei einer angenommenen Beschäftigung von 75 % mit 35 850,00 EUR errechnet.

   Die Istkosten betragen bei einer tatsächlichen Beschäftigung von 85 % 40 810,00 EUR.

   Aufgabe:

   Berechnen Sie die Kostenabweichung, für die der Kostenstellenleiter zur Verantwortung gezogen werden kann!

37 Ermittlung verschiedener Rechengrößen der Plankostenrechnung

1. Für die Kostenstelle Dreherei werden im Rahmen der Grundplanung für die Planbeschäftigung Plankosten in Höhe von 220 000,00 EUR vorgegeben, von denen 40 % fix sind. Bei einer Istbeschäftigung von 80 % der Planbeschäftigung fallen Kosten in Höhe von 192 200,00 EUR an.

   Aufgabe:

   Ermitteln Sie die Verbrauchsabweichung, die Beschäftigungsabweichung und die Gesamtabweichung!

2. Für die Kostenstelle Endmontage wird bei einer Basisplanbeschäftigung von 10 000 Produkteinheiten ein Plankostenverrechnungssatz von 3,00 EUR pro Produkteinheit ermittelt. Die fixen Kosten betragen 10 000,00 EUR. Die Istkosten belaufen sich bei einer Beschäftigung von 9 000 Produkteinheiten auf 29 000,00 EUR.

   Aufgabe:

   Ermitteln Sie die Verbrauchsabweichung, die Beschäftigungsabweichung und die Gesamtabweichung!

3. In einer Fabrik für Labormöbel wird ein Abflussrohr nach folgenden Planvorgaben kalkuliert:

   Fertigungsmaterial I 4,72 kg Verrechnungspreis 4,30 EUR/kg
   Fertigungsmaterial II 1,70 kg Verrechnungspreis 12,80 EUR/kg

   Materialgemeinkosten 8 %

   Fertigungsstelle I 0,50 Std./Stück, Plankostenverrechnungssatz 24,60 EUR
   Fertigungsstelle II 0,80 Std./Stück, Plankostenverrechnungssatz 17,70 EUR

   Verwaltungsgemeinkosten 12 %, Vertriebsgemeinkosten 18 %.

   Aufgabe:

   Berechnen Sie die Planselbstkosten für ein Abflussrohr!

4. In der Kostenstelle „Zuschneiden" mit drei gleichen Zuschneidemaschinen wurden bei einer Beschäftigung von 3 600 Stunden/Monat und 6 000 zugeschnittenen Metallteilen folgende Istkosten ermittelt:

Kostenart	Gesamtkosten	variable Kosten	fixe Kosten
Fertigungsmaterial	144 000,00 EUR	144 000,00 EUR	–
Gemeinkostenmaterial	55 200,00 EUR	36 000,00 EUR	19 200,00 EUR
Energie	38 400,00 EUR	28 800,00 EUR	9 600,00 EUR
Fertigungslöhne	220 800,00 EUR	220 800,00 EUR	–
Hilfslöhne	45 600,00 EUR	9 600,00 EUR	36 000,00 EUR
Soziale Abgaben	50 400,00 EUR	36 000,00 EUR	14 400,00 EUR
Abschreibungen	160 800,00 EUR	19 200,00 EUR	141 600,00 EUR
Sonstige Gemeinkosten	88 800,00 EUR	58 800,00 EUR	30 000,00 EUR

   Aufgaben:

   4.1 Bestimmen Sie die gesamten Plangemeinkosten bei einer Planbeschäftigung von 4 320 Stunden/Monat!

   4.2 Berechnen Sie den Plankostenverrechnungssatz!

   4.3 Berechnen Sie die Planselbstkosten für eine Zuschneideeinheit, wenn 8 % Materialgemeinkosten anfallen, die Produktionsdauer 0,2 Stunden/Einheit beträgt und 28 % Verwaltungs- und Vertriebskosten anfallen!

5. Bei der Grundplanung für eine Fertigungsstelle wird ermittelt, dass die Plankosten bei 100 %iger Kapazitätsauslastung von 8 000 Maschinenstunden im Monat 50 000,00 EUR betragen, davon sind 38 000,00 EUR variable Kosten. Die Basisplanbeschäftigung wird

für alternative Berechnungen mit 70 % Kapazitätsauslastung angesetzt. Die tatsächliche Maschinenauslastung der Fertigungsstelle beträgt 6400 Maschinenstunden, die Istkosten belaufen sich dabei auf 40 000,00 EUR.

Aufgabe:

Berechnen Sie die verrechneten Plankosten bei Istbeschäftigung, die Sollkosten bei Istbeschäftigung, die Beschäftigungsabweichung und die Verbrauchsabweichung!

6. Für eine Kostenstelle werden bei einer Basisplanbeschäftigung von 360 Einheiten Plankosten in Höhe von 41 400,00 EUR, davon 23 400,00 EUR variable Kosten, vorgegeben. Die tatsächliche Beschäftigung beträgt 300 Einheiten. Dabei werden 38 000,00 EUR Kosten verbraucht.

   Aufgabe:

   Ermitteln Sie für diese Kostenstelle die Verbrauchsabweichung, die Beschäftigungsabweichung und die Gesamtabweichung!

7. In einer Kostenstelle betragen die gesamten Plankosten für die Basisplanbeschäftigung 21 000,00 EUR. Darin sind 7 500,00 EUR Fixkosten enthalten. Die variablen Stückkosten betragen 9,00 EUR pro Einheit.

   Aufgaben:

   7.1 Ermitteln Sie die Basisplanbeschäftigung!

   7.2 Tatsächlich wurde eine Beschäftigung von 1 100 Stück erreicht. Dabei wurden 17 845,00 EUR Kosten verbraucht. Errechnen und interpretieren Sie:

   7.2.1 die Verbrauchsabweichung,

   7.2.2 die Beschäftigungsabweichung!

Lernbereich 3: Den Faktoreinsatz optimieren, Kosteneinflussgrößen unterscheiden und bei Änderung der Beschäftigung die optimale Anpassungsform ermitteln

1 Leistungsabhängige und leistungsunabhängige Produktionsfaktoren unterscheiden, Verbrauchsfunktionen erstellen und Kostenfunktionen ableiten

LB 3

Handlungssituation 1: Zusammenhänge im industriellen Fertigungsprozess mithilfe von Produktionsfaktoren, Verbrauchs- und Kostenfunktionen aufzeigen

Die Sport-Burr KG stellt in einer ihrer Produktionshallen Tennisbälle her, wobei eine Produktionsfunktion vom Typ B gilt. Die Kosten für die Betriebsmittel betragen unabhängig von der Produktionsmenge 250 000,00 EUR. Für jeden produzierten Tennisball entstehen Werkstoff- und Lohnkosten in Höhe von 2,35 EUR.

Kompetenzorientierte Arbeitsaufträge:

1. Erklären Sie, welche Konsequenzen eine Produktionsfunktion vom Typ B für den Faktoreinsatz hat!
2. Erläutern Sie, worin sich die beiden Kostenarten unterscheiden!
3. Ermitteln Sie die Produktionskosten je Stück (k), wenn die Sport-Burr KG
   3.1 100 000 Tennisbälle;
   3.2 2 000 000 Tennisbälle bei gleichbleibendem Betriebsmittelbestand produziert!
4. Erklären Sie die unterschiedliche Höhe der Stückkosten!
5. Die Fachliteratur spricht in diesem Zusammenhang vom „Gesetz der Massenproduktion".
   Recherchieren Sie den Sachverhalt und formulieren Sie die Gesetzmäßigkeit!
6. Arbeiten Sie heraus, welche Faktoren die Kosten für einen Tennisball beeinflussen können!

1.1 Die Produktionsfunktion

Die Produktionsfunktion beschreibt den **funktionalen** Zusammenhang **zwischen** der **hergestellten Gütermenge** (= Output) und der Menge der in den Produktionsprozess eingehenden **Produktionsfaktoren** (= Input).

Bei der limitationalen **Produktionsfunktion** – auch Produktionsfunktion vom **Typ B** genannt – sind die für die Herstellung der betrieblichen Leistung eingesetzten **Produktionsfaktoren** nicht austauschbar; sie müssen vielmehr **in einem ganz bestimmten Verhältnis** zueinander eingesetzt werden.

Beispiel:

Der Münchner Kurierdienst Blitz-Bike GmbH hat sich auf den Transport von Briefen und Paketen mit einem Gewicht zwischen 100 und 2000 Gramm im innerstädtischen Bereich mittels Fahrrad spezialisiert. Die Transportdienstleistung wird täglich zwischen 08:00 und 17:00 Uhr angeboten. Den Fahrern stellt das Unternehmen neben wetterfester Kleidung auch jeweils ein Spezialfahrrad zur Verfügung. Ein Fahrer schafft pro Arbeitstag im Durchschnitt die Abwicklung von ca. 25 Transportaufträgen.

Zur Produktion der Unternehmensleistung ist also der Einsatz beider Produktionsfaktoren – der Fahrer als Produktionsfaktor Arbeit sowie die Fahrräder als Produktionsfaktor Kapital – erforderlich. Dabei stehen diese beiden Faktoren in einem festen Verhältnis zueinander; pro Fahrer wird ein Fahrrad benötigt. Eine Substitution der Produktionsfaktoren ist nicht möglich. Will das Unternehmen seine „Ausbringungsmenge" von derzeit ca. 100 Transportleistungen ausweiten, so muss es neben weiteren Fahrern auch die gleiche Anzahl von zusätzlichen Fahrrädern anschaffen. Mit zunehmender Ausbringungsmenge kommt es zu einem **proportionalen** Anstieg der beiden Einsatzfaktoren.

Das Verhältnis zwischen den eingesetzten Produktionsfaktoren (Input in Form von Arbeit und Kapital) sowie den hergestellten Leistungen (Output in Form von Transportleistungen) verdeutlichen nachfolgende Tabelle und Abbildung.

Einsatz der Produktionsfaktoren (Arbeit und Kapital)	Ausbringungsmenge (Stück Transportleistungen)
1 Fahrer–1 Fahrrad	25
2 Fahrer–2 Fahrräder	50
3 Fahrer–3 Fahrräder	75
4 Fahrer–4 Fahrräder	100
5 Fahrer–5 Fahrräder	125
6 Fahrer–6 Fahrräder	150
7 Fahrer–7 Fahrräder	175
8 Fahrer–8 Fahrräder	200
⋮	⋮

9 Kaier, Speth, Hug - ISBN 978-3-8120-0662-0

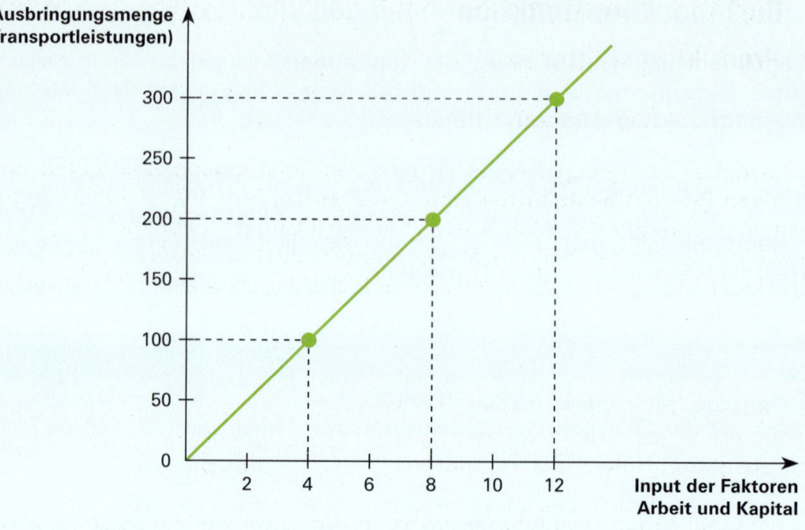

Abbildung: Verlauf der Produktionsfunktion vom Typ B

1.2 Kostenbegriff und allgemeine Kostenfunktion

(1) Kostenbegriff

Unter Kosten versteht man den **in Geld bewerteten Verzehr von Produktionsfaktoren** zur **Erstellung** und zum **Absatz** betrieblicher Leistungen sowie der zur **Aufrechterhaltung** hierfür notwendigen Kapazitäten.

(2) Allgemeine Kostenfunktion

Der „Kostenverlauf" eines Unternehmens in Abhängigkeit von seinen produzierten Leistungen lässt sich mittels Kostenfunktion darstellen. Eine **Kostenfunktion** beschreibt das **Ursache-Wirkungs-Verhältnis** zwischen der **Ausbringungsmenge** (x) als **Ursache** und den aufzuwendenden **Kosten** des mit Marktpreisen bewerteten Verzehrs an Produktionsfaktoren als **Wirkung.**

Steigt also beispielsweise bei einem Automobilhersteller die Anzahl der pro Jahr hergestellten Fahrzeuge, so benötigt das Unternehmen u. a. entsprechend mehr Roh-, Hilfs- und Betriebsstoffe und es kommt – ceteris paribus – zu einer Kostensteigerung.

Allgemein gilt:

$$K = f(x)$$

1.3 Kosten von leistungsunabhängigen und leistungsabhängigen Produktionsfaktoren

1.3.1 Begriffe fixe und variable Kosten

Im industriellen Fertigungsprozess ist zwischen **leistungsunabhängigen und leistungsabhängigen Produktionsfaktoren** zu unterscheiden. Bei einer Veränderung der Ausbringungsmenge verändern sich die Kosten bei den leistungsunabhängigen Produktionsfaktoren nicht; die Kosten der leistungsabhängigen Produktionsfaktoren verändern sich jedoch. Es sind daher zwei Arten von Kosten zu unterscheiden: **die fixen und die variablen Kosten.**

(1) Fixe Kosten

Fixe Kosten (K_{fix}) sind Kosten, die sich bei Änderung der Ausbringungsmenge in ihrer **absoluten Höhe nicht verändern.**

Beispiele:

Miete, Gehälter der Angestellten, Abschreibungen, Versicherungsbeiträge, Grundsteuern.

Fixe Kosten fallen an, unabhängig davon, ob und wie viel ein Unternehmen produziert. Man nennt sie daher auch **Kosten der Betriebsbereitschaft.**

(2) Variable Kosten

Variable Kosten (K_v) sind die Kosten, die sich bei Änderung der Ausbringungsmenge in ihrer **absoluten Höhe verändern.**

Beispiele:

Leistungsabhängige Löhne, Verbrauch von Werkstoffen, Treibstoffen, Büromaterial, Versicherungsbeiträge, Reparaturen.

1.3.2 Kostenfunktion für die Berechnung der Gesamtkosten

Die Gesamtkosten (K) eines Unternehmens setzen sich zusammen aus den gesamten Fixkosten und den gesamten variablen Kosten:

$$K = K_{fix} + K_v$$

Die variablen Gesamtkosten werden berechnet: variable Kosten je Stück (k_v) · Stückzahl:

$$K_v = k_v \cdot x$$

Die Formel zur Berechnung der Gesamtkosten **(Kostenfunktion)** lautet:

$$K = K_{fix} + k_v \cdot x$$

1.3.3 Kostenverläufe bei fixen und variablen Kosten[1]

(1) Kostenverläufe bei fixen Kosten

■ Absolut fixe Kosten

Gesamtbetrachtung. Absolut fixe Kosten (K_{fix}) verändern sich von der Ausbringungsmenge 0 bis zur Kapazitätsgrenze nicht.

Beispiele:

Miete, Abschreibungen, Gehälter.

1 Aufgrund des Lehrplans werden die Kostenverläufe an dieser Stelle behandelt. Die Darstellung trägt wiederholenden Charakter (vgl. Band 1, Merkurbuch 0659) und dient dazu, den Lerninhalt nachhaltig zu festigen.

Stückbetrachtung. Bezieht man die angefallenen Fixkosten auf ein einzelnes Stück (k_{fix}) und untersucht, wie sich deren Höhe bei unterschiedlicher Ausbringungsmenge ändert, so ergibt sich folgender Zusammenhang:

Erhöht man die Ausbringungsmenge (der Beschäftigungsgrad nimmt zu), dann verteilt sich der konstant hohe Block an Fixkosten auf eine größere Ausbringungsmenge, d.h., die Fixkosten pro Stück sinken **(Fixkostendegression).** Eine sinkende Ausbringungsmenge hat die entsprechend umgekehrte Wirkung.

$$\text{Fixkosten je Leistungseinheit } (k_{fix}) = \frac{\text{Fixkosten der Periode } (K_{fix})}{\text{Ausbringungsmenge}}$$

Beispiel: Fixkosten

Erzeugte Menge in Stück	Gesamtbetrachtung in EUR	Stückbetrachtung in EUR
10 000	60 000,00	6,00
20 000	60 000,00	3,00
30 000	60 000,00	2,00

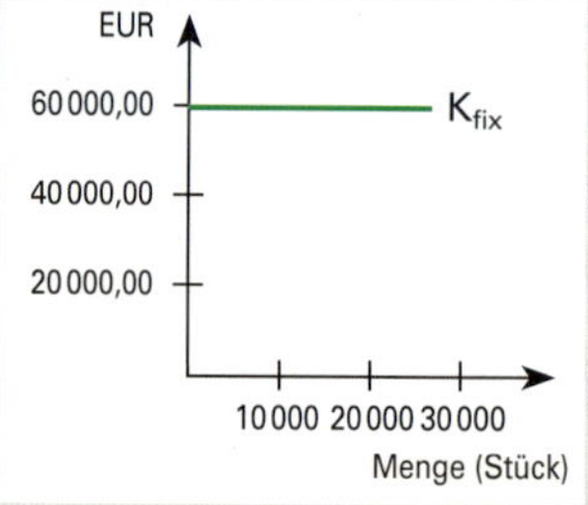

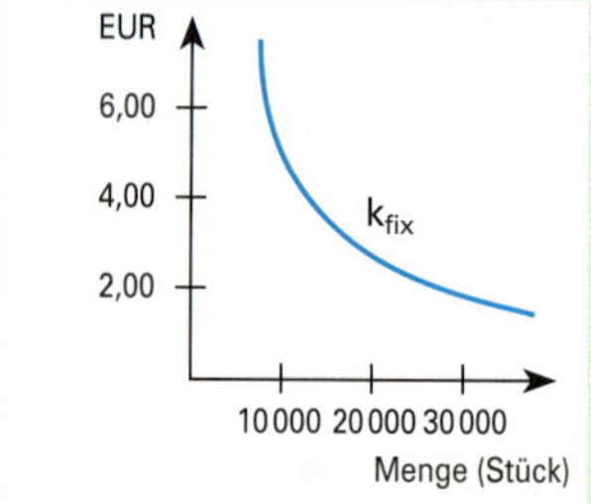

Schlussfolgerung: Ausbringungsmenge und Fixkosten pro Stück verlaufen zueinander in entgegengesetzter Richtung. Der in der rechten Abbildung dargestellte typische Verlauf der Stückkostenkurve basiert auf dem **„Gesetz der Massenproduktion"** (auch „Bücher'sches Gesetz" genannt) und ist insbesondere in der industriellen Massenfertigung zu beobachten.

(2) Kostenverläufe bei variablen Kosten

Hinweis:

- Die Kostenveränderung kann im gleichen Verhältnis wie die Ausbringungsmenge **(proportionale Kosten),** in einem geringeren Verhältnis **(unterproportionale, degressive Kosten)** oder in einem stärkeren Verhältnis **(überproportionale, progressive Kosten)** erfolgen.
- Aus Vereinfachungsgründen werden nur die **proportional variablen Kosten** betrachtet. Im Folgenden wird daher nur der Begriff **variable Kosten** verwendet.

Gesamtbetrachtung. Die variablen Kosten (K_v) verändern sich im gleichen Verhältnis wie die Ausbringungsmenge.

Stückbetrachtung. Bezieht man die Summe der variablen Kosten einer Periode auf eine Leistungseinheit (k_v), dann ist der Anteil, der auf eine Leistungseinheit entfällt, bei jeder Ausbringungsmenge gleich hoch.

Beispiele:

Leistungsabhängige Löhne, Verbrauch von Werkstoffen, Treibstoffen, Büromaterial, Versicherungsbeiträge, Reparaturen.

$$\text{Variable Kosten je Leistungseinheit } (k_v) = \frac{\text{Summe der variablen Kosten } (K_v)}{\text{Ausbringungsmenge}}$$

Beispiel: variable Kosten (mit proportionalem Verlauf)

Erzeugte Menge in Stück	Gesamtbetrachtung in EUR	Stückbetrachtung in EUR
10 000	50 000,00	5,00
20 000	100 000,00	5,00
30 000	150 000,00	5,00

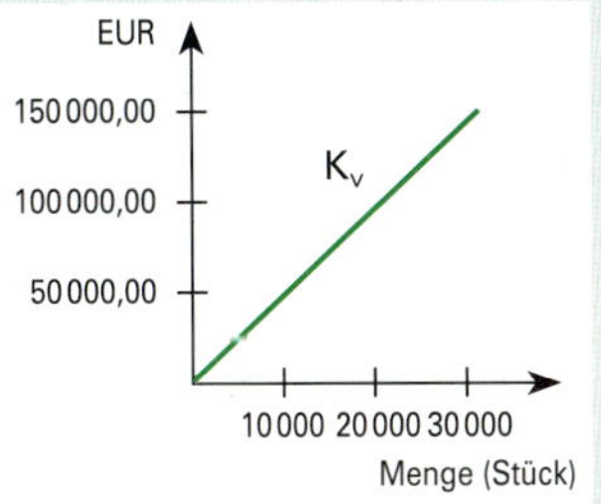

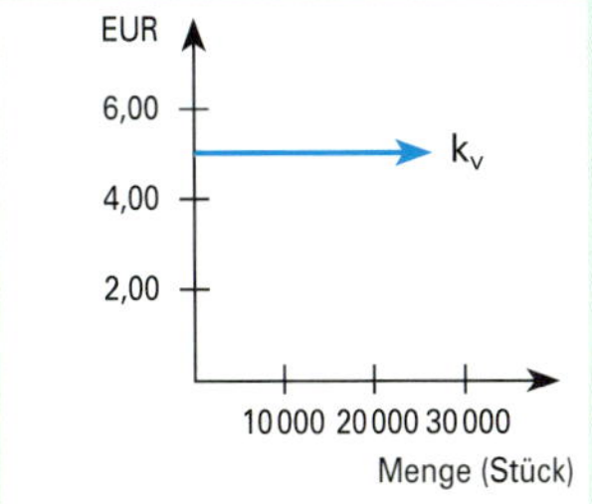

- In der Gesamtbetrachtung verändern sich die variablen Kosten im gleichen Verhältnis wie die Ausbringungsmenge.
- Auf eine Leistungseinheit (z. B. auf ein Stück) bezogen, bleiben die variablen Kosten bei jeder Ausbringungsmenge gleich hoch (konstant).

(3) Gesamtkostenverlauf

Grundlegendes

Wird ein proportionaler Verlauf der variablen Kosten angenommen, steigen die Gesamtkosten mit jeder weiteren Einheit jeweils um die konstanten variablen Stückkosten. Sie geben die Steigung der Gesamtkostenkurve an. Da der Verlauf der Steigung konstant ist, verläuft die Gesamtkostenkurve linear.

- Die mit der Änderung (Zu- oder Abnahme) um eine Einheit verbundene Kostenänderung nennt man **Grenzkosten.** Sie kennzeichnen die Steigung der Gesamtkostenkurve.
- Bei linearem Verlauf der Gesamtkosten entsprechen die **Grenzkosten** den **variablen Kosten je Einheit.**

Die Gesamtkostenkurve hat ihren **Ursprung auf der Höhe der Fixkosten** und steigt mit zunehmender Ausbringungsmenge proportional an.

Grafische Darstellung der linearen Kostenfunktion

Gesamtkostenverlauf	Stückkostenverlauf
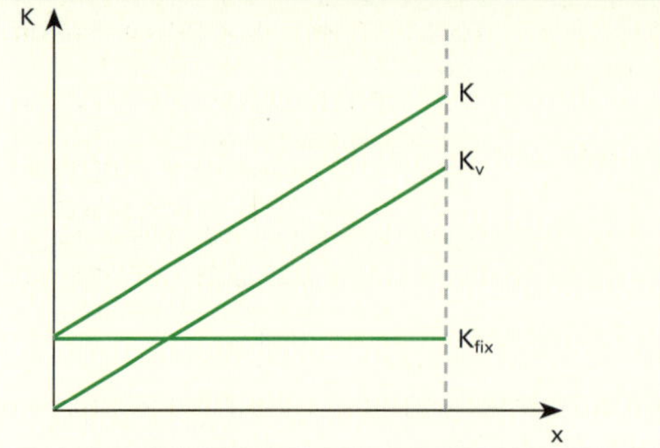	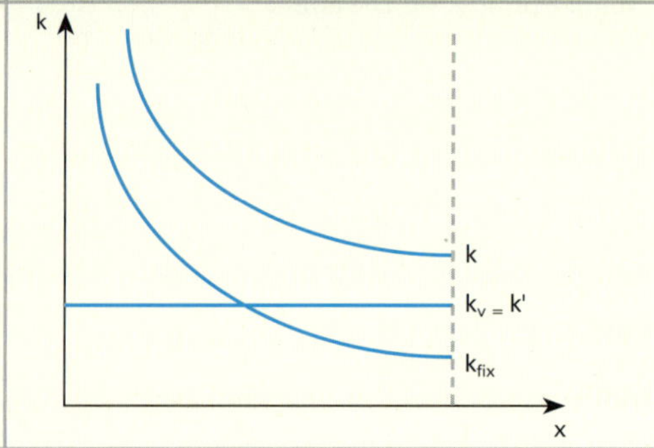

1.3.4 Kosteneinflussgrößen

Kosteneinflussgrößen sind alle Größen, die die **Höhe der einzelnen Kostenarten** und/ oder die **Kostenfunktion** (den Kostenverlauf) festlegen. Die wichtigsten Einflussgrößen stellen die Faktorqualität, die Faktorpreise, das Fertigungsprogramm, die Betriebsgröße und die Beschäftigung dar.

Kosteneinflussgröße	Erläuterungen	Beispiele
Faktorqualität	Die unterschiedliche Qualität der eingesetzten Arbeitsleistungen, Betriebsmittel und Werkstoffe führt zu unterschiedlichen Kosten.	Arbeit: Hilfs- oder Facharbeiter; Werkstoff: Stahl oder Aluminium
Faktorpreise	Die Preise der Produktionsfaktoren und deren Schwankungen haben eine direkte Wirkung auf die Kosten.	Arbeit: Tariflöhne, Mindestlöhne; Werkstoff: steigender Kupferpreis
Fertigungsprogramm	Die Anzahl und Unterschiedlichkeit der Produkte sowie die jeweiligen Stückzahlen beeinflussen die Kosten deutlich.	Normung und Typisierung führen zu einer Kostensenkung, da die Zahl gleicher Teile steigt.
Betriebsgröße	Mit der Betriebsgröße ist die technische Kapazität einer Unternehmung gemeint. Mit zunehmender Größe sinken in der Regel die fixen Stückkosten.	Fixe Gemeinkosten (z. B. Werkschutz, Verwaltung usw.) fallen mit zunehmender Unternehmensgröße immer weniger ins Gewicht.

Kosteneinflussgröße	Erläuterungen	Beispiele
Beschäftigung	Die Kosten sind theoretisch bei einem Beschäftigungsgrad von 100 %, d. h. bei vollständiger Nutzung der technischen Kapazität am geringsten. Die tatsächliche Beschäftigung weicht jedoch meist ab, was zu höheren Kosten führt.	Die technische Kapazität beträgt 100 000 Stück. Eine Beschäftigung von 100 % führt bei fixen Kosten von 100 000,00 EUR und variablen Stückkosten von 4,00 EUR zu Gesamtstückkosten von 5,00 EUR. Eine tatsächliche Beschäftigung von 80 % führt zu Gesamtstückkosten in Höhe von 5,25 EUR, da nur 80 000 Stück hergestellt werden.

Änderungen bei den Kosteneinflussgrößen Fertigungsprogramm, Betriebsgröße und Beschäftigung beeinflussen ihrerseits häufig die erforderlichen Faktorqualitäten, da sich vielfach das Mengenverhältnis der Produktionsfaktoren ändert.

1.3.5 Kapazität und Beschäftigungsgrad

Jedes Unternehmen ist bezüglich seiner räumlichen, technischen und personellen Ausstattung auf eine bestimmte Ausbringungsmenge festgelegt. Diese Ausbringungsmenge je Zeiteinheit (Tag, Monat, Jahr) nennt man **Kapazität.** Von der Kapazität ist die tatsächliche Ausbringungsmenge zu unterscheiden, die man in einem Prozentsatz zur Kapazität angibt. Diesen Prozentsatz nennt man **Beschäftigungsgrad.**

- **Kapazität** ist die Ausbringungsmenge, die bei gegebener Ausstattung erreichbar ist.[1] An der Kapazitätsgrenze beträgt der Beschäftigungsgrad 100 %.
- Der **Beschäftigungsgrad (Kapazitätsausnutzungsgrad)** drückt das prozentuale Verhältnis der tatsächlichen Ausbringungsmenge **(Beschäftigung)** zur Kapazität aus.

$$\text{Beschäftigungsgrad} = \frac{\text{tatsächliche Ausbringungsmenge} \cdot 100}{\text{Kapazität}}$$

Beispiel:

Die Kapazität beträgt pro Monat 8 000 Stück eines Erzeugnisses. Im Monat Mai betrug die tatsächliche Ausbringungsmenge 6 000 Stück.

Aufgabe:

Berechnen Sie den Beschäftigungsgrad in Prozent!

Lösung:

$$\text{Beschäftigungsgrad} = \frac{6\,000 \cdot 100}{8\,000} = \underline{\underline{75\,\%}}$$

1 Unter **Kapazität** versteht man die technisch bedingte obere Leistungsgrenze eines Betriebes, also die höchste Ausbringungsmenge (maximale Beschäftigung).

Zusammenfassung

- Die **limitationale Produktionsfunktion** (Typ B) geht von einem **ganz bestimmten Verhältnis** der Produktionsfaktoren zueinander aus.
- Die Kosten der Produktionsfaktoren können **leistungsunabhängig (fixe Kosten)** oder **leistungsabhängig (variable Kosten)** sein.
- Die **fixen Kosten** bleiben bis zur Kapazitätsgrenze unabhängig von der Ausbringungsmenge gleich hoch.
- Die **variablen Kosten** steigen proportional zur Ausbringungsmenge.
- **Kosteneinflussgrößen** legen die Höhe der einzelnen Kostenarten und/oder die Kostenfunktion fest. Die wichtigsten Einflussgrößen stellen die **Faktorqualität**, die **Faktorpreise**, das **Fertigungsprogramm**, die **Betriebsgröße** und die **Beschäftigung** dar.

Kompetenztraining

38 Kostenarten und deren Verlauf

Ein Klavierhändler verkauft nur Klaviere eines Herstellers. Für seine Verkaufsräume hat er monatlich 1 000,00 EUR Miete und 400,00 EUR sonstige Raumkosten zu zahlen. Das Gehalt für den Verkäufer kostet ihn monatlich 2 200,00 EUR.

Ein Klavier kauft er vom Hersteller für 5 000,00 EUR ein.

1. Ermitteln Sie die festen Kosten (fixen Kosten), die dem Klavierhändler im Monat entstehen, wenn er kein einziges Klavier einkauft und verkauft!
2. Geben Sie die zusätzlichen Kosten (sogenannte variable Kosten) an, die der Klavierhändler hat, wenn er in einem Monat 1 bis 5 Klaviere einkauft!
3. Ermitteln Sie die verschiedenen Kosten und tragen Sie die Ergebnisse in nachfolgendes Schema ein:

Eingekaufte Menge	Fixe Kosten pro Monat/EUR	Variable Kosten pro Monat/EUR	Gesamtkosten pro Monat/EUR	Stückkosten EUR
0				
1				
2				
3				
4				
5				

4. Geben Sie die Kosten für ein Klavier an, wenn im Monat 3 Klaviere einkauft werden!
5. Beschreiben Sie den Verlauf der Stückkosten, wenn die eingekaufte Menge erhöht bzw. gesenkt wird!
6. Erläutern Sie, welche Kostenart den von Ihnen festgestellten Verlauf der Stückkosten verursacht!

39 Kostenverlauf, Gesamtbetrachtung

Die Allgäuer Wollwerke GmbH haben für einen Zweigbetrieb eine lineare Kostenstruktur ermittelt:

Die Fixkosten betragen 45 000,00 EUR/Monat. Die Gesamtkosten belaufen sich bei einer Produktionsmenge von 5 000 Einheiten auf 85 000,00 EUR.

Aufgaben:

1. Berechnen Sie die Gesamtkosten! Verwenden Sie dazu die angegebene Tabelle!
2. Nennen Sie die Kostenfunktion!
3. Ermitteln Sie die Gesamtkosten, wenn die Allgäuer Wollwerke GmbH für den kommenden Monat eine Produktionsmenge von 3 800 m Kleiderstoffe planen!

Kleiderstoffe (Produktionsmenge in m)	K_{fix}	K_v	K
1 000			
2 000			
3 000			
4 000			
5 000			

40 Beschäftigungsgrad, Gesamtkosten, Stückkosten

Die Kapazität für die Produktion von Gasgrills in einem Betrieb für Campingzubehör beträgt je Monat 15 000 Stück (100 % Auslastung). Die variablen Gesamtkosten je Monat betragen 945 000,00 EUR. Der Fixkostenanteil je Stück beträgt bei einer Kapazitätsauslastung von 80 % 52,00 EUR.

Aufgaben:

1. Ermitteln Sie die monatlichen Gesamtkosten sowie die monatlichen Stückkosten bei den angegebenen Beschäftigungsgraden! Verwenden Sie eine Tabelle!
2. Erläutern Sie über den Verlauf der Stückkosten die Kosteneinflussgröße Beschäftigung!
3. Stellen Sie dar, wie sich der Gewinn des Betriebs für Campingzubehör bei konstantem Verkaufspreis entwickelt!
4. Nennen Sie weitere Kosteneinflussgrößen!

41 Kosteneinflussgrößen

Das Kostenniveau eines Betriebs wird unter anderem durch die Einsatzmenge und die Preise der zur Produktion benötigten Produktionsfaktoren bestimmt.

Aufgabe:

Erläutern Sie diese Aussage anhand zweier selbst formulierter Beispiele!

2 Anpassungsformen bei Änderung der Beschäftigung zwischen konstanter und variabler Betriebsgröße unterscheiden und entsprechend auswählen

2.1 Auswirkungen von Beschäftigungsänderungen auf die Kosten aufzeigen und relevante Anpassungsformen auswählen

LB 3 **Handlungssituation 2: Auf der Grundlage einer Beschäftigungssituation die Kosten verschiedener Anpassungsformen aufzeigen und eine Entscheidung treffen**

Die MicroTex Technologies GmbH hat in der Abteilung für Kletterseile 50 Mitarbeiter beschäftigt. Im Unternehmen besteht eine Fünftagewoche (von Montag bis Freitag) bei einer täglichen Arbeitszeit von 7,5 Arbeitsstunden. Der Lohnsatz je Stunde beträgt 42,00 EUR. Die Arbeitsproduktivität je Mitarbeiter und Arbeitsstunde beträgt bei ausgelasteten Maschinen 8 Einheiten Kletterseile. Die gegenwärtigen Fixkosten liegen bei 80 000,00 EUR je Woche.

Aufgrund steigender Nachfrage soll die Produktion um 20 % gesteigert werden. Die Geschäftsleitung diskutiert zwei Anpassungsmöglichkeiten:

(1) Die MicroTex Technologies GmbH stellt 10 zusätzliche Arbeitskräfte ein und führt die Samstagsarbeit ein (bei gleicher Wochenarbeitszeit). Der Arbeitsmarkt stellt geeignete Arbeitskräfte in ausreichender Anzahl zur Verfügung. Es fällt jedoch für die Samstagsarbeit ein tariflicher Zuschlag von 25 % auf den Grundlohn an.

(2) Die MicroTex Technologies GmbH erweitert die Produktionsanlagen und steigert damit bei gleicher Mitarbeiterzahl die Produktionsmenge um 20 %. Durch die Erweiterung der Produktionsanlagen erhöhen sich die Fixkosten ebenfalls um 20 %.

Kompetenzorientierte Arbeitsaufträge:

1. Berechnen Sie die Stückkosten vor und nach der Einstellung der zusätzlichen Mitarbeiter, wenn die Nachfrage voll befriedigt wird!
2. Erläutern Sie die Entwicklung der Stückkosten unter Berücksichtigung des Samstagszuschlags!
3. Berechnen Sie die neuen Stückkosten bei Erweiterung der Produktionsanlagen!
4. Vergleichen Sie die Entwicklung der Stückkosten bei Erweiterung der Produktionsanlagen mit der Entwicklung der Stückkosten bei Einstellung neuer Mitarbeiter und entscheiden Sie sich für eine Alternative!
5. Ein Jahr nach der Anpassungsmaßnahme zeigt sich, dass nur die ursprüngliche Produktionsmenge abgesetzt werden kann. Begründen Sie, welche Anpassungsform jetzt notwendig wird!

2.1.1 Überblick über die Anpassungsformen

Bei Änderung des Beschäftigungsgrades wird die Betriebsleitung in aller Regel die vorhandenen Kapazitäten an die Beschäftigungslage anpassen. Grundsätzlich können folgende betriebliche Anpassungsformen unterschieden werden:

(1) Anpassungen bei unverändertem Bestand an Produktionsfaktoren

Bei einem gegebenen Bestand an Produktionsfaktoren stellen

- **zeitliche Anpassungen** (Überstunden, Kurzarbeit),
- **intensitätsmäßige Anpassungen** (Änderung der Arbeitsgeschwindigkeit),
- **quantitative Anpassungen** (vorübergehende Stilllegung, Wiederinbetriebnahme stillgelegter Maschinen) und
- **selektive Anpassungen** (Wahl der qualitativ schlechteren Anlage bei Stilllegung bzw. Wahl der besseren Anlage bei Wiederinbetriebnahme)

kurzfristig die einzigen variierbaren Größen dar.

(2) Anpassungen durch Veränderung des Bestands an Produktionsfaktoren

- **Multiple Anpassungen**: Längerfristige Änderungen des Beschäftigungsgrades sind in der Regel mit einer Änderung der Betriebsgröße verbunden, d. h., der Bestand an Produktionsanlagen wird um **gleichartige** Einheiten vergrößert (Kauf, Leasing) oder verringert (Verkauf, Verschrottung). Auch die Einstellung von zusätzlichen Arbeitskräften gehört zu dieser Anpassungsform.
- **Mutative Anpassungen**: Es wird die **qualitative** Zusammensetzung der Produktionsanlagen verändert (modernere technische Verfahren, Rationalisierungsinvestitionen).

Alle Anpassungsprozesse führen zu einer Veränderung der Kostenstruktur des betreffenden Betriebs und bedürfen daher einer sorgfältigen Kostenanalyse.

2.1.2 Auswirkungen von Beschäftigungsänderungen bei konstanter Betriebsgröße

2.1.2.1 Kostenverläufe bei Schwankungen innerhalb der Kapazitätsgrenze

Quantitative und selektive Anpassungen führen dazu, dass ein mehr oder weniger großer Teil der Betriebsmittel ungenutzt bleiben.

Wird aufgrund geringer Beschäftigung die Kapazität nur teilweise genutzt, gliedern sich die fixen Kosten in Nutzkosten und Leerkosten auf.

Nutzkosten	Ist der Teil der Fixkosten, der bei gegebener Kapazitätsausnutzung „in Anspruch" genommen wird, d. h. **Fixkosten der genutzten Kapazität.**
Leerkosten	Sind die **Fixkosten der nicht genutzten Kapazität.**

Beispiel:

In einem Unternehmen betragen die Fixkosten einer Maschine 45 000,00 EUR. Die Kapazität der Maschine ist zu 75 % ausgelastet.

Aufgabe:

Berechnen Sie Nutzkosten und die Leerkosten!

Lösung:

Nutzkosten: $\frac{45\,000{,}00 \cdot 75}{100} = \underline{\underline{33\,750{,}00\ \text{EUR}}}$

Leerkosten: $45\,000{,}00\ \text{EUR} - 33\,750{,}00\ \text{EUR} = \underline{\underline{11\,250{,}00\ \text{EUR}}}$

Die Leerkosten machen deutlich, welcher Anteil der Fixkosten nicht genutzt wird. Sie belasten das Betriebsergebnis unnötig.

Das Verhältnis von Nutzkosten und Leerkosten lässt sich in folgender Weise zeigen:[1]

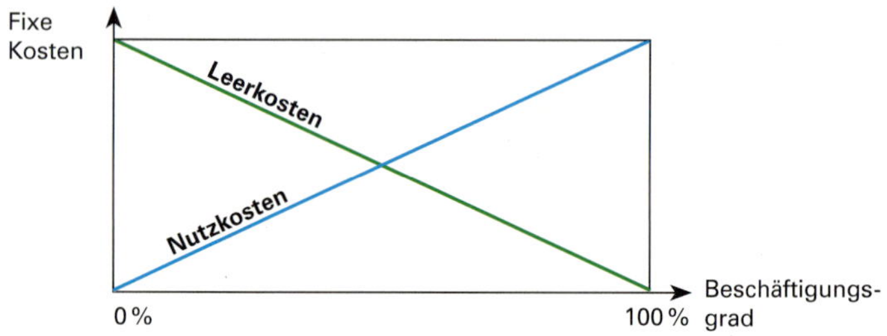

2.1.2.2 Kostenverläufe bei Überschreiten der Kapazitätsgrenze

(1) Auswirkungen von Überstunden auf die Kostenstruktur

Die Notwendigkeit zur Leistung von Überstunden kann entstehen

- zur Überbrückung eines vorübergehenden Produktionsengpasses,
- zum Ausgleich von Arbeitszeitverkürzungen falls der Arbeitsmarkt keine geeigneten Arbeitskräfte zur Verfügung stellt.

Überstunden führen im Falle der Fertigungslöhne dazu, dass die variablen Kosten und – unter sonst gleichen Bedingungen – die Stückkosten steigen.

Beispiel:

Ein Unternehmen beschäftigt in einer Abteilung 50 Mitarbeiter. Die tarifliche Arbeitszeit beträgt vor der Arbeitszeitverkürzung 40 Stunden. Der Lohnsatz je Arbeitsstunde beträgt 45,00 EUR. Ein Arbeitnehmer stellt in der Stunde zwei Werkstücke her.

Die Arbeitszeit wird tariflich auf 35 Stunden gekürzt. Um die Produktionsstückzahl zu halten, sind alle Arbeitnehmer bereit, fünf Überstunden bei einem Überstundenzuschlag von 50 % zu leisten.

Aufgaben:

1. Berechnen Sie die Lohnsumme und Lohnstückkosten
   1.1 vor und
   1.2 nach der Arbeitszeitverkürzung!
2. Stellen Sie den Verlauf der gesamten variablen Lohnkosten unter Berücksichtigung der Überstunden grafisch dar!
3. Ermitteln Sie die Gleichung für die Funktion der gesamten variablen Lohnkosten nach dieser zeitlichen Anpassung!

1 Olfert, Klaus: Kostenrechnung, 12. Auflage, Ludwigshafen (Rhein) 2001, S. 57.

Lösungen:

Zu 1.:

1.1 Berechnung der Lohnsumme vor der Arbeitszeitverkürzung

Beschäftigte	Arbeitszeit in Stunden	Lohnsatz je Stunde	Lohnsumme	Stückzahl insgesamt	Lohnstückkosten
50	40	45,00 EUR	90 000,00 EUR	4 000	22,50 EUR

1.2 Berechnung der Lohnsumme nach der Arbeitszeitverkürzung

Beschäftigte	Arbeitszeit in Stunden	Lohnsatz je Stunde	Lohnsumme	Stückzahl insgesamt	Lohnstückkosten
50 50	35 5	45,00 EUR 67,50 EUR	78 750,00 EUR 16 875,00 EUR	3 500 500	22,50 EUR 33,75 EUR
50	40	47,81 EUR*	95 625,00 EUR	4 000	23,91 EUR

* Berechnung des durchschnittlichen Lohnsatzes:

35 Std. · 45,00 EUR	=	1 575,00 EUR
5 Std. · 67,50 EUR	=	337,50 EUR
40 Std.	=	1 912,50 EUR : 40 Std. = 47,81 EUR

Das Beispiel zeigt, dass sowohl die Lohnsumme als auch die Lohnstückkosten ansteigen und damit auch – unter sonst gleichen Bedingungen – die Stückkosten. Die Folge ist, dass die „kritische Menge" absinkt, d. h., es wird bereits bei einer geringeren Produktionsmenge rentabel, menschliche Arbeitskraft durch Maschinen zu ersetzen.

Zu 2.:

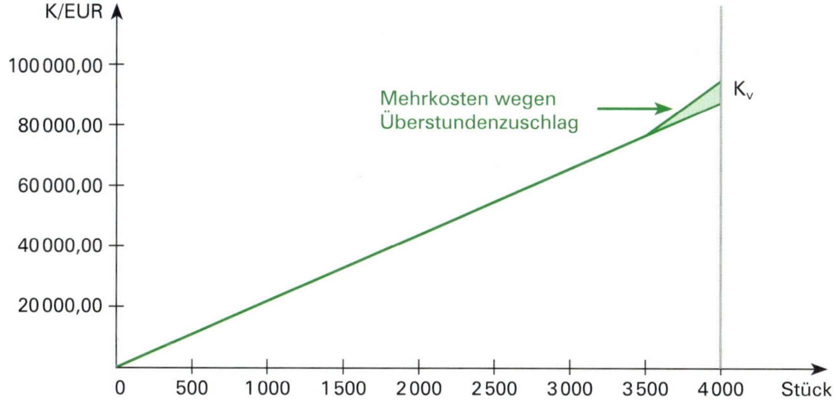

Zu 3.: $K_v = 3500 \cdot 22{,}50 + (x - 3\,500) \cdot 33{,}75$

Überstunden führen im Vergleich zur Normalbeschäftigung zu steigenden Lohnstückkosten.

(2) Auswirkungen von geänderten Arbeitsintensitäten auf die Kostenstruktur

Die Arbeitsgeschwindigkeit bzw. Laufgeschwindigkeit der Maschinen ist in der Regel so eingestellt, dass die variablen Stückkosten minimal sind. Jede Abweichung von der Optimalintensität führt zu höheren variablen Stückkosten, weil z. B. der Energieverbrauch und der Ausschuss überproportional steigen.

Beispiel:

Ein Automat zur Herstellung von Frottee-Handtüchern verursacht folgende intensitätsabhängige variable Stückkosten:

Intensität (Stück/Stunde)	15	20	24	26
Variable Stückkosten (EUR)	5,00	5,00	5,80	7,00

Die tägliche Arbeitszeit beträgt 7 Stunden. Die Maschine verursacht täglich fixe Kosten in Höhe von 500,00 EUR.

Aufgaben:

1. Berechnen Sie die Gesamtkosten und Stückkosten, die täglich im Rahmen der Normalbeschäftigung entstehen!
2. Durch einen eiligen Großauftrag muss die Produktion vorübergehend auf 182 Stück/Tag erhöht werden. Ermitteln Sie die neuen Gesamt- und Stückkosten!
3. Zeichnen Sie die Gesamtkostenkurve!

Lösungen:

Zu 1.: Die variablen Stückkosten sind bei einer Produktionsmenge von 20 Stück/Stunde am niedrigsten.

Variable Kosten: 20 Stück/Std. · 7 Std. · 5,00 EUR/Stck. =	700,00 EUR
+ Fixe Kosten pro Tag	500,00 EUR
= Gesamtkosten pro Tag	1 200,00 EUR

Ergebnis: Die Stückkosten betragen bei 140 Stück/Tag 8,57 EUR.

Zu 2.: Bei einer Produktionsgeschwindigkeit von 26 Stück/Stunde liegen die variablen Stückkosten bei 7,00 EUR.

Variable Kosten: 26 Stück/Std. · 7 Std. · 7,00 EUR/Stck. =	1 274,00 EUR
+ Fixe Kosten pro Tag	500,00 EUR
= Gesamtkosten pro Tag	1 774,00 EUR

Ergebnis: Die Stückkosten betragen bei 182 Stück/Tag 9,75 EUR.

Zu 3:

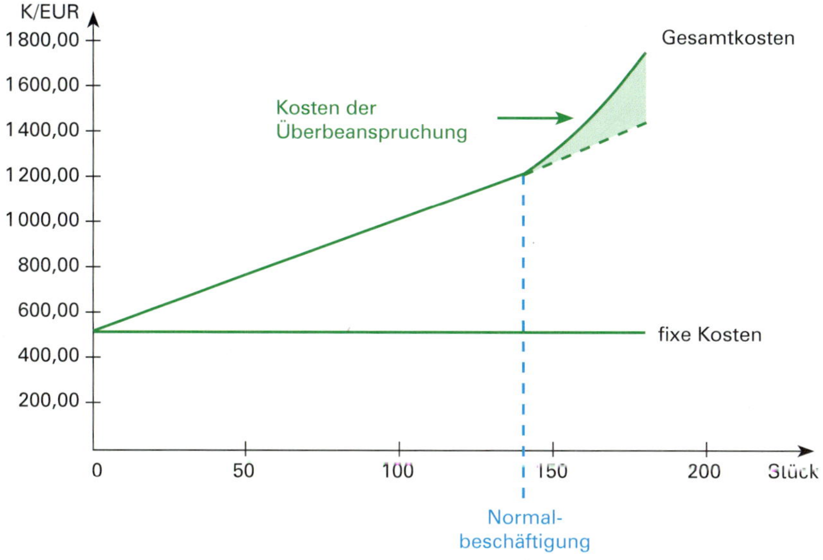

- Bei einer **intensitätsmäßigen Anpassung** steigen die variablen Kosten durch Überbeanspruchung von Mensch und Maschine ab dem Überschreiten der Normalbeschäftigung für die gesamte Produktionsmenge überproportional an.
- Die durch den Anstieg der variablen Kosten verursachten höheren Gesamtkosten führen auch zu **höheren Stückkosten.**

(3) Kapazitätsüberschreitung in der Stückkostenbetrachtung

Betrachtet man den Stückkostenverlauf bei einer Ausweitung der Produktion **über** die **normale Kapazität** hinaus (**kurzfristige Flexibilität** der Kapazitätsgrenze vorausgesetzt), so bleiben folgende **Besonderheiten** festzuhalten:

- **bis** zur **Kapazitätsgrenze bleiben** die variablen Stückkosten – also die durch eine zusätzliche Ausbringungseinheit anfallenden Kosten – **konstant,** der Stückkostenverlauf entspricht exakt dem bei Produktion innerhalb der Kapazitätsgrenze;
- **jenseits** der **Kapazitätsgrenze steigen** die variablen Stückkosten jedoch wegen Überbeanspruchung an;
- der **Anstieg** der variablen Stückkosten fällt **umso höher** aus, **je weiter** man sich von der normalen Kapazitätsgrenze entfernt (überproportionaler Anstieg);
- steigende variable Stückkosten führen zu **steigenden Stückkosten,** allerdings **erst** ab der Ausbringungsmenge, bei der die variablen Stückkosten die Stückkosten überschreiten. Dies hat zur Folge, dass das **Stückkostenminimum** erst **jenseits** der Kapazitätsgrenze erreicht wird.

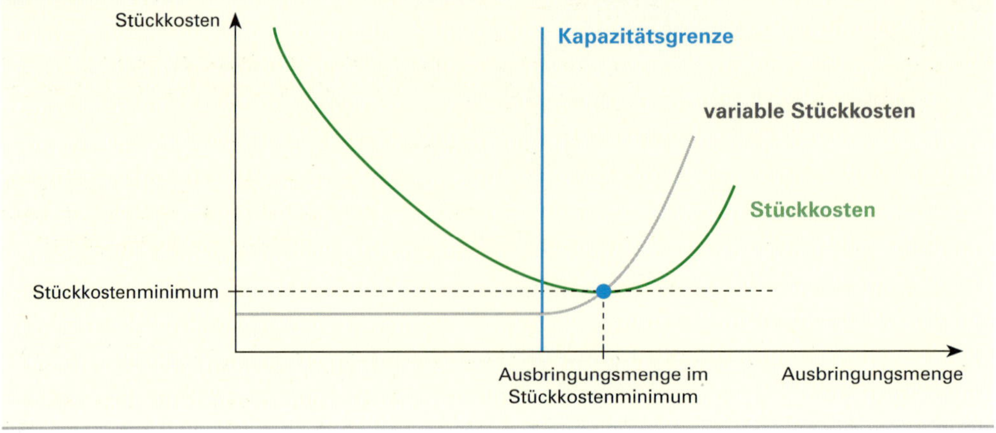

2.1.3 Auswirkungen von Beschäftigungsänderungen bei variabler Betriebsgröße

2.1.3.1 Kostenverläufe bei multipler Betriebsgrößenänderung

(1) Auswirkungen von multiplen Betriebserweiterungen auf die Kostenstruktur

Insbesondere bei einer längerfristigen Nachfragesteigerung sind die in Kapitel 2.1.2 beschriebenen Anpassungsmaßnahmen ungeeignet. Können die gestiegenen Absatzzahlen für ein bestimmtes Produkt voraussichtlich auch künftig gehalten werden, bietet sich eine Betriebserweiterung an. Wird eine weitere Einheit eines bereits vorhandenen Maschinentyps hinzugekauft, so führt das bei den Fixkosten zu einer sprunghaften Erhöhung **(sprungfixe Kosten)**. Die variablen Stückkosten bleiben hingegen unverändert.

Beispiel:

Die Holzveredelungs-GmbH stellt auf einer Spezialmaschine monatlich 1 000 Türen einer neuartigen Küchenfront her. Da die Nachfrage bei steigender Tendenz jetzt schon bei 1 500 Türen/Monat liegt, entschließt sich die GmbH zum Kauf einer weiteren, genau identischen Spezialmaschine.

Aufgabe:

Stellen Sie den Verlauf von Gesamt- und Stückkostenkurve grafisch dar, wenn eine Spezialmaschine Fixkosten in Höhe von 10 000,00 EUR/Monat verursacht und die variablen Stückkosten bei 95,00 EUR liegen!

Lösung:

Grafische Darstellung der Gesamt- und Stückkostenkurve

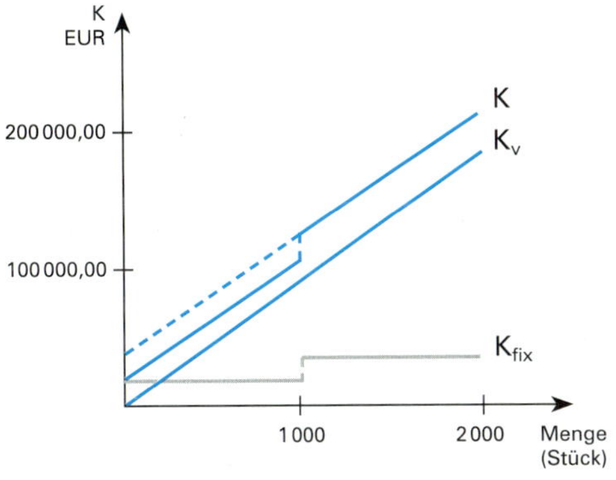

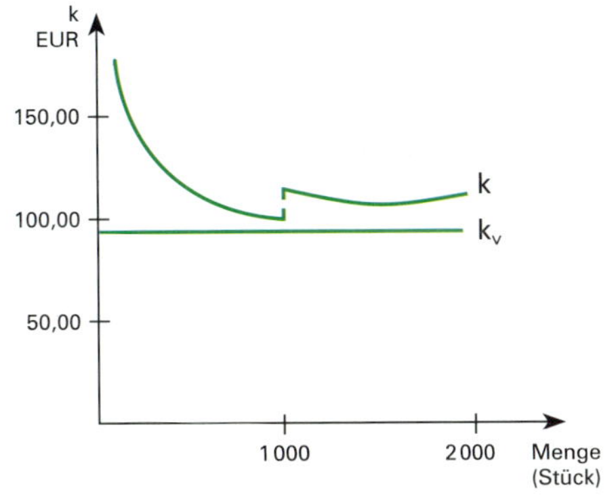

- Die absolut fixen Kosten bleiben bis zur Kapazitätsgrenze trotz Änderung der Ausbringungsmenge absolut gleich.
- Wird die bisherige Kapazitätsgrenze überschritten, springen die absolut fixen Kosten auf ein neues Niveau **(sprungfixe Kosten).**
- Die auf eine Leistungseinheit umgerechneten fixen Kosten verringern sich bei steigender Ausbringungsmenge und erhöhen sich bei rückläufiger Ausbringungsmenge.

(2) Auswirkungen von vorübergehenden Maschinenstilllegungen auf die Kosten

Rechnet ein Unternehmen, das aktuelle Absatzschwierigkeiten hat, mittel- und langfristig wieder mit steigenden Absatzzahlen, wird sich die quantitative Anpassung auf die vorübergehende Stilllegung von Maschinen beschränken.

Bei dieser Anpassungsform gehen jedoch lediglich die variablen Kosten zurück. Die maschinenabhängigen intervallfixen Kosten entstehen jedoch weiterhin **(Remanenz der Fixkosten).**[1] Remanente Kosten entstehen also, wenn bei rückläufiger Beschäftigung auf grundsätzlich mögliche kostensenkende Anpassungsmaßnahmen (z. B. Verkauf der Maschinen) verzichtet wird. Aus Kostengesichtspunkten ist dieses Verhalten nur sinnvoll, wenn die Anpassungskosten höher sind als die Remanenzkosten.

Beispiel:

Bei einem Fahrradhersteller sind drei Schweißroboter gleichen Typs im Einsatz. Die Fixkosten liegen bei 1 680,00 EUR pro Anlage und Woche. Mit jeder Anlage können wöchentlich 140 Rahmen geschweißt werden. Da zurzeit nur 280 Fahrräder pro Woche verkauft werden können, legt der Hersteller einen Schweißautomaten vorübergehend still. Bisher lagen die Fertigungskosten bei Normalbeschäftigung für einen Rahmen bei 52,00 EUR.

Aufgaben:

1. Berechnen Sie die Fertigungskosten, die nach Stilllegung eines Schweißautomaten anfallen!
2. Stellen Sie die Kostensituation grafisch dar!

1 **Remanent** (lat.): zurückbleibend.

10 Kaier, Speth, Hug - ISBN 978-3-8120-0662-0

Lösungen:

Zu 1.: **Kosten bei Fertigung von 420 Rahmen (bei Normalbeschäftigung)**

	Gesamtkosten	420 · 52,00 EUR =	21 840,00 EUR
–	Fixe Kosten	3 · 1 680,00 EUR =	5 040,00 EUR
=	Variable Kosten		16 800,00 EUR

Stückkosten: 16 800,00 EUR : 420 Rahmen = 40,00 EUR

Kosten nach Stilllegung eines Schweißroboters:

	Variable Kosten	280 · 40,00 EUR =	11 200,00 EUR
+	Fixe Kosten	3 · 1 680,00 EUR =	5 040,00 EUR
=	Gesamtkosten		16 240,00 EUR

Stückkosten: 16 240,00 EUR : 280 Rahmen = 58,00 EUR

Ergebnis: Die remanenten Fixkosten der stillgelegten Anlage führen zu einer Erhöhung der Fertigungskosten je Rahmen um 6,00 EUR.

Zu 2.:

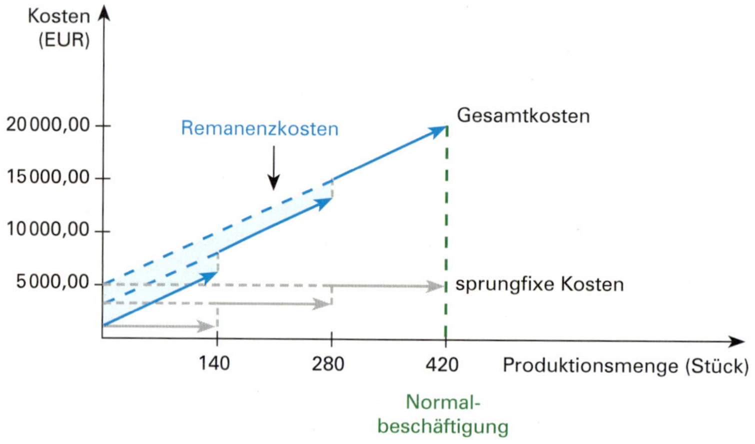

Bei den **fixen Kosten** sind für die Kostenremanenz insbesondere folgende **Gründe** verantwortlich:

- Einhalten der gesetzlichen Kündigungsbestimmungen und Tarifverträge für Zeitlohn- und Gehaltsempfänger, Sozialpläne, Abfindungszahlungen.[1]
- Einhalten von Abnahmeverpflichtungen im Beschaffungsbereich.
- Verzögerungen beim Verkauf von stillgelegten Anlagen und Maschinen.
- Erhöhte Lagerkosten bei Absatzstockungen.
- Bindung an Grundmietzeit, falls Produktionsanlagen geleast werden.

Folgen der Kostenremanenz:

- Die Gesamtkostenkurve mit steigender Ausbringungsmenge hat einen anderen Kostenverlauf als bei abnehmender Ausbringungsmenge.

1 Gelegentlich tritt dieses Problem auch kurzfristig bei variablen Kosten auf (z. B. bei Fertigungslöhnen aufgrund des Kündigungsschutzes). An dieser Stelle wird darauf jedoch nicht näher eingegangen.

- Die Stückkosten steigen bei rückläufiger Ausbringungsmenge erheblich an.
- Die Unternehmung wird daran gehindert, dem sinkenden Absatz durch Preissenkungen entgegenzuwirken. Unter Umständen wird die Unternehmung zur Kostendeckung sogar dazu gezwungen, die Preise zu erhöhen.

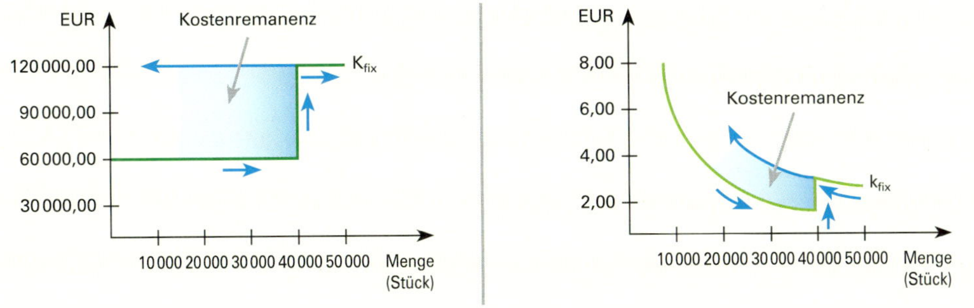

Von einer **Remanenz der Fixkosten** spricht man, wenn bei rückläufiger Beschäftigung auf kostensenkende Anpassungsmaßnahmen verzichtet wird.

(3) Auswirkungen von zusätzlichen Arbeitskräften auf die Kostenstruktur

Arbeitsverträge mit festgelegter täglicher oder wöchentlicher Arbeitszeit werden in der Praxis immer mehr abgelöst durch Arbeitsverträge, die flexible Arbeitszeiten erlauben. Beispiele für die Flexibilisierung der Arbeitszeit sind: „gleitende" Arbeitszeiten, Jobsharing, Arbeit auf Abruf, Jahresarbeitszeitvertrag usw.

Mit der **Flexibilisierung der Arbeitszeit** verfolgen die Unternehmen insbesondere zwei Zielsetzungen:

- Durch die Anpassung der Arbeitszeit an die individuelle Situation des Arbeitnehmers soll die Arbeitsproduktivität erhöht werden und
- es sollen die Betriebszeiten (und hier vor allem die Maschinenlaufzeiten) ausgedehnt werden.

Letzteres macht jedoch nur Sinn, wenn die Mehrleistung am Markt auch abgesetzt werden kann.

Die Maschinenlaufzeiten pro Periode können steigen, wenn

- auf eine flexible Fünftagewoche[1] übergegangen werden kann oder
- zusätzliche Schichten eingeführt werden können und
- genügend geeignete Arbeitskräfte vom Arbeitsmarkt bereitgestellt werden.

1 Angenommen, die bisher praktizierte Arbeitswoche besteht aus 5 Tagen (Montag bis Freitag) und hat 35 Arbeitsstunden. Eine flexible (bewegliche) Fünftagewoche liegt z. B. dann vor, wenn der einzelne Arbeitnehmer im Durchschnitt an 5 von 7 Kalendertagen einschließlich Samstag und eventuell auch Sonntag in einem wechselnden Rhythmus arbeitet. Ziel einer Flexibilisierung ist also die Entkoppelung der individuellen Arbeitszeit der Erwerbstätigen von den Betriebszeiten der Unternehmen. Das heißt., bei einer derzeitigen Regelarbeitszeit von 37,5 Stunden pro Woche wären die Kosten des Produktionsfaktors Kapital unvertretbar hoch, wenn das Kapital ebenfalls nur 37,5 Stunden pro Woche arbeiten würde.

Beispiel:

In einem Betrieb besteht die Fünftagewoche. Die wöchentliche Arbeitszeit (von Montag bis Freitag) beträgt 35 Stunden. Überstunden sollen nicht eingeführt werden. Pro Arbeitsstunde werden 5 Werkstücke fertiggestellt. Die maximale Tageskapazität beträgt 4100 Stück. Der Lohnsatz beträgt 40,00 EUR. Die fixen Kosten liegen bei 150000,00 EUR je Woche. Zum Ausgangszeitpunkt sind 100 Arbeitskräfte beschäftigt.

Die Produktion soll um 40 % steigen. Um die Produktionssteigerung zu realisieren, werden Mitarbeiter neu eingestellt. Es wird auf eine flexible Fünftagewoche übergegangen, wobei auch der Samstag als Regelarbeitstag einbezogen wird, um die Maschinenlaufzeiten zu erhöhen.

Aufgaben:

1. Ermitteln Sie, wie viel Mitarbeiter eingestellt werden müssen!
2. Berechnen Sie die Stückkosten nach der Produktionserhöhung!
3. Zeichnen Sie die Stückkostenkurve auf der Grundlage einer Wertetabelle!

Lösungen:

Zu 1.:

$$5 \text{ Stück} \cdot 35 \text{ Stunden} \cdot x = 24\,500 \text{ Stück}$$

$$x = \frac{24\,500}{5 \cdot 35} = \underline{\underline{140 \text{ Mitarbeiter}}}$$

Ergebnis: Es müssen 40 Mitarbeiter eingestellt werden.

Beschäftigte	Arbeitszeit in Stunden	Lohnsatz je Stunde	Lohnsumme	fixe Kosten	Gesamtkosten	Stückzahl insgesamt	Stückkosten
100	35	40,00 EUR	140000,00 EUR	150000,00 EUR	290000,00 EUR	17500	16,57 EUR
140	35	40,00 EUR	196000,00 EUR	150000,00 EUR	346000,00 EUR	24500	14,12 EUR

Erläuterungen:

Die Mehrproduktion führt zu sinkenden Stückkosten, da die vorhandenen Produktionsanlagen durch die flexible Fünftagewoche besser ausgenutzt werden (Gesetz der Massenproduktion). Die Stückkosten sinken so lange, bis etwaige Lohnerhöhungen den Degressionseffekt der fixen Kosten kompensieren. Je höher die Anlagekosten sind, desto höher ist der Degressionseffekt der fixen Kosten.

Zu 2.:

Menge (Stück)	5000	10000	17500	24500
Stückkosten (EUR)	38,00[1]	23,00	16,57	14,12

1 5000 Stück : 5 Stück = 1000 Stunden · 40,00 EUR = 40000,00 EUR + 150000,00 EUR = 190000,00 EUR
190000,00 EUR : 5000 Stück = 38,00 EUR/Stück

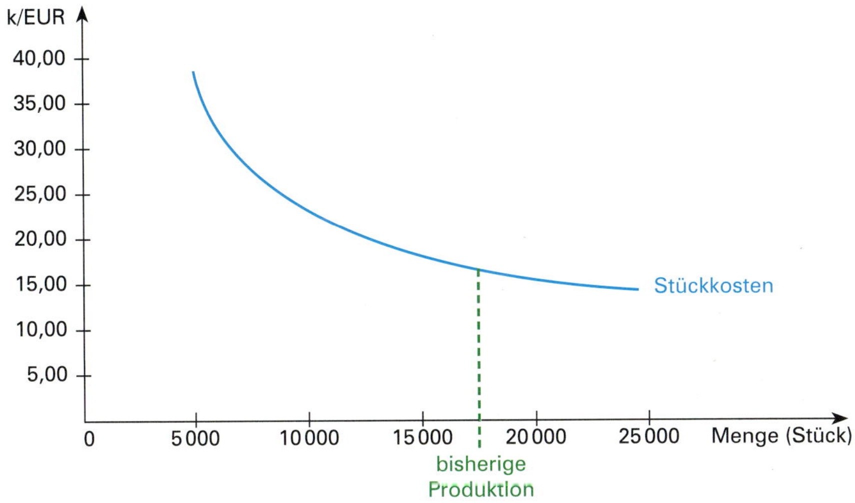

2.1.3.2 Kostenverläufe bei mutativer Betriebserweiterung

(1) Grundsätzliches

Bei der mutativen Betriebserweiterung wird nicht nur die Zahl der Betriebsmittel erhöht, sondern es werden gleichzeitig **technisch modernere und leistungsfähigere, aber kapitalintensivere Maschinen** eingesetzt. Dies führt dazu, dass die Fixkosten steigen, die variablen Stückkosten jedoch sinken. In der nachfolgenden Abbildung wird dies in den immer flacher verlaufenden Kostenkurven sichtbar.[1]

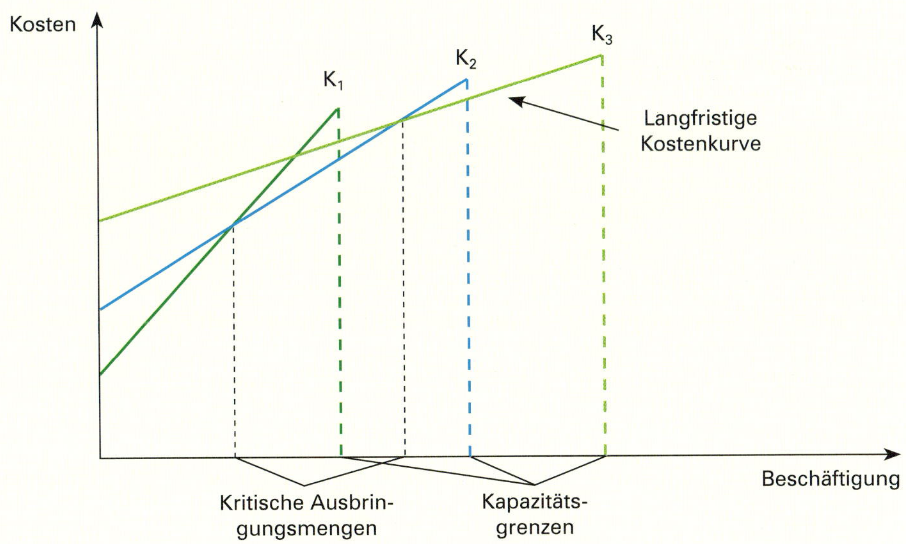

1 Vgl. http://wirtschaftslexikon.gabler.de/Definition/anpassung.html; 09.11.2017.

(2) Auswirkungen von Rationalisierungsinvestitionen auf die Kostenstruktur

Rationalisierungsinvestitionen sind in der Regel gekennzeichnet durch die **Substitution von arbeitsintensiven durch anlageintensive Verfahren** (vor allem durch Automation). Je stärker sich ein Betrieb anlageintensiver (kapitalintensiver) Verfahren bedient, desto höher sind seine **fixen Kosten**. Andererseits nehmen die **variablen Kosten** ab, weil Lohnkosten eingespart werden.

Ob ein anlageintensives Verfahren Kostenvorteile bringt, hängt im Wesentlichen von der Produktionsmenge ab. Daher müssen die Kosten beider Verfahren über mehrere Beschäftigungsstufen verglichen werden. Bei diesem Vergleich kommt man an eine Ausbringungsmenge, bei der die Kosten des alten Produktionsverfahrens und die Kosten des neuen Verfahrens gleich groß sind **(kritische Menge)**. Vor dieser Menge ist das arbeitsintensive Verfahren, danach ist das anlageintensive Verfahren kostengünstiger.

- Die Ausbringungsmenge, von der an es vorteilhaft wird, eine andere Anlage (anderes Produktionsverfahren) zu verwenden, bezeichnet man als **„kritische Menge“.**
- Vor der „kritischen Menge“ ist die bisherige Anlage (bisheriges Produktionsverfahren) vorteilhafter, nach der „kritischen Menge“ ist dagegen die neue Anlage (neues Produktionsverfahren) vorteilhafter.

Beispiel 1:

Ein kleiner Betrieb stellt Zubehörteile (Plastikbausätze) für Modelleisenbahnen her. Monatlich können maximal 1000 Packungen (Inhalt 10 Bausätze) erzeugt werden. Es wird nur auf Bestellung gearbeitet.

- An **fixen Kosten** fallen monatlich an: für Gehälter 9000,00 EUR, für Miete 1600,00 EUR, für Nebenkosten (Heizung, Licht, Reinigung) 400,00 EUR, für die Verzinsung des investierten Kapitals 3000,00 EUR und für die Abschreibung der Spritzgussmaschinen und der Werkzeuge 6000,00 EUR. Die fixen Kosten betragen also insgesamt 20000,00 EUR.
- Die (proportional) **variablen Kosten** betragen 30,00 EUR je Verkaufspackung. Sie setzen sich aus den Roh- und Hilfsstoffkosten (6,00 EUR), den Akkordlöhnen (22,00 EUR) und den Energiekosten (2,00 EUR) zusammen. Die Fertigungslöhne sind deshalb so hoch, weil viele Einzelteile in Handarbeit fertiggestellt werden müssen.

Der Industriebetrieb möchte durch Rationalisierungsmaßnahmen (Einsatz eines kapitalintensiven Verfahrens) die variablen Kosten durch Einsparung von Arbeitskräften von 30,00 EUR auf 20,00 EUR senken. Die fixen Kosten erhöhen sich jedoch monatlich um 8000,00 EUR auf 28000,00 EUR. Gleichzeitig wird die monatliche Kapazität auf 1200 Packungen erhöht, die auch abgesetzt werden können.

Aufgaben:

1. Berechnen Sie die Gesamtkosten und die Stückkosten des kapitalintensiven (anlageintensiven) Verfahrens und stellen Sie diese den Kosten des arbeitsintensiven Verfahrens gegenüber!
2. Ermitteln Sie die kritische Menge!
3. Stellen Sie den Sachverhalt grafisch dar!

Lösungen:

Zu 1.:

	Kosten des arbeitsintensiven Verfahrens				Kosten des anlageintensiven Verfahrens			
Menge der Verkaufs-packungen	fixe Kosten je Monat in EUR	variable Kosten in EUR	Gesamt-kosten in EUR	Stück-kosten in EUR	fixe Kosten je Monat in EUR	variable Kosten in EUR	Gesamt-kosten in EUR	Stück-kosten in EUR
200	20 000,00	6 000,00	26 000,00	130,00	28 000,00	4 000,00	32 000,00	160,00
400	20 000,00	12 000,00	32 000,00	80,00	28 000,00	8 000,00	36 000,00	90,00
600	20 000,00	18 000,00	38 000,00	63,33	28 000,00	12 000,00	40 000,00	66,67
→ 800	20 000,00	24 000,00	44 000,00	55,00	28 000,00	16 000,00	44 000,00	55,00
1 000	20 000,00	30 000,00	50 000,00	50,00	28 000,00	20 000,00	48 000,00	48,00
1 200	→ Kapazitätsausweitung durch Substitution ←				28 000,00	24 000,00	52 000,00	43,33

Kritische Produktionsmenge

Zu 2.:

$$20000 + 30x = 28000 + 20x$$
$$10x = 8000$$
$$x = \underline{\underline{800 \text{ Stück}}}$$

Ergebnis: Die „kritische Menge" liegt bei 800 Verpackungen. Von dieser Verkaufsmenge an ist das kapitalintensive Produktionsverfahren kostengünstiger.

Zu 3.:

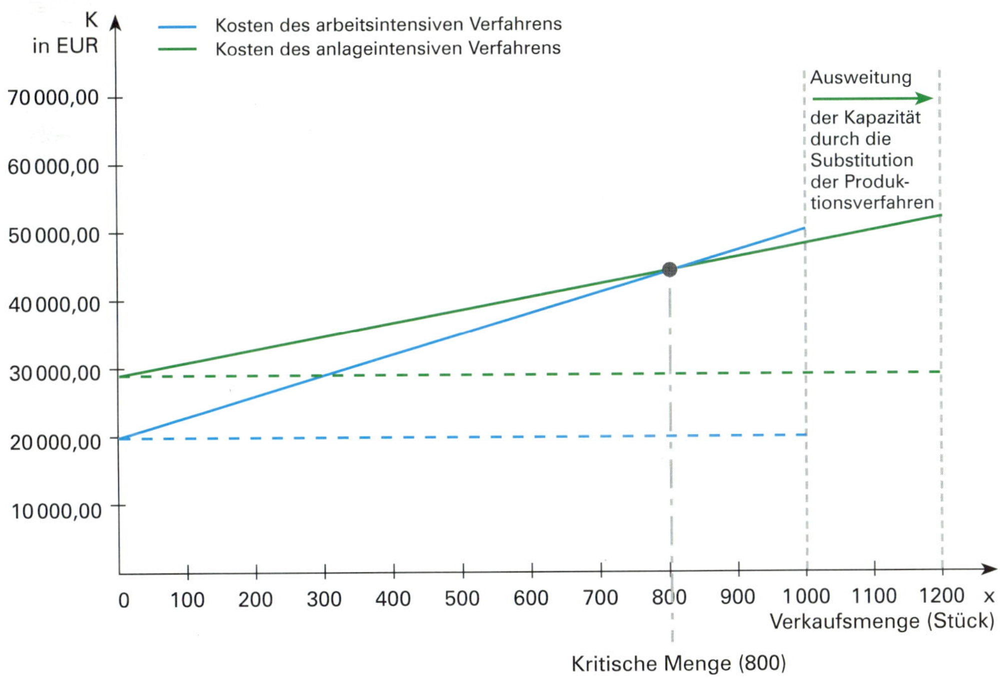

Erläuterung:

Das Unternehmen wird nur dann auf das anlageintensive Verfahren übergehen, wenn es künftig mit einer **dauerhaften** Absatzerhöhung von mehr als 800 Verkaufspackungen rechnet. Daneben muss noch bedacht werden, welche Auswirkungen die künftige Faktorpreisentwicklung (insbesondere die Lohnentwicklung) haben wird. Kommt es nämlich in einem absehbaren Zeitraum zu einer Erhöhung der variablen Kosten, so sinkt die „kritische Menge" ab. Das bedeutet, dass sich der Übergang vom arbeitsintensiven Verfahren zum kapitalintensiven Verfahren früher lohnt, d.h., dass z.B. Lohnerhöhungen die Substitution von Arbeit durch Maschinen beschleunigt.

Beispiel 2:

Wir greifen auf das Beispiel 1 auf S. 150 zurück. Es sei angenommen, dass die variablen Kosten um 25 % steigen. Die fixen Kosten verändern sich gegenüber Beispiel 1 nicht.

Aufgaben:

1. Berechnen Sie die Gesamtkosten und die Stückkosten des kapitalintensiven Verfahrens und stellen Sie diese den Kosten des arbeitsintensiven Verfahrens gegenüber!
2. Ermitteln Sie die „kritische Menge"!
3. Stellen Sie den Sachverhalt grafisch dar!

Lösungen:

Zu 1.:

	Kosten des arbeitsintensiven Verfahrens				Kosten des anlageintensiven Verfahrens			
Menge der Verkaufspackungen	fixe Kosten je Monat in EUR	variable Kosten in EUR	Gesamtkosten in EUR	Stückkosten in EUR	fixe Kosten je Monat in EUR	variable Kosten in EUR	Gesamtkosten in EUR	Stückkosten in EUR
200	20000,00	7500,00	27500,00	137,50	28000,00	5000,00	33000,00	165,00
400	20000,00	15000,00	35000,00	87,50	28000,00	10000,00	38000,00	95,00
600	20000,00	22500,00	42500,00	70,83	28000,00	15000,00	43000,00	71,66
800	20000,00	30000,00	50000,00	62,50	28000,00	20000,00	48000,00	60,00
1000	20000,00	37500,00	57500,00	57,50	28000,00	25000,00	53000,00	53,00
1200	→ Kapazitätsausweitung durch Substitution ←				28000,00	30000,00	58000,00	48,33

Zu 2.:

$$\begin{aligned} 20000 + 37{,}5x &= 28000 + 25x \\ 12{,}5x &= 8000 \\ x &= \underline{\underline{640 \text{ Stück}}} \end{aligned}$$

Ergebnis: Die „kritische Menge" liegt jetzt bei nur 640 Stück. Von dieser Verkaufsmenge an ist das kapitalintensive Produktionsverfahren kostengünstiger.

Zu 3.:

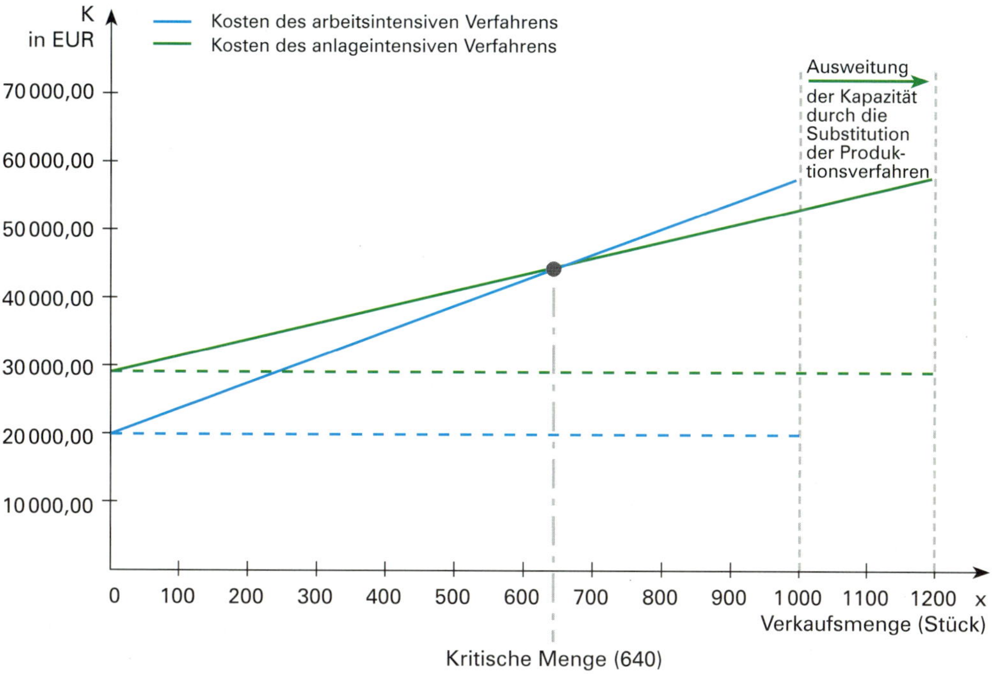

Zusammenfassung

- Bei **unverändertem** Bestand an Produktionsfaktoren sind **zeitliche, intensitätsmäßige, quantitative** und **selektive Anpassungen** möglich.
- Wird aufgrund einer **Anpassung** bei unverändertem Betriebsmittelbestand die **Kapazität nur teilweise genutzt,** gliedern sich die Fixkosten in **Nutzkosten** und **Leerkosten.**
- Bei der **intensitätsmäßigen Anpassung** steigen die variablen Stückkosten ab Überschreitung der Kapazitätsgrenze überproportional an.
- Bei einer **Veränderung des Betriebsmittelbestands** liegt entweder eine **multiple** oder eine **mutative (qualitative)** Anpassungsform vor.
- Die **multiple Anpassungsform** führt zu einer Kapazitätserweiterung und damit zu **sprungfixen Kosten.**
- Die Stilllegung von Anlagen führt zur **Kostenremanenz,** da die fixen Kosten nicht abgebaut werden.
- Eine **mutative Betriebserweiterung** liegt vor, wenn die zusätzlichen Maschinen **leistungsfähiger** sind (Rationalisierungsinvestition). In der Regel steigen dabei die fixen Gesamtkosten, während die variablen Stückkosten sinken.

Kompetenztraining

42 Anpassung bei unverändertem Betriebsmittelbestand

Die Dachauer Tuning GmbH hat sich auf die Herstellung unterschiedlicher Tuning-Zubehörteile für hochwertige Motorräder spezialisiert und produzierte im April des laufenden Jahres in einer ihrer auf die Felgenproduktion ausgelegten Betriebsstätte bei einem Auslastungsgrad von 90 % insgesamt 1 800 Leichtmetall-Motorradfelgen.

Im Rahmen einer Dienstbesprechung erläutert der Geschäftsführer Max Heuch, dass für einen Zeitraum von ca. vier Wochen eine kurzfristige Ausweitung der Produktion über die normale Betriebskapazität hinaus erfolgen soll.

Aufgaben:

1. Erläutern Sie Möglichkeiten, wodurch eine derartige Ausweitung erfolgen kann!
2. Erläutern Sie mögliche Gründe, die den Geschäftsführer Max Heuch veranlasst haben könnten, über die normale Betriebskapazität hinaus zu produzieren, obwohl der Gesamtgewinn mit Blick auf den progressiven Anstieg der Gesamtkosten geschmälert wird!

43 Zeitliche Anpassung durch Überstunden

Die „Spiele Nürnberg AG“ steht jeweils vor Ostern und Weihnachten bei ihrer Puzzle-Produktion vor Kapazitätsengpässen.

Ausgangssituation: Die Herstellung von Puzzles mit 100 Teilen erfolgt auf einer Maschine, die pro Monat insgesamt 40 000,00 EUR fixe Kosten und pro Stück 4,00 EUR variable Kosten verursacht.

Die maximale Monatskapazität beträgt bei 20 achtstündigen Arbeitstagen 16 000 Stück.

Bisher gelang es der Geschäftsleitung, mit dem Betriebsrat an jeweils vier Samstagen Sonderschichten zu je 8 Überstunden zu vereinbaren. Infolge des Überstundenzuschlags steigen die variablen Stückkosten samstags jedoch auf 6,00 EUR.

x	K_{fix}	k_v	K_v	K	k
5 000					
10 000					
16 000					
17 600					
19 200					

Aufgaben:

1. Stellen Sie diese Kostensituation tabellarisch und grafisch dar!
2. Ermitteln Sie die zugehörige Kostengleichung!

44 Intensitätsmäßige Anpassung

Die Electric Motion AG stellt E-Bike-Motoren her, die zu einem Preis von 467,50 EUR verkauft werden. Die steigende Nachfrage nach ihren Produkten versucht die Electric Motion AG durch intensitätsmäßige Anpassung zu befriedigen. Die Normalkapazität von 1 200 Stück/Monat konnte so auf 1 500 Stück/Monat gesteigert werden. Diese Anpassungsmaßnahme führte zu einer Erhöhung der variablen Stückkosten je weitere 100 Stück um jeweils 10 % des ursprünglichen Wertes.

Bei der Produktion von 1000 Stück/Monat sind Gesamtkosten in Höhe von 380000,00 EUR, bei 1200 Stück/Monat in Höhe von 445000,00 EUR und bei 1500 Stück/Monat in Höhe von 688750,00 EUR angefallen.

Aufgaben:

1. Erläutern Sie, warum sich bei der intensitätsmäßigen Anpassung die variablen, nicht jedoch die fixen Kosten erhöhen!
2. Zeichnen Sie den Verlauf der Gesamtkosten!
3. Begründen Sie, unter welchen Umständen eine Erweiterungsinvestition zur Befriedigung der Nachfrage infrage käme!

45 Mutative Betriebserweiterung

In einem Metall verarbeitenden Betrieb sind die Schweißarbeiten bisher manuell durchgeführt worden. Künftig sollen diese Arbeiten verstärkt von einem Industrieroboter durchgeführt werden.

Über die bisherige Kostenstruktur liegen folgende Zahlen vor: Fixe Kosten je Monat 270000,00 EUR, proportional variable Stückkosten je Einheit 80,00 EUR. Die Kostenstruktur ändert sich nach Einführung des Industrieroboters wie folgt: Fixe Kosten 300000,00 EUR, proportional variable Stückkosten 50,00 EUR.

Bei Kapazitätsauslastung können monatlich 2500 Einheiten produziert werden.

Aufgaben:

1. Berechnen Sie die Gesamtkosten und die Stückkosten beim Einsatz des Industrieroboters bei den Produktionsmengen 500, 1000, 1500, 2000 und 2500 Stück und stellen Sie diese den Kosten des manuellen Verfahrens gegenüber!
2. Ermitteln Sie die kritische Menge!
3. Stellen Sie den Sachverhalt grafisch dar!
4. Begründen Sie, warum Lohnerhöhungen die Substitution von Arbeit durch Maschinen beschleunigen!
5. Erläutern Sie, worin die Problematik der Automation liegt, wenn die angestrebten Absatzzahlen unter die kritische Menge fallen!

46 Vergleich von Produktionsverfahren

Wir greifen auf die Aufgabe 45 zurück. Es sei angenommen, dass nach der Investition des Industrieroboters die variablen Kosten um 20 % steigen, während die fixen Kosten unverändert bleiben.

Aufgaben:

1. Vergleichen Sie die Gesamtkosten und Stückkosten der beiden Produktionsverfahren!
2. Berechnen Sie die neue „kritische Menge"! Begründen Sie, welchen betriebswirtschaftlichen Schluss Sie hieraus ziehen!

47 Beurteilung einer kapitalintensiven Methode

Die Metallwarenfabrik GmbH fertigt Auspuffanlagen für die Autoindustrie auf zwei Spezialmaschinen mit einer Monatskapazität von jeweils 400 Stück. Jede verursacht 10000,00 EUR Fixkosten/Monat. Die variablen Stückkosten liegen bei 150,00 EUR/Stück.

Die GmbH möchte in das Geschäft mit dem Zubehörhandel einsteigen. Deshalb soll vielleicht eine alte Maschine durch eine computergesteuerte Universalmaschine ersetzt werden. Die neue Maschine hat die doppelte Kapazität der alten Maschine, verursacht aber dreimal so hohe fixe Kosten. Die variablen Kosten sinken auf 100,00 EUR je Stück.

Aufgaben:

1. Erläutern Sie je drei Argumente, die für und die gegen die Einführung einer kapitalintensiven Fertigungsmethode sprechen!
2. Berechnen Sie durch Kostenvergleich der neuen Maschine mit zwei Maschinen des alten Typs, ab wie viel Stück die neue Maschine kostengünstiger arbeitet!

48 Fixe und sprungfixe Kosten

1. Ein Stahlwerk produziert mit zwei großen Fertigungsmaschinen täglich 195 Tonnen Stahlträger. Die Tagesleistung jeder Maschine beträgt 97,5 Tonnen. Die Investition der zweiten Maschine war erst erfolgt, nachdem die Auftragseingänge die Grenze von 97,5 Tonnen je Tag deutlich überschritten hatten. Infolge des plötzlichen Ausbleibens der Aufträge eines Großabnehmers geht die Tagesproduktion des Betriebs auf 97,5 Tonnen zurück.

   Aufgaben:

   1.1 Skizzieren Sie den Verlauf der fixen Maschinenkosten (Ausbringung 0–195 Tonnen je Tag) bei

   1.1.1 Gesamtkostenbetrachtung,

   1.1.2 Stückkostenbetrachtung!

   1.2 Nennen Sie den Fachbegriff für einen derartigen Fixkostenverlauf!

2. Begründen Sie an einem Beispiel die Entstehung von Sprungkosten!

3. Bei modernen Industriebetrieben ist der Anteil der fixen Kosten an den Gesamtkosten in der Regel hoch.

   Aufgaben:

   3.1 Erklären Sie, worauf dieser Sachverhalt zurückzuführen ist!

   3.2 Begründen Sie, warum diese Unternehmen verstärkt darauf achten müssen, dass die Anlagen stets gut ausgelastet sind!

49 Kostenremanenz

Die Mineralwasser AG hat drei identische Abfüllanlagen mit einer Jahresleistung von je 2 Millionen Flaschen installiert. Sie verursachen im Jahr fixe Kosten von jeweils 500 000,00 EUR. Die variablen Kosten werden mit 0,15 EUR pro Flasche kalkuliert. Eine Flasche Mineralwasser wird an die Händler zum Preis von 0,50 EUR verkauft.

Aufgaben:

1. Berechnen Sie die Kosten pro Flasche Mineralwasser, wenn alle drei Anlagen voll ausgelastet sind!
2. Ermitteln Sie die Kosten pro Flasche, wenn im Winterhalbjahr eine Abfüllanlage mangels Nachfrage nicht in Betrieb ist! Erläutern Sie das Ergebnis!
3. Prüfen Sie, ob es überhaupt sinnvoll ist, drei Abfüllanlagen vorzuhalten!

50 Selektive Anpassung

Ein Industriebetrieb mit stark schwankender Nachfrage verwendet zur Herstellung von Drehteilen zwei alternativ einsetzbare Drehmaschinen.

Drehmaschine A wird manuell gesteuert, hat eine Monatskapazität von 300 Stück und verursacht 12 000,00 EUR Fixkosten/Monat. Die variablen Stückkosten betragen bei dieser Maschine 150,00 EUR/Stück.

Drehmaschine B ist computergesteuert, hat die doppelte Kapazität und verursacht die dreifachen Fixkosten. Die variablen Stückkosten liegen jedoch bei nur 100,00 EUR je Stück.

In den Zeiten geringerer Nachfrage muss entschieden werden, in welcher Reihenfolge die Maschinen eingesetzt werden sollen.

Aufgaben:

1. Begründen Sie, welche Maschine bei einem Absatz von vorübergehend nur 300 Stück/Monat stillgelegt werden soll! Ermitteln Sie auch die Gesamtkosten!
2. Begründen Sie, wie sich der Industriebetrieb entscheiden wird, wenn monatlich 800 Stück nachgefragt werden!

51 Kurzfristige Anpassung

Ein Großkunde bestellt 800 Stück zur kurzfristigen Lieferung. Der Auftrag kann nur mit der Anordnung von Überstunden über das Wochenende abgewickelt werden. Dadurch erhöhen sich die variablen Kosten um 90 %. Aus Wettbewerbsgründen kann der Auftrag nicht abgelehnt werden.

Aufgaben:

1. Berechnen Sie die Stückkosten bei einer hergestellten Menge von 5300 Stück, wenn die variablen Stückkosten bis zur Kapazitätsgrenze von 4500 Stück 45,00 EUR und die fixen Kosten 120000,00 EUR betragen!
2. Begründen Sie den Verlauf der Stückkosten, die über den Stückkosten an der Kapazitätsgrenze liegen!
3. Nennen Sie die entsprechende Anpassungsform!

2.2 Das Betriebsergebnis durch die Wahl geeigneter Anpassungsformen optimieren

LB 3 Handlungssituation 3: Die Ergebniswirksamkeit verschiedener Anpassungsformen prüfen und die optimale Alternative auswählen

Die Kosten- und Leistungsrechnung der Anlagen- und Maschinenbau AG, Augsburg, liefert für die Produktion von Rasenrobotern folgenden Daten:

Maximale Kapazität bei einer 38-Std.-Woche:	2 000 Stück/Jahr
Variable Stückkosten	1 050,00 EUR
Fixe Kosten	1 800 000,00 EUR
Erlös je Stück	2 250,00 EUR

Die Anlagen- und Maschinenbau AG sucht nach Anpassungsmöglichkeiten, um den akuten Facharbeitermangel und die hohen Kosten zu überwinden.

Kompetenzorientierte Arbeitsaufträge:

1. Zeichnen Sie als Grundlage für die Situationsanalyse die Gesamterlös- und Gesamtkostenkurve!
2. Berechnen Sie die derzeitige Gewinnschwelle!
3. Ermitteln Sie den maximal erreichbaren Gewinn vor einer möglichen Anpassungsmaßnahme!
4. Zur Überwindung des Facharbeitermangels erwägt die Unternehmensleitung den Übergang zu einem kapitalintensiveren Fertigungsverfahren mit gleicher Kapazität. Damit könnten vorwiegend angelernte Arbeitskräfte beschäftigt werden. Die Kostenstruktur würde sich wie folgt ändern:

Variable Stückkosten	750,00 EUR
Fixe Kosten	2 370 000,00 EUR

   4.1 Berechnen Sie die kritische Ausbringungsmenge des kapitalintensiveren Verfahrens!

   4.2 Erläutern Sie, warum die variablen Stückkosten beim kapitalintensiveren Verfahren niedriger sind als beim anderen Verfahren!

   4.3 Ermitteln Sie den neuen Maximalgewinn!
5. Zur weiteren Kostensenkung erwägt die Unternehmensleitung eine Flexibilisierung der Arbeitszeit. Die wöchentliche Betriebsmittelnutzungszeit würde sich dadurch von 38 auf 56 Stunden erhöhen.

   5.1 Begründen Sie, welche Auswirkungen diese Maßnahme auf die Kapazität, die Gewinnsituation und die Arbeitskräfte des Unternehmens hätte!

   5.2 Nennen Sie vier Probleme, die bei der Durchsetzung dieser Maßnahme zu erwarten sind!

2.2.1 Betriebliches Ergebnis als Grundlage für die Anpassungsoptimierung

Folgt das Unternehmen dem Ziel der **Gewinnmaximierung,** so wird es bei **linearem** Kostenverlauf und mindestens die Stückkosten abdeckenden Marktpreisen die Menge am Markt **anbieten,** die bei **Vollauslastung** der vorhandenen Produktionskapazität hergestellt werden kann. Wie nachfolgende Abbildung verdeutlicht, übersteigen bei einer **niedrigen** Ausbringungsmenge die Gesamtkosten die Gesamterlöse, also das Produkt von Menge und Preis. Es wird **kein Gewinn** erzielt. Erst ab einer bestimmten Absatzmenge – auch **„Break-even-Point"** oder **„Gewinnschwelle"** genannt – gelangt das Unternehmen in die Gewinnzone.

Da ab der Gewinnschwelle der Gewinn umso höher ausfällt, je größer die produzierte Absatzmenge ist, wird das Unternehmen den **maximalen Gewinn** (= Differenz zwischen Kosten und Erlösen) dann erreichen, wenn es bis zur **Kapazitätsgrenze** produziert, da in diesem Punkt der Abstand zwischen der Erlös- und der Kostengeraden am größten ist.

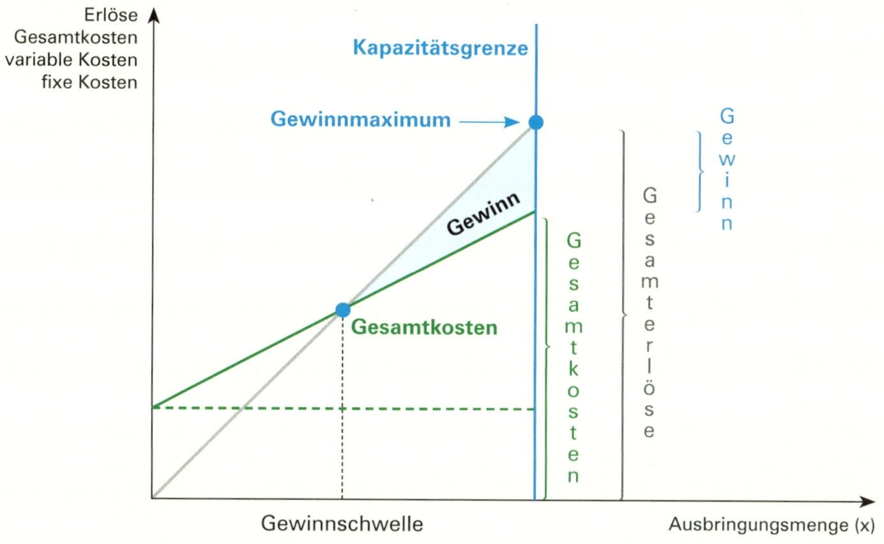

2.2.2 Ergebnisoptimierung am Beispiel von Anpassungsformen bei konstanter Betriebsgröße

Wird die Produktionsmenge **kurzfristig** über die „normale" Kapazitätsgrenze hinaus ausgeweitet, so steigen die Gesamtkosten ab der Kapazitätsgrenze **überproportional** an. Der Gewinn sinkt wieder.

Die gilt in besonderem Maß für die **intensitätsmäßigen** und **zeitlichen Anpassungsformen.**

Wie nachfolgende Abbildung verdeutlicht, steigen die Gesamtkosten bei einer kurzfristigen Ausweitung der Produktion über die normale Betriebskapazität **progressiv.** Dies führt – unter sonst gleichen Bedingungen – zu einer **Schmälerung des Gewinns,** da dem progressiven Kostenanstieg lediglich linear steigende Umsatzerlöse gegenüberstehen. Ab einem bestimmten Punkt jenseits der Kapazitätsgrenze (= „Gewinngrenze") würde das Unternehmen sogar wieder mit Verlust produzieren, da die Gesamtkosten größer sind als die Gesamterlöse. Dieser Tatbestand dürfte die von einem Unternehmen produzierte und angebotene Menge wesentlich beeinflussen.

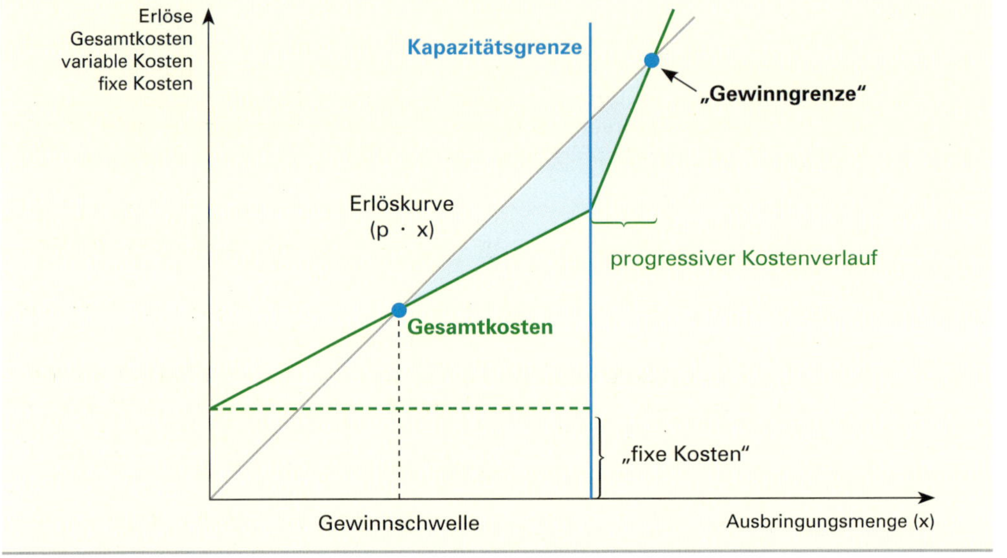

Beispiel:

Die Zackspeed GmbH ist ein bedeutender Zulieferbetrieb für die gesamte Automobilindustrie Deutschlands. Besonders engagiert ist das Unternehmen für drei namhafte Betriebe dieser Branche im süddeutschen Raum. Neben der Herstellung von Spezialfedern ist das Hauptstandbein des Unternehmens die Herstellung von verchromten Abgasanlagen. Die Fertigung erfolgt auf sechs Hydroforming-Press- und Schweißanlagen gleichen Typs. Eine dieser Maschinen hat eine Monatskapazität von 2000 Stück. Die Kapazitätsauslastung schwankt sehr stark. Die variablen Kosten (K_v) verlaufen proportional,

- bei 50%iger Auslastung betragen die gesamten Stückkosten 250,00 EUR,
- bei 100%iger Auslastung betragen die gesamten Stückkosten 200,00 EUR.

Aufgaben:

1. Berechnen Sie die variablen Kosten je Stück sowie die Fixkosten pro Monat und geben Sie die Kostenfunktion an!
2. Ermitteln Sie die Gewinnschwelle, wenn der Stückpreis 210,00 EUR beträgt!
3. Berechnen Sie den Gewinn bei einem Beschäftigungsgrad von 90% und geben Sie den entsprechenden Funktionsterm an!
4. Prüfen Sie, ob sich ein Zusatzauftrag über 2400 Stück lohnt, wenn bei Kapazitätsüberschreitung mit 50% höheren variablen Stückkosten zu rechnen ist!

Lösungen:

Zu 1.: 6 Maschinen haben eine Monatskapazität von 2000 = 12000 Stück.

Gesamtkosten bei 100 % Auslastung gegeben durch:

$K_{G\,100\,\%} = 12000 \cdot 200{,}00$ EUR = 2400000,00 EUR

Gesamtkosten bei 50 % Auslastung gegeben durch:

$K_{G\,50\,\%} = 6000 \cdot 250{,}00$ EUR = 1500000,00 EUR

Variable Stückkosten:

$K_{G\,100\,\%} - K_{G\,50\,\%}$ = 2400000,00 EUR – 1500000,00 EUR = 900000,00 EUR

k_v = (900000,00 EUR/6000 Stück) = <u>150,00 EUR/Stück</u>

Fixkosten der Produktion:

$K_f = K_G - (12000 \text{ Stück} \cdot k_v)$ = 2400000,00 EUR – (12000 · 150,00 EUR/Stück) = <u>600000,00 EUR</u>

Kostenfunktion:

$K_G\,(x) = 150\,x + 600000$

Zu 2.: Die Gewinnschwelle wird dann erreicht, wenn die Erlöse und die Kosten gleich hoch sind.

$$E\,(x) = K_G\,(x)$$
$$210\,x = 150x + 600000$$
$$x = \underline{\underline{10000 \text{ Stück}}}$$

Bei einer Menge von x = 10000 Stück ist die Gewinnschwelle gegeben.

Zu 3.: **Berechnung des Gewinns bei einem Beschäftigungsgrad von 90 % bzw. 10800 Stück**

$$\begin{aligned} G_{90\,\%} &= E_{90\,\%} - K_{90\,\%} \\ &= 210{,}00 \cdot 10800 - (600000{,}00 + 150{,}00 \cdot 10800) \\ &= \underline{\underline{48000{,}00 \text{ EUR}}} \end{aligned}$$

Zu 4.: Der Zusatzauftrag führt zu einer Kapazitätsüberschreitung von 1200 Stück.

$$\begin{aligned} G_{13200} &= E_{13200} - K_{13200} \\ &= 210{,}00 \cdot 13200 - (600000{,}00 + 150{,}00 \cdot 12000 + 225{,}00 \cdot 1200) \\ &= 2772000{,}00 - (600000{,}00 + 1800000{,}00 + 270000{,}00) \\ &= \underline{\underline{102000{,}00 \text{ EUR}}} \end{aligned}$$

Insgesamt wirkt sich der Zusatzauftrag trotz der steigenden variablen Kosten nach Überschreiten der Kapazitätsgrenze positiv auf den Gesamtgewinn aus, da der Degressionseffekt bei den Fixkosten überwiegt.

2.2.3 Ergebnisoptimierung am Beispiel von Anpassungsformen bei variabler Betriebsgröße

Bereits in Kapitel 2.1.3, S. 144ff. wurde dargelegt, wie sich die Kosten durch multiple und mutative Betriebserweiterungen verändern. Im Folgenden werden die Auswirkungen solcher Anpassungsformen auf den Gewinn untersucht.

11 Kaier, Speth, Hug - ISBN 978-3-8120-0662-0

Beispiel:

Die Kapazitätsgrenze eines Einproduktbetriebs liegt bei einer Ausbringungsmenge von 56 000 Stück.

An fixen Kosten fallen monatlich 168 000,00 EUR an; die variablen Kosten betragen 10,36 EUR/Stück. Das Produkt wird für 17,08 EUR/Stück netto verkauft.

Aufgaben:

1. Ermitteln Sie die Gewinnschwelle!
2. In der Vollkostenrechnung wurde ein Stückgewinn von 1,54 EUR ermittelt. Berechnen Sie die Stückzahl, die im kommenden Monat hergestellt werden muss, damit dieser Stückgewinn erzielt wird!
3. Es wird eine Verdoppelung der Absatzmenge erwartet. Die Geschäftsleitung überlegt, ob sie eine zweite gleichartige Anlage kaufen oder ein neues Fertigungsverfahren eingeführt werden soll, bei dem zwar die fixen Kosten je Monat um 35 % höher, die variablen Kosten dagegen je Stück um 30 % niedriger sein werden.
   3.1 Bestimmen Sie, ab welcher Ausbringungsmenge sich die mutative Betriebserweiterung lohnt!
   3.2 Vergleichen Sie den Stückgewinn der beiden Produktionsverfahren an der neuen Kapazitätsgrenze!

Lösungen:

Zu 1.: Ermittlung der Gewinnschwelle

$$E = K$$
$$17{,}08\,x = 168\,000 + 10{,}36\,x$$
$$x = \underline{\underline{25\,000 \text{ Stück}}}$$

Zu 2.:

$$G = E - K$$
$$1{,}54\,x = 17{,}08\,x - (168\,000 + 10{,}36\,x)$$
$$x = \underline{\underline{32\,432{,}4 \text{ Stück}}}$$

Bei 32 433 Stück wird ein Stückgewinn von 1,54 EUR erzielt.

Zu 3. 3.1: Kritische Menge

$$K_{gleich} = K_{neu}$$
$$10{,}36\,x + 168\,000 = 7{,}252\,x + 226\,800$$
$$3{,}108\,x = 58\,800$$
$$x = \underline{\underline{18\,918{,}9 \text{ Stück}}}$$

Die mutative Betriebserweiterung lohnt sich ab einer Stückzahl von 74 919 (56 000+18 919).

3.2: Stückgewinne

$g = e - k$

$$\text{g bei multipler Erweiterung} = 17{,}08 - \left(\frac{336\,000}{112\,000} + 10{,}36\right) = \underline{\underline{3{,}72 \text{ EUR/Stück}}}$$

$$\text{g bei mutativer Erweiterung} = 17{,}08 - \frac{(168\,000 + 56\,000 \cdot 10{,}36 + 226\,800 + 56\,000 \cdot 7{,}252)}{112\,000}$$
$$= 17{,}08 - 12{,}33 = \underline{\underline{4{,}75 \text{ EUR/Stück}}}$$

Die mutative Betriebserweiterung liefert den höheren Stückgewinn an der neuen Kapazitätsgrenze.

2.3 Berücksichtigung von nicht ergebnisorientierten Entscheidungsgrößen

2.3.1 Abgrenzung von internen und externen Effekten wirtschaftlichen Handelns

Die Produktion von Gütern und Dienstleistungen hat einerseits die in den vorangegangenen Kapiteln beschriebenen, in der Kosten- und Leistungsrechnung erfassten **betriebsinternen Effekte.** Im Vordergrund steht die Ergebnisorientierung.

Andererseits bringt die Produktion auch **externe Effekte** mit sich, die gesellschaftliche Auswirkungen haben, aber nicht in die Kosten- und Leistungsrechnung des verursachenden Unternehmens eingehen. Diese ökologischen und sozialen Effekte schlagen sich nicht im Betriebsergebnis nieder, sondern betreffen die Allgemeinheit.

2.3.2 Gesellschaftliche Kosten

(1) Begriff

Gesellschaftliche Kosten (soziale Kosten)[1] sind **vom Steuerzahler zu tragende Kosten,** weil die von den Unternehmen genutzten Güter frei verfügbar sind (z. B. Luft) bzw. deren Beschaffung trotz Knappheit **für die Unternehmen keine Kosten** verursacht.

(2) Beispiele

Gesellschaftliche Kosten entstehen dann, weil die wirtschaftlichen Aktivitäten zu ökologischen Schäden und sozialen Nachteilen führen.

Beispiel 1:

Die Gewinnung von Bodenschätzen (z. B. Kies) ist verbunden mit der Vernichtung von Lebensräumen für Tiere und Pflanzen, Staubbelastungen, Lärmbelästigungen und Straßenschäden durch den Schwerlastverkehr. Es entstehen externe Kosten durch die Schädigung der Natur, der Gesundheit und der Infrastruktur.

Beispiel 2:

Ein Kohlekraftwerk, dessen Hauptzweck die Stromerzeugung ist, gibt bei der Produktion riesige Mengen von Abgasen und Abwärme an die Umwelt ab. Neben einer gesundheitlichen Beeinträchtigung der Anwohner trägt das Unternehmen in erheblichem Maß zur Klimaerwärmung bei. Ein Großteil der daraus entstehenden Kosten trägt das Kraftwerk nicht: Stattdessen steigen die gesellschaftlichen Kosten.

(3) Vermeidung der Internalisierung gesellschaftlicher Kosten

Überschreiten die gesellschaftlichen Kosten ein bestimmtes Maß, weil die Unternehmen bei ihrer Produktion ausschließlich die betriebswirtschaftlichen Kosten im Blick haben und ökologische und soziale Ziele außer Acht lassen, ist mit dem Einschreiten des Staates zu

1 Die **sozialen Kosten** (von der Allgemeinheit zu tragende Kosten) sind von den Sozialkosten (Personalnebenkosten) zu unterscheiden.

rechnen. Die Folge sind verschärfte Umweltauflagen und steigende Sozialabgaben. Damit werden externe Kosten zumindest teilweise zu internen Kosten (Internalisierung gesellschaftlicher Kosten).

Um diese Internalisierung gesellschaftlicher Kosten zu vermeiden, sollten die Unternehmen neben den ergebnisorientierten auch nicht ergebnisorientierte Entscheidungsgrößen berücksichtigen. Hierbei sind alle Faktoren geeignet, die die gesellschaftlichen Kosten verringern, ohne die betriebsinternen Kosten zu erhöhen.

Beispiele:

- Eine Bauunternehmung wählt bei der Beschaffung von Baumaschinen die aus, deren Lärmbelastung geringer ist.
- Ein Industriebetrieb wählt zum Versand seiner Produkte bei vergleichbaren Kosten die umweltfreundlichere Alternative aus.
- Ein Pizzahersteller verzichtet bei Kostengleichheit zweier Verfahren auf die Automatisierung, damit er keine Mitarbeiter entlassen muss.

2.3.3 Gesellschaftliche Erträge

Hin und wieder bringen betriebsbezogene Kosten nicht nur betriebliche Erträge, sondern auch gesellschaftlichen Nutzen hervor. Auf solche Win-win-Situationen sollte ein Unternehmen hinarbeiten, da dadurch die gesellschaftliche Akzeptanz erhöht wird.

Beispiele:

- Eine Unternehmung wählt statt Abriss und Neubau des Verwaltungsgebäudes bei vergleichbaren Kosten dessen Sanierung, wodurch das Altstadtflair nicht nur erhalten bleibt, sondern verbessert wird.
- Durch die Renaturierung eines Kieswerks entsteht ein Badesee, der der Allgemeinheit zur Verfügung steht.

Zusammenfassung

- Das wichtigste Ziel der meisten Unternehmen ist die **Gewinnerzielung.**
- Beim linearen Kostenverlauf wird der **maximale Gewinn an der Kapazitätsgrenze** erreicht.
- Die überproportional ansteigenden variablen Stückkosten bei **intensitätsmäßigen und zeitlichen Anpassung** führen zu einer **Schmälerung des Gewinns.** Die Gewinngrenze ist zu beachten.
- Die **mutative Anpassung** führt bei großen Stückzahlen zu einem **höheren Stückgewinn** als die multiple Anpassung.
- Neben den ergebnisorientierten Entscheidungsgrößen sind auch **nicht ergebnisorientierte, externe Effekte** zu berücksichtigen.
- **Gesellschaftliche Kosten** sind Kosten, die **von der Allgemeinheit getragen** werden. Es handelt sich um **ökologische und soziale Folgekosten** des betriebswirtschaftlichen Handelns.
- Zur Vermeidung staatlicher Sanktionen sollten die Unternehmen darauf achten, die gesellschaftlichen Kosten zu minimieren.

Kompetenztraining

52 Kostenauflösung, Gewinnschwelle, Nachfrageänderung

Die Kostenanalyse für eine Fertigungsanlage ergibt folgendes Bild:

April: Hergestellte Menge 3400 Stück, Gesamtkosten 273000,00 EUR
Mai: Hergestellte Menge 3600 Stück, Gesamtkosten 282000,00 EUR

Der Verkaufserlös beträgt je Stück 77,00 EUR.

Aufgaben:

1. Ermitteln Sie die variablen Stückkosten, die Gewinnschwelle und den damit erzielbaren Umsatz!
2. Berechnen Sie den Gewinn/Verlust bei einem Beschäftigungsgrad von 72 % bzw. 100 % (Kapazitätsgrenze), wenn die Kapazitätsauslastung im Monat Mai 80 % beträgt!
3. Berechnen Sie die Absatzmenge, bei dem ein Gewinn von 11200,00 EUR erwirtschaftet wird!

53 Kostenauflösung mithilfe des Beschäftigungsgrades

Die Bayern-Metall GmbH stellt unter anderem ein Spezial-Gusseisenteil her. Die Kapazität für dieses Produkt ist je nach Konjunkturlage zwischen 60 % und 90 % ausgenutzt. Die Gesamtkosten verlaufen bis zur Kapazitätsgrenze von 20000 Stück/Monat linear. Bei einem Beschäftigungsgrad von 60 % betragen die monatlichen Gesamtkosten 50000,00 EUR, bei 80 % sind es 60000,00 EUR.

Aufgaben:

1. Berechnen Sie unter Verwendung einer geeigneten Funktionsgleichung den Gewinn/Monat bei einem Beschäftigungsgrad von 75 %, wenn der Verkaufspreis 4,30 EUR je Stück beträgt!
2. In anderen Betriebsbereichen sind die Arbeitskräfte ebenfalls nicht voll ausgelastet. Es wäre möglich, die Kapazitätsausnutzung für das Spezial-Gusseisenteil auf 90 % bei einem gleichbleibenden Verkaufpreis zu erhöhen.
   2.1 Ermitteln Sie die durch die Mehrausnutzung erzielte Gewinnerhöhung in EUR und in Prozent, bezogen auf einen Beschäftigungsgrad von 75 %!
   2.2 Begründen Sie, worauf die Gewinnsteigerung bei zunehmender Kapazitätsausnutzung zurückzuführen ist!
   2.3 Angenommen, die Mehrproduktion ließe sich nur an einen neuen Großkunden absetzen, der einen Rabatt von 30 % auf den Verkaufspreis von 4,30 EUR je Stück verlangt. Ermitteln Sie die Gewinnsteigerung gegenüber dem Gewinn bei einem Beschäftigungsgrad von 75 %!

54 Gewinnermittlung, mutative Betriebserweiterung

Der Unternehmer Gscheidle hat ein besonders leistungsfähiges Gerät zum Empfang von Satelliten-Sendern entwickelt. Er will es in seiner Fabrik bauen. Die maximale Jahresproduktion beträgt 3500 Stück. Bei einem Beschäftigungsgrad von 50 % entstehen Gesamtkosten von 900000,00 EUR, bei der erwarteten Auslastung von 90 % dagegen 1020000,00 EUR. Verkauft werden die Empfangsgeräte für 490,00 EUR/Stück.

Aufgaben:

1. Berechnen Sie Gewinnschwelle und den maximalen Gesamtgewinn!
2. Da sich das Produkt gut verkauft, entschließt sich Herr Gscheidle, die Produktionskapazität um 50 % zu erhöhen. Dadurch steigen die Fixkosten um 40 %.
   2.1 Erklären Sie diesen unterproportionalen Anstieg an zwei Beispielen!
   2.2 Berechnen Sie die neue Gewinnschwelle!
   2.3 Das Risiko hat sich durch diese Investition verändert. Weisen Sie das anhand der vorliegenden Zahlen nach!

3. Die ursprünglich sehr positive Entwicklung setzt sich nicht weiter fort, da viele Konkurrenten „die Preise verderben".

   Ermitteln Sie, bis zu welchem Preis Herr Gscheidle bei der gegebenen Kostenstruktur mithalten kann, wenn er auf Dauer mit einer 70 %igen Auslastung der erhöhten Kapazität rechnet!

55 Mutative Betriebserweiterung, Reihenfolge des Maschineneinsatzes

Die Zackspeed GmbH ist ein bedeutender Zulieferbetrieb für die gesamte Automobilindustrie Deutschlands. Hauptstandbein des Unternehmens ist die Herstellung von verchromten Abgasanlagen. Die Fertigung erfolgt auf 6 Hydroforming-Press- und Schweißanlagen mit einer Monatskapazität von je 2000 Stück. Die Fixkosten je Anlage betragen 100 000,00 EUR. Die variablen Kosten liegen bei 150,00 EUR/Stück (vgl. Beispiel, S. 160 f.).

1. Die Zackspeed GmbH will eine zusätzliche computergesteuerte Hydroforming-Press- und Schweißanlage anschaffen. Diese Maschine hat die doppelte Kapazität einer alten Maschine, verursacht aber dreimal so hohe fixe Kosten. Die variablen Kosten sinken auf 100,00 EUR je Stück.

   Aufgabe:

   Berechnen Sie durch Kostenvergleich der neuen Maschine mit zwei Maschinen des alten Typs, ab wie viel Stück die neue Maschine kostengünstiger arbeitet!

2. Nachdem die neue Maschine angeschafft wurde, muss entschieden werden, in welcher Reihenfolge die sieben Maschinen eingesetzt werden sollen. Es stehen folgende Alternativen zur Wahl:

   A: Erst Vollauslastung der neuen Maschine, danach Einsatz der alten Maschinen.
   B: Erst Vollauslastung der alten Maschinen, danach Einsatz der neuen Maschine.

   Der Verkaufspreis beträgt in beiden Fällen 210,00 EUR.

   Aufgabe:

   Ermitteln Sie das jeweilige Betriebsergebnis in der vorgegebenen Tabelle und begründen Sie die Entscheidung der Zackspeed GmbH, wenn diese weiterhin mit schwankender Nachfrage rechnen muss!

Stück gesamt	Stückzahl pro Maschine		K_f in EUR	K_v in EUR	K_G in EUR	Erlöse in EUR	Betriebsergebnis in EUR	Betriebsergebnis in EUR gesamt
16000	A	4000						
		12000						
	B	4000						
		12000						
14000	A							
	B							
12000	A							
	B							

56 Auswirkungen von Umsatzrückgängen

Die Produktionskapazität der Strickwarenfabrik Nadler & Co. OHG liegt bei 100 000 Pullover im Jahr. Die fixen Kosten belaufen sich auf 3,8 Mio. EUR, die variablen Stückkosten liegen bei 50,00 EUR.

Aufgaben:

1. Vervollständigen Sie folgende Tabelle!

	Produktionsmenge (Stück)	fixe Kosten (Mio. EUR)	variable Kosten (Mio. EUR)	Gesamtkosten (Mio. EUR)	Umsatz (Mio. EUR)
1. Jahr	96 000				10,0
2. Jahr	90 000				9,0
3. Jahr	81 000				7,65

2. Berechnen Sie den Verlust bzw. Gewinn für die drei Jahre und beurteilen Sie deren Entwicklung!

   Erörtern Sie, welche Folgerungen die Geschäftsleitung daraus ziehen sollte!

3. 3.1 Ermitteln Sie die durchschnittlichen Verkaufspreise für die drei Geschäftsjahre! Die produzierten Mengen entsprechen den jeweils verkauften Mengen.

   3.2 Berechnen Sie die Gewinnschwelle für das 3. Jahr!

4. Erläutern Sie drei Maßnahmen, die die Unternehmensleitung ergreifen kann, um die wirtschaftliche Situation zu verbessern!

57 Externe Kosten

1. Diskutieren Sie in Ihrer Klasse die Hintergründe der beiden folgenden Sichtweisen!

Man kann es so sehen ...

Die Rechnung aus Unternehmersicht

... oder auch so

Die Rechnung der Allgemeinheit

2. Erläutern Sie, welche weiteren gesellschaftlichen Kosten bei der Entscheidung über Anpassungsmaßnahmen berücksichtigt werden sollten!

Lernbereich 4: Personal sach- und personenorientiert führen und zukunftsorientiert entwickeln

1 Motivationskonzepte auf der Grundlage verschiedener Theorien entwerfen

LB 4 **Handlungssituation 1: Ein Motivationskonzept unter Berücksichtigung der Unternehmensbedürfnisse entwerfen**

Die Augsburger Büromöbel AG hat seit einiger Zeit mit häufigeren Fehlzeiten der Mitarbeiter und einer Zahl von Kündigungen zu kämpfen, die über dem Branchendurchschnitt liegen.

In einer Sitzung der Abteilungsleiter kommt diese Thematik zur Sprache. Anja Stark, die Personalleiterin, erörtert in ihrem Statement, dass die Augsburger Büromöbel AG zwar mit guter Entlohnung, kooperativem Führungsstil und attraktiven Arbeitszeitregelungen aufwarten könne, diese jedoch von den Mitarbeitern als Selbstverständlichkeiten betrachtet werden.

Sie fährt fort: „Damit haben wir aber unsere Führungsinstrumente noch nicht ausgeschöpft. Wir können und müssen die Motivation unserer Mitarbeiter fördern! Mündige Mitarbeiter erwarten mehr: Entscheidungsfreiheit, Möglichkeit zur persönlichen Weiterentwicklung, nachvollziehbare Beurteilungen, Verantwortung. Werden diese Bedürfnisse erfüllt, dann entwickeln sich motivierte und leistungsstarke Mitarbeiter. Ich nenne das immer ‚Billard mit Bande', weil die Erfüllung der Ziele in den Köpfen der Mitarbeiter die Erfüllung der Ziele unseres Unternehmens unterstützt. Ich denke, wir sollten alle Möglichkeiten der Motivationssteigerung unserer Mitarbeiter ausschöpfen."

Kompetenzorientierte Arbeitsaufträge:

1. Erläutern Sie die Position der Personalleiterin Anja Stark mithilfe der Motivationstheorien!
2. Entwerfen Sie für die Augsburger Büromöbel AG ein tragfähiges Motivationskonzept zur Reduzierung von Fehlzeiten und Kündigungen!

1.1 Begriffe Leitung und Führung

(1) Leitung und Führung

Führungsfragen im Unternehmen sind auf zwei Ebenen angesiedelt. Die erste Ebene ist der Bereich der **Unternehmensführung.** In diesem Fall steht die Steuerung der Organisation im Blickpunkt (Fokus) der Betrachtung. Die zweite Ebene ist der Bereich der **Personalführung,** der sich auf die Steuerung des Verhaltens von Mitarbeitern bezieht. Eine Verbindung zwischen den beiden Ebenen besteht darin, dass sich Personalführung immer in einem von Entscheidungen der Unternehmensleitung verantworteten Rahmen vollzieht. Im Folgenden beschränken wir uns auf die Darstellung der Personalführung.

Bei der **Personalführung** ist zwischen den Begriffen Leitung und Führung zu unterscheiden.

Leitung (Headship)	Leitung (Headship) beruht auf einer formalistischen Positionsmacht und drückt ein Auftraggeber- und Auftragnehmerverhältnis aus. Die Personen stehen dabei in einem Über- bzw. Unterordnungsverhältnis. Der Übergeordnete gibt eine Anweisung, der Untergeordnete hat diese auszuführen. Es handelt sich um eine Arbeitsbeziehung, bei der der Führende seine Interessen wahrnimmt.
Führung (Leadership)	Führung (Leadership) bedeutet, dass der Führende von anderen (den potenziell Geführten) anerkannt wird. Er überzeugt, schafft Einsicht und freiwillige Gefolgschaft. Zwang, Überredung, Befehl oder Gehorsam haben mit Führung nichts zu tun.

- **Führung (Leadership)** heißt, andere durch **eigenes sozial akzeptiertes Verhalten zielgerichtet** zu **aktivieren,** zu **steuern** und zu **kontrollieren** und hierbei deren Interessen zu wahren.
- Die Führung erfolgt über **persönliche Kontakte** oder über **vorgegebene generelle (organisatorische) Regelungen.**

Da mit Personalführung jede Führungskraft betraut ist, verbleibt der **Personalabteilung** nur eine unterstützende und beratende Aufgabe, indem sie z. B. personalpolitische Grundsätze zur Personalorganisation (z. B. Einstellung, Entlohnung, Versetzung, Beförderung, Entlassung), zur Personalführung und zur Personalbetreuung erlässt.

(2) Führungskonzepte im Wandel

Tiefgreifende Veränderungen im Aufgabenumfeld schaffen neue, teilweise kritische Anforderungen an das Management. Unternehmensführer müssen das vorherrschende Führungskonzept hinterfragen, neue Quellen der Wirtschaftlichkeit erschließen, ihre Unternehmen beweglicher und lernfähiger gestalten sowie neue Strategiehebel einsetzen.[1] Das ist mit einem klassischen Management in Form des Headship nicht zu leisten. Die neuen Herausforderungen sind nur mit einem partnerschaftlichen Leadership zu bewältigen, das den Mitarbeiter in den Mittelpunkt stellt.

1 Vgl. Bullinger/Warnecke/Westkämper/Niemann/Balve/Bauer/Gerlach: Neue Organisationsformen im Unternehmen. Ein Handbuch für das moderne Magement, 2. Aufl., Berlin 2003.

Gegenüberstellung der beiden Führungskonzepte	
Leitung/Management (Headship)	**Moderne Führung (Leadership)**
■ Steuerung ■ Klare Vorgaben ■ Optimierung ■ Besser machen ■ Prozesse definieren ■ Komplexität reduzieren → Arbeit **im** System	■ Entwicklung ■ Offenheit ■ Innovation ■ Neu denken ■ Kultur hervorbringen ■ Mehrperspektivität → Arbeit **am** System

Eine moderne Führungskraft versteht sich als Motivator in einer lernenden Organisation.

1.2 Mitarbeitermotivation

1.2.1 Begriffe Motivation und Motivationstheorie

(1) Begriff Motivation

Motivation[1] kann als zielgerichtetes Verhalten verstanden werden. Jemand ist motiviert, wenn er als Ergebnis seines Handelns die Erreichung eines bestimmten Ziels erwartet.

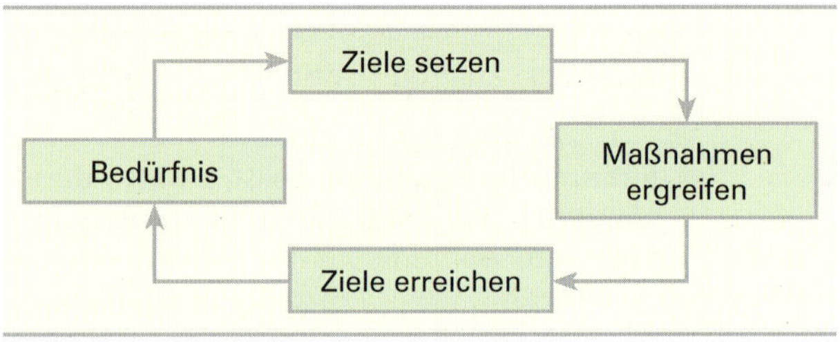

Die Motivation setzt sich aus den drei Komponenten Richtung (Ziel), Aufwand und Ausdauer zusammen.

- **Richtung:** was jemand erreichen will.
- **Aufwand:** wie hart jemand an der Erreichung seines Ziels arbeitet.
- **Ausdauer:** wie lange jemand dieses Bemühen aufrechterhält.

Motivation bestimmt **Richtung, Stärke** und **Dauer** des menschlichen Handelns. Sie ist die **Energie,** die ein Individuum für eine bestimmte Handlung aufbringt.

Welche Beweggründe das Handeln und Verhalten eines Menschen beeinflussen, versuchen **Motivationstheorien** herauszufinden.

(2) Motivationstheorien

Motivationstheorien versuchen, den Aufbau, die Aufrechterhaltung und den Abbau von menschlichem Verhalten sowie dessen Richtung, Stärke und Dauerhaftigkeit zu beschreiben und zu erklären.

1 **Motivation:** Summe der Beweggründe, die jemandes Entscheidungen, Handlungen beeinflussen.

1.2.2 Zwei-Faktoren-Theorie von Herzberg

Herzberg[1] geht davon aus, dass eine ganz bestimmte Klasse arbeitsbezogener Faktoren Zufriedenheit hervorruft, während davon ganz unterschiedliche Faktoren Unzufriedenheit verursachen.

(1) Extrinsische Motivation (Hygienefaktoren)

Unzufriedenheit wird durch **extrinsische**[2] **Faktoren** der Arbeitswelt („dissatisfiers"[3], „Hygienefaktoren") hervorgerufen. Man spricht auch von **extrinsischer Motivation.**

Darunter versteht man die von „außen" zugeführte Motivation. Die extrinsische Motivation entsteht durch **„externe" Anreizfunktionen** von Vorgesetzten und der Unternehmensleitung.

Eine ausreichende Berücksichtigung der extrinsischen Faktoren führt nur zu einem Fortfall der Unzufriedenheit, nicht aber zur Zufriedenheit.

Beispiele:

Personalpolitik, fachliche Kompetenz des Vorgesetzten, Gehaltserhöhungen, Belobigungen, Bestrafung wie Gehaltsreduzierung, Überwachung, Kontrolle, disziplinarische Maßnahmen.

(2) Intrinsische Motivation (Motivatoren)

Zufriedenheit kann nur über **intrinsische**[4] **Faktoren** („satisfiers"[5], „Motivatoren") erreicht werden. Man spricht auch von **intrinsischer Motivation.** Intrinsische Motivation ist die Motivation, die **aus der Arbeit selbst** entsteht.

Beispiele:

Leistungs- und Erfolgserlebnisse, Anerkennung für geleistete Arbeit, Verantwortung, Aufstieg, Möglichkeit zur Persönlichkeitsentfaltung, Entscheidungsfreiheiten, interessante Arbeitsinhalte.

Eine dauerhafte Arbeitsmotivation („Jemand tut etwas, weil er selbst es tun will") kann immer nur aus der Arbeit selbst entstehen. Wichtige Mitarbeitereigenschaften wie etwa Kreativität, Engagement, Eigenverantwortung und Zuverlässigkeit sind immer intrinsisch motiviert – sie beruhen auf Neugier und Freude am Tun.

(3) Wirkung von Hygienefaktoren und Motivatoren

Herzberg leitet für Hygienefaktoren und Motivatoren verschiedene Wirkungen ab:[6]

- Fehlen Hygienefaktoren, so ergibt sich Unzufriedenheit.
- Sind Hygienefaktoren vorhanden, so werden sie als selbstverständlich betrachtet und sie erzeugen keine motivationale Wirkung.
- Das Fehlen von Hygienefaktoren kann durch das Vorhandensein von Motivatoren nur zu einem geringen Teil ausgeglichen werden.
- Durch die unterschiedliche Wirkung von Motivatoren und Hygienefaktoren kann jemand gleichzeitig mit seiner Arbeit zufrieden und unzufrieden sein.

---

1 Frederick Herzberg (1923–2000), US-amerikanischer Professor für Arbeitswissenschaft und Psychologie.

2 **Extrinsisch**: von außen her (angeregt), nicht aus eigenem inneren Anlass erfolgend.

3 **Dissatisfy**: unbefriedigend.

4 **Intrinsisch**: von innen her, aus eigenem Antrieb durch Interesse an der Sache erfolgend.

5 **To satisfy**: befriedigen, zufriedenstellen.

6 Hohlbaum, Anke/Olesch, Gunther: Human Resources – Modernes Personalwesen, 4. Aufl., Rinteln 2010, S. 106.

Herzberg hat aus diesen Erkenntnissen den Schluss gezogen, dass nur solche Faktoren eine wirkliche Motivationskraft freisetzen können, die sich auf den **Arbeitsinhalt** und auf die **Befriedigung persönlicher Motive** beziehen. Die Zwei-Faktoren-Theorie ist deshalb eine **Inhaltstheorie**. Sie hatte wesentlichen Einfluss auf die Entwicklung des Trends zum **Jobenrichment (Arbeitsbereicherung),** nach dem Jobs so gestaltet werden, dass ein Höchstmaß an intrinsischer Arbeitszufriedenheit erreicht wird.

Eine **hohe Motivation** der Mitarbeiter kann allein über **intrinsische Faktoren** (Motivatoren) erzielt werden.

(4) Kritik an der Zwei-Faktoren-Theorie

Als **Kritik** an Herzberg wird genannt, dass Zufriedenheit nur sehr schwer zu messen ist und nicht sichergestellt ist, dass die Fragestellung Herzbergs dies wirklich ermittelt. Weiterhin ist es möglich, dass ein Faktor wie die Bezahlung für eine bestimmte Mitarbeitergruppe Motivator ist, für eine andere Gruppe dagegen Hygienefaktor.

1.2.3 Zielsetzungstheorie von Edwin Locke und Gary Latham

Diese Motivationstheorie geht davon aus, dass die Menschen von Zielen motiviert werden, die ihr Handeln regulieren. Es handelt sich um eine **Prozesstheorie,** da dem Prozess der Zielsetzung und der Qualität der Ziele eine besonders große Bedeutung für die Motivation beizumessen ist.

Damit die Ziele einen Spannungszustand und damit Motivation erzeugen, müssen diese klar formuliert sein, d.h. die Merkmale der **SMART-Formel**[1] aufweisen. Die Ziele sollten also spezifisch, messbar, vom Mitarbeiter akzeptiert, realistisch und terminiert sein. Insbesondere die Zieldimensionen Akzeptanz, Realisierbarkeit und Terminsetzung erfordern individuelle Zielsetzungen für die einzelnen Mitarbeiter.

Beispiel:

Sepp Hartl ist bei der MicroTex Technologies GmbH, Augsburg, als Außendienstmitarbeiter tätig. Im Rahmen eines Zielsetzungsprozesses wurde mit ihm folgendes Ziel vereinbart:

„Steigerung des Umsatzes von Kunstfasern für den Karosseriebau in Deutschland um 5 % innerhalb von 24 Monaten."

Das Ziel ist aufgrund des Trends zur Leichtbauweise realistisch.

Solange ein vereinbartes Ziel nicht erreicht ist, wirkt eine motivierende Kraft auf den Mitarbeiter. Verstärkt wird die Motivationswirkung des Zielsetzungsprozesses, wenn die Führungskraft

- den Mitarbeitern verbindliche Ziele setzt,
- die Fähigkeiten der Mitarbeiter richtig einschätzt,

1 Zur **SMART-Formel** vgl. Band 1 für die Jahrgangsstufen 11 und 12 (Merkurbuch 0659), S. 39 f.

- ein Mitspracherecht einräumt,
- regelmäßiges Feedback über den Zielerreichungsgrad gibt sowie
- die Selbstwirksamkeit der Mitarbeiter zulässt.

Mitarbeiter mit ausgeprägter Selbstwirksamkeit[1] setzen sich selbst höhere Ziele, identifizieren sich mit den gesetzten Zielen, finden meist bessere Problemlösungsstrategien und können auch mit einem negativen Feedback konstruktiv umgehen.

Die Zielsetzungstheorie nutzt im **Zielsetzungsprozess** die Motivationswirkung der Zielverbindlichkeit, der Aufgabenkomplexität, der Angemessenheit der Aufgabe, des Feedbacks und der Selbstwirksamkeit.

Der Motivationskreislauf schließt sich, wenn auf die Leistung eine direkte oder indirekte Belohnung folgt. Sie erzeugt Zufriedenheit, erhöht die Verbundenheit mit dem Unternehmen und die Bereitschaft, sich künftigen Herausforderungen zu stellen.

Zusammenfassung

- Bei der Personalführung ist zwischen **Leitung** (Über- und Unterordnungsverhältnis) und **Führung** (partnerschaftliches Verhältnis) zu unterscheiden.
- Der **Erfolg eines Unternehmens** hängt insbesondere von der **Motivation seiner Mitarbeiter** ab.
- **Motivationstheorien** versuchen zu erklären, welche Beweggründe das Handeln und Verhalten eines Menschen beeinflussen.
- Die **Zwei-Faktoren-Theorie** von Herzberg untersucht, welche Faktoren Zufriedenheit hervorrufen und welche Faktoren zur Unzufriedenheit der Mitarbeiter führen.
    - **Unzufriedenheit** wird durch **extrinsische Faktoren** der Arbeitsumwelt („dissatisfier“, „Hygienefaktoren“) hervorgerufen.
    - **Zufriedenheit** kann nur über **intrinsische Faktoren** („satisfier“, „Motivatoren“) erreicht werden.
- Bei der **Zielsetzungstheorie** von Locke und Latham stehen der **Prozess der Zielsetzung** und die **Qualität der Ziele** im Vordergrund.
- Der Zielsetzungsprozess nutzt die **Motivationswirkung** der Zielverbindlichkeit, der Aufgabenkomplexität, der Angemessenheit der Aufgabe, des Feedbacks und der Selbstwirksamkeit.

Kompetenztraining

58 Grundlagen der Personalführung

1. Erklären Sie mit eigenen Worten, was unter Personalführung zu verstehen ist!
2. Erläutern Sie, worin die Hauptaufgabe der betrieblichen Personalführung besteht!
3. Begründen Sie, warum in einem wirtschaftlichen Betrieb Führung notwendig ist!

1 **Selbstwirksamkeit**: Fähigkeit, die notwendigen Handlungen selbstständig zu organisieren und auszuführen, um bestimmte Ziele zu erreichen.

59 Motivationsfaktoren

1. Erläutern Sie, was man unter extrinsischen und intrinsischen Anreizen versteht und bilden Sie hierzu jeweils ein Beispiel!
2. Beschreiben Sie die Zielsetzung eines extrinsischen und eines intrinsischen Anreizsystems!
3. Nennen Sie vier Bestimmungsgründe für eine intrinsische Motivation!
4. Erläutern Sie die Schlussfolgerung, die Herzberg aus seiner Zwei-Faktoren-Theorie ableitet!
5. Interpretieren Sie das unten stehende Zitat von Antoine de Saint-Exupéry im Hinblick auf die beiden Motivationstheorien!

> „Wenn du ein Schiff bauen willst, so trommle nicht Männer zusammen, um Holz zu beschaffen, Werkzeuge vorzubereiten, Aufgaben zu vergeben und die Arbeit einzuteilen, sondern lehre die Männer die Sehnsucht nach dem weiten, endlosen Meer!"

60 Anwendung der Motivationstheorien

In der Forschungs- und Entwicklungsabteilung der MicroTex Technologies GmbH, Augsburg, kommt es vor allem auf die Kreativität der Mitarbeiter an. Innovationen kann man nicht erzwingen.

Aufgabe:

Begründen Sie, welche Motivationstheorie hier am erfolgversprechendsten umgesetzt werden kann!

2 Führungsverhalten und Managementtechniken im Hinblick auf die Zusammenarbeit im Unternehmen beurteilen

LB 4 Handlungssituation 2: Unter Berücksichtigung der Unternehmenskultur ein angemessenes Leitungskonzept auswählen

Nachdem sich die Führungskräfte der Augsburger Büromöbel AG mit den Motivationstheorien beschäftigt haben, verlangt die Personalleiterin, Anja Stark, Führungsstil und Führungstechnik zu überprüfen und gegebenenfalls zu ändern. Der Krankenstand sei immer noch zu hoch. Außerdem lasse das Betriebsklima in einigen Abteilungen und Werkstätten zu wünschen übrig.

Bei der Wahl des persönlichen Führungsstils hätten die Vorgesetzten zwar durchaus einen gewissen Freiraum. Nachdrücklich verweist die Personalleiterin allerdings auf den in der Praxis und Literatur bevorzugten kooperativen Führungsstil.

Anja Stark fährt fort: „Ich denke, wir sollten uns alle Möglichkeiten der Führungsinstrumente vor Augen führen. Ich habe daher meinen Mitarbeiter, Sepp Oberhofer, gebeten, die Managementtechniken einmal zusammenzustellen – insbesondere im Hinblick auf unsere Unternehmenskultur." Sie schließt mit einer PowerPoint-Folie, die die Kernpunkte der Unternehmenskultur der Augsburger Büromöbel AG aufführt:

Kernpunkte unserer Unternehmenskultur

(1) Fairness im Umgang mit Mitarbeitern, Kunden, Lieferern und anderen Stakeholdern
(2) Ständige Verbesserung von Arbeitsbedingungen und Betriebsklima
(3) Anwendung des kooperativen Führungsstils
(4) Unterstützung der Mitarbeiter bei der Mitwirkung in Vereinen, Parteien, Kirchen und karitativen Einrichtungen
(5) Stärkung des Umweltbewusstseins der Belegschaft
(6) Sicherung von Arbeitsplätzen und eingesetztem Kapital

Kompetenzorientierte Arbeitsaufträge:

1. Begründen Sie, weshalb der kooperative Führungsstil bevorzugt werden sollte!
2. Versetzen Sie sich in die Rolle von Sepp Oberhofer. Stellen Sie die im Hinblick auf die Unternehmenskultur wichtigen Führungstechniken zusammen und überprüfen Sie die Auswirkungen ihres Einsatzes auf die Mitarbeiterinnen und Mitarbeiter!

   Hinweis: Sie können zur Lösung der Aufgabe eine Tabelle nach folgendem Muster erstellen.

Unternehmenskultur	Führungstechnik	Auswirkung auf Mitarbeiter
(1) Fairness	...	...

2.1 Menschenbild und Führungsstil

Ausschlaggebend für die Art der Personalführung – besonders was den Führungsstil und die Führungstechniken betrifft – ist das Bild vom Menschen, das Unternehmer und Mitarbeiter voneinander haben.

2.1.1 Die zwei gegensätzlichen Menschenbilder nach McGregor

Douglas McGregor stellt in seiner Theorie X und Theorie Y zwei unterschiedliche Menschenbilder gegenüber.

(1) Menschenbild der Theorie X

Die Theorie X geht von einem **negativen Menschenbild** aus:

- Der Mensch hat eine angeborene Abneigung gegen Arbeit und versucht, ihr aus dem Weg zu gehen.
- Der Mensch zieht es vor, an die Hand genommen zu werden, drückt sich vor Verantwortung, besitzt wenig Ehrgeiz und ist vor allem auf Sicherheit aus.
- Der Mensch hat nur begrenzte Fähigkeiten, deren Weiterentwicklung sich nicht lohnt.

Auf der Grundlage der Theorie X sind folgende **Führungsmerkmale** typisch:

- Es besteht ein starkes Bildungsgefälle zwischen Vorgesetztem und Mitarbeiter.
- Der Mitarbeiter muss gezwungen, gelenkt und mit Strafe bedroht werden, damit die Unternehmensziele erreicht werden.
- Es erfolgt nur die Delegation von Routineaufgaben bei zentraler Entscheidungsmacht.
- Das Verhältnis von Vorgesetztem und Mitarbeiter ist durch ein klares Über-/Unterordnungsverhältnis gekennzeichnet.

(2) Menschenbild der Theorie Y

Die Theorie Y geht von einem **positiven Menschenbild** aus:

- Der Mensch ist von Natur aus kreativ und fleißig.
- Die persönlichen Fähigkeiten und die Möglichkeiten der Zusammenarbeit können weiterentwickelt werden.
- Der Mensch ist unter geeigneten Bedingungen bereit, Verantwortung zu übernehmen.
- Ein Mensch, der sich den gesteckten Zielen verpflichtet fühlt, wird sie mit Selbstdisziplin und Selbstkontrolle zu erreichen versuchen.

Auf der Grundlage der Theorie Y sind folgende **Führungsmerkmale** typisch:

- Es besteht ein geringes Bildungsgefälle zwischen Vorgesetztem und Mitarbeiter.
- Die Mitarbeiter lassen sich auch durch Freude an der Arbeit oder Erfolgserlebnisse motivieren.
- Die Delegation aller Arten von Aufgaben und dezentrale Entscheidungsmacht sind selbstverständlich.
- Das Verhältnis des Vorgesetzten zum Mitarbeiter ist durch Aufgeschlossenheit, Vertrauen und Verzicht auf Vorrechte gekennzeichnet.

(3) Gegenüberstellung[1]

Motivationstheorie nach McGregor

Theorie X	Theorie Y
Theorie X geht von einem pessimistischen Menschenbild aus.	**Theorie Y** geht von einem optimistischen Menschenbild aus.
Der Mensch ist von Natur aus arbeitsscheu und lehnt Verantwortung ab.	Der Mensch will etwas leisten und strebt nach Befriedigung durch seine Arbeit.
Der Mitarbeiter muss durch permanenten Druck und Kontrolle zur Leistung gezwungen werden.	Der Mitarbeiter wird durch motivierende Anreize zur Leistung angeregt.
Führung durch Kontrolle.	**Führung durch Motivation.**

2.1.2 Eindimensionale Betrachtung der Führungsstile

Die Führungsstile kann man nach den **Zielen der Vorgesetzten** und nach der **Art der Willensbildung** unterscheiden.

(1) Führungsstile nach den Zielen der Vorgesetzten

Aufgaben-orientierter Führungsstil	Ziel der Vorgesetzten ist, dass die Mitarbeiter ihre Arbeitskraft maximal einsetzen. Den Vorgesetzten kommt es auf eine möglichst hohe quantitative und qualitative Arbeitsleistung an.
Personen-orientierter Führungsstil	Die Vorgesetzten gehen auf die Bedürfnisse und Erwartungen der Mitarbeiter ein. Sie unterstützen sie bei der Aufgabenerfüllung und beachten die Grundsätze der Personalführung.[2]

Der aufgabenorientierte Führungsstil ist insbesondere auf der oberen Führungsebene sinnvoll, um Innovationen und die Abteilungskoordination zu fördern. Auf der mittleren Führungsebene ist häufig eine Kombination beider Führungsstile anzutreffen, während auf der unteren Führungsebene der personenorientierte Führungsstil von Bedeutung ist.

Bei Aspekten der Organisationsentwicklung steht der aufgabenorientierte Führungsstil, bei Fragen der Personalentwicklung der personenorientierte Führungsstil im Vordergrund.

1 In Anlehnung an: Landesinstitut für Schulentwicklung (Hrsg.): Existenzgründung, Handreichung H-05/28, Stuttgart 2005.

2 Zu den Grundsätzen der Personalführung siehe Schaubild, S. 178.

12 Kaier, Speth, Hug - ISBN 978-3-8120-0662-0

(2) Führungsstile nach der Art der Willensbildung

Autoritärer Führungsstil	Die Vorgesetzten treffen ihre Entscheidungen allein, ohne Begründung und häufig willkürlich. Sie erwarten von ihren Untergebenen Gehorsam.
Kooperativer Führungsstil	Die Vorgesetzten beziehen ihre Mitarbeiter in den Entscheidungsprozess mit ein. Sie erwarten sachliche Unterstützung bei der Verwirklichung der gemeinsam gesetzten Ziele.
Laissez-faire-Stil[1]	Bei diesem Stil werden die Mitarbeiter als isolierte Individuen betrachtet. Ihnen wird ein hohes Maß an Entscheidungsfreiheit zugebilligt. Die Informationen fließen zufällig und bei individuellem Bedarf.

Erfolgreiche Vorgesetzte wählen einen **kooperativen Führungsstil,** gehen auf die Ängste der Mitarbeiter ein und nehmen deren Anliegen ernst. Hieraus lassen sich bestimmte **Grundsätze der Personalführung** ableiten.

Beispiele für eine solche Vorgehensweise von Vorgesetzten sind:

Anerkennung geben

Leistung, insbesondere Mehrleistung und/oder umsichtiges Verhalten sollen die Vorgesetzten anerkennen und nicht immer als selbstverständlich hinnehmen. (In der Praxis stehen Lob und Tadel im Verhältnis 1 : 40!)

Entscheidungsräume belassen

Die Vorgesetzten müssen ihren unterstellten Mitarbeitern etwas zutrauen, ihnen Entscheidungsspielräume lassen und sie ausreichend über Sinn und Zweck der Arbeitsaufgabe informieren.

Kooperativer Führungsstil

Ermutigen statt Tadeln

Es ist besser, einen Mitarbeiter zu ermutigen, wenn er einmal einen Fehler macht, als ihn zu tadeln.

Verständnis zeigen

Vorgesetzte sollten ein gewisses Verständnis für die beruflichen und privaten Belange ihrer Mitarbeiter aufbringen, Beschwerden anhören und auf jeden Fall eine ungleiche und ungerechte Behandlung vermeiden.

Kritik vor anderen Personen vermeiden

Kritik, vor allem in Gegenwart von Fremden und Kollegen, ist unbedingt zu vermeiden. Laufende Kritik, Tadel und Rügen vor anderen ist ein Hauptgrund der Kündigungen durch die Mitarbeiter.

Abweichende Meinung anhören

Begründete abweichende Meinungen der Mitarbeiter sollten angehört werden! Die Vorgesetzten können nicht immer alles wissen. Sie sollten deswegen auch nicht alles besser wissen wollen.

Unterscheidet man die Führungsstile in die beiden extremen Merkmalausprägungen **autoritär** und **nicht autoritär,** so kann das Verhalten eines Vorgesetzten dann im Rahmen einer Skala als mehr oder weniger autoritär oder nicht autoritär beschrieben werden.[2]

1 **Laissez faire** (frz.): lasst machen.

2 Zingel, Harry: Führung und Management, BWL-CD 2006, S. 8.

Entscheidungsspielraum des Vorgesetzten
(individuelle Willensbildung)

nicht autoritär

autoritär

Entscheidungsspielraum der Gruppe
(kollegiale Willensbildung)

Der Vorgesetzte entscheidet alleine und ohne jede Konsultation.	Der Vorgesetzte entscheidet, ist jedoch bestrebt, seine Untergebenen von seinen Entscheidungen zu überzeugen.	Der Vorgesetzte entscheidet, erlaubt jedoch Fragen, um durch Erläuterungen die Akzeptanz zu erhöhen.	Der Vorgesetzte informiert die Mitarbeiter, die Möglichkeiten zu Stellungnahmen haben, bevor der Vorgesetzte entscheidet.	Die Gruppe entwickelt Vorschläge, aus denen sich der Vorgesetzte nach seinen Präferenzen entscheidet.	Die Gruppe entscheidet autonom innerhalb der vom Vorgesetzten vorgegebenen Grenzen.	Die Gruppe entscheidet. Der Vorgesetzte ist nur Vermittler nach innen und außen.

2.1.3 Zweidimensionales Verhaltensgitter nach Blake und Mouton[1]

Nach den Verhaltenspsychologen Robert Blake und Jane Mouton hat das Führungsverhalten sowohl eine aufgabenorientierte[2] als auch eine personenorientierte Dimension. Die eindimensionale Betrachtung sollte deshalb durch eine **integrative, zweidimensionale Betrachtung des Führungsverhaltens** abgelöst werden. Das von den beiden entwickelte Verhaltensgitter (Managerial Grid) weist theoretisch 81 unterschiedliche Kombinationen von aufgaben- und personenorientierter Führung auf. Es werden jedoch nur die folgenden fünf Hauptkombinationen betrachtet:

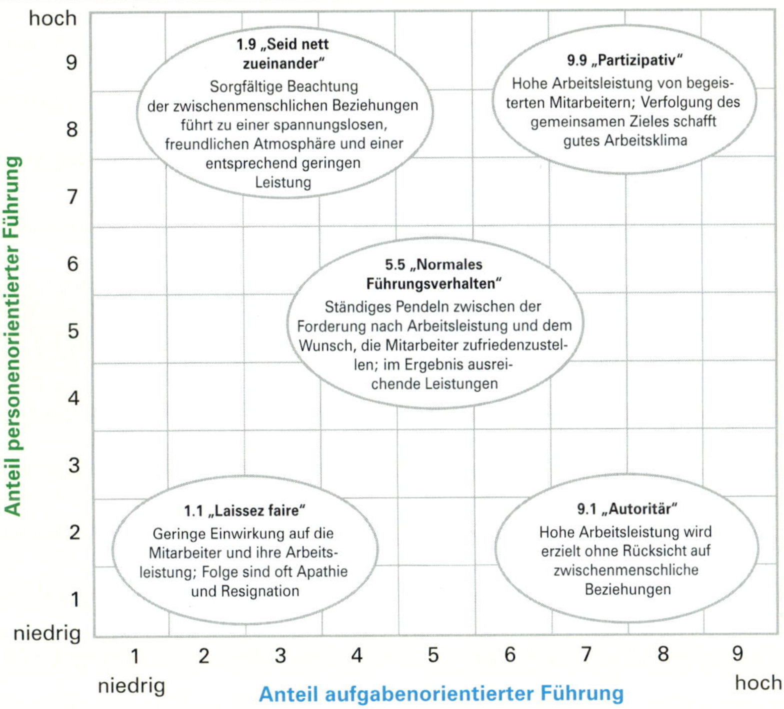

1 Vgl. Rahn, Horst-Joachim: Personalführung kompakt. Ein systemorientierter Ansatz, München 2008, S. 90ff.

2 Wird auch als **arbeitsorientierte** Führung bezeichnet.

Erläuterungen:

- Der **Führungsstil 9.9** (partizipativ) ist nach Blake und Mouton der anzustrebende Idealfall, da er für ein gemeinsames Engagement für die Unternehmensziele steht. Er ermöglicht die gleichzeitige Ausrichtung auf die Aufgabenerfüllung und die Mitarbeiterbedürfnisse.
- Der **Führungsstil 5.5** stellt als Kompromiss zwischen aufgaben- und personenorientierter Führung den Normalfall dar, ist aber nicht optimal. Er gilt als Untergrenze für die Intensität der beiden Führungsdimensionen.
- Die **Wahl der richtigen Kombination** hängt letztlich von situativen Einflussfaktoren wie der Organisationsstruktur, den Kenntnissen über alternative Führungsstile sowie den Wertvorstellungen und Persönlichkeitsmerkmalen des Führenden und der Geführten ab.

2.2 Managementtechniken

Bei den Managementtechniken (auch Führungsmethoden oder Führungstechniken genannt) geht es darum, wie das Delegationsproblem gelöst werden kann. Unter **Delegation** ist das Abgeben von Aufgaben und Zuständigkeiten an nachgeordnete Abteilungen und Stellen zu verstehen.

Führen nach dem Ausnahmeprinzip (Management by Exception)	Hier beschränkt die Geschäftsleitung ihre Entscheidungen auf **außergewöhnliche Fälle,** d. h., sie greift in den Kompetenzbereich (Zuständigkeitsbereich) eines Mitarbeiters nur dann ein, wenn Abweichungen von den angestrebten Zielen eintreten und/oder in besonderen Situationen wichtige Entscheidungen getroffen werden müssen.
Delegation von Verantwortung (Management by Delegation)	Dieses Prinzip besagt, dass **klar abgegrenzte Aufgabenbereiche** mit entsprechender Verantwortung und Kompetenz auf **nachgeordnete Mitarbeiter** übertragen werden, damit die übergeordneten Führungsstellen von Routinearbeiten (immer wiederkehrende Arbeiten) entlastet werden und andererseits schnelle Entscheidungen getroffen werden können.
Führen durch Zielvereinbarung (Management by Objectives)	Hier erarbeiten die Geschäftsleitung und die ihr nachgeordneten Führungskräfte gemeinsam bestimmte Ziele, die der jeweilige Mitarbeiter in seinem Arbeitsbereich realisieren soll. Der Aufgaben- und Verantwortungsbereich des Mitarbeiters wird somit nach dem **erwarteten Ergebnis** festgelegt. Der **Grad der Zielerfüllung** ist Grundlage der Leistungsbewertung des Mitarbeiters.

Zusammenfassung

- Die Art der **Personalführung** wird vom Menschenbild mitbestimmt, das Vorgesetzter und Mitarbeiter voneinander haben.
  - Beim **negativen Menschenbild** (Theorie X von McGregor) muss der Mitarbeiter gezwungen und eng geführt werden, um die Unternehmensziele zu erreichen.
  - Beim **positiven Menschenbild** (Theorie Y von McGregor) kann der Vorgesetzte auf die Selbstdisziplin der Mitarbeiter vertrauen und Aufgaben und Entscheidungsmacht delegieren.
- Bei **eindimensionaler Betrachtung** zeigt der **kooperative Führungsstil** eine besonders günstige Wirkung auf Mitarbeitermotivation und Zielerreichung.
- Das **zweidimensionale Verhaltensgitter** nach Blake und Mouton verdeutlicht, dass die **Kombination** von jeweils möglichst hohen Anteilen **aufgaben- und personenorientierter Führung** sinnvoll ist.
- Bei den **Managementtechniken** (Management by Exception, Management by Delegation, Management by Objectives) geht es darum, wie die **Abgabe von Vollmachten** an nachgeordnete Abteilungen und Stellen gelöst werden kann.

Kompetenztraining

61 Menschenbilder und Führungsstile

1. Stellen Sie die beiden Theorien von McGregor zu den Menschenbildern dar!
2. Theorie X kann man durch nebenstehenden Kreislauf beschreiben:[1]

   Aufgabe:

   Prüfen Sie, ob es sich hierbei um einen Teufelskreis handelt!

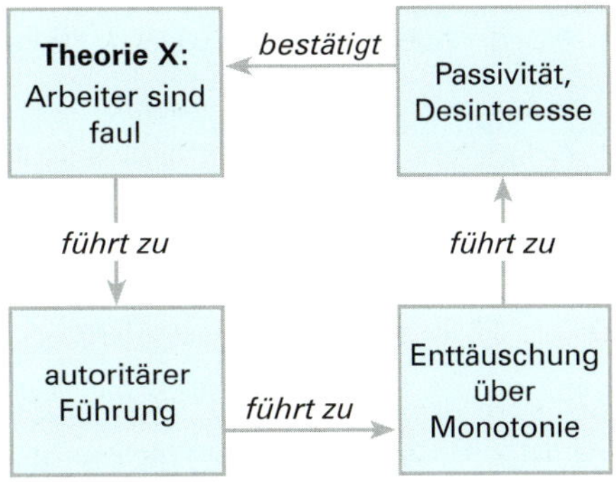

3. Beschreiben Sie die beiden Führungsstile, die eine Führungskraft zur Erreichung der Unternehmens- und Mitarbeiterziele beachten sollte!
4. Gegeben sind folgende Verhaltensweisen von Führungskräften (Zitate):

   Situation A: „Wir brauchen überhaupt nicht lange zu diskutieren. Ich habe mir die Situation reiflich überlegt und mich entschieden: Das Produktionsprogramm wird geändert!"

   Situation B: „Ich will mich da nicht einmischen. Ihr überseht den Sachverhalt besser... Ihr werdet es schon richtig machen..."

   Aufgabe:

   Ordnen Sie den beiden Situationen die entsprechenden Führungsstile zu!
5. Nennen Sie die Grundsätze des kooperativen Führungsstils und beurteilen Sie aus Ihrer Sicht, wie sich ihre Einhaltung bzw. Nichteinhaltung auf das Arbeitsverhalten der Arbeitskräfte auswirkt!

62 Verhaltensgitter nach Blake und Mouton

Lesen Sie zunächst folgenden Text:

Ein familienfreundliches Unternehmen

[...] In einer Gesellschaft, in der sich Familien- und Berufsleben gemeinhin nicht verbinden lassen, bildet der Deerberg-Versand eine Ausnahme. 90 Prozent der Mitarbeiter sind Frauen. [...]. Im vergangenen Jahr hat der Deerberg-Versand an der Prüfung „Familie und Beruf" der gemeinnützigen Hertie-Stiftung teilgenommen. „Um das Zertifikat für ein familienfreundliches Unternehmen zu erhalten, mussten wir gar nichts ändern", sagt Stefan Deerberg. „Das war bei uns schon immer so." Die Arbeit mit den Auditoren brachte indes viele neue Ideen. Diese fragten die Mitarbeiter ausführlich nach ihren Wünschen in Sachen Vereinbarkeit und Familienfreundlichkeit. Jetzt feiert der Deerberg-Versand jährlich ein Familiensommerfest, zudem gibt es heute auf dem Firmengelände einen Waschmaschinenraum. Unsere Mitarbeiterinnen wollten während der Arbeit ihre Wäsche erledigen", sagt Stefan Deerberg. „Und jetzt waschen und trocknen sie eben auf Firmenkosten."

Wichtiger aber ist für viele Mütter der neue Betriebskindergarten [...].

Quelle: Tanja Busse, „Gabis Heile-Welt-AG", in: Die Zeit Nr. 39 vom 22. September 2005.

---

1 Vgl. Zingel, Harry: Führung und Management, BWL-CD 2006, S. 8.

Aufgaben:

1. Erläutern Sie, welche Dimension des Verhaltensgitters beim Deerberg-Versand besonders ausgeprägt ist!
2. Begründen Sie, inwiefern sich die Großzügigkeit auch für den Deerberg-Versand lohnt!
3. Zeigen Sie auf, in welcher Zielbeziehung hier Leistung und Arbeitszufriedenheit stehen!

63 Führungsmethoden

1. In den Unternehmen gewinnt die Delegation immer mehr an Bedeutung. Erläutern Sie, welche Ziele die Delegation von Aufgaben verfolgt!
2. Lesen Sie zunächst folgenden Text:

„Potenzial wird nicht genutzt"

Prof. Christian Dormann rät Chefs, **Verantwortung** zu übertragen

Prof. Christian Dormann ist Arbeitspsychologe in Mainz.

Bild: Gutenberg-Universität

Prof. Dr. Christian Dormann ist Leiter der Abteilung für Arbeits-, Organisations- und Wirtschaftspsychologie am Psychologischen Institut der Johannes Gutenberg-Universität in Mainz. Er beschäftigt sich seit Jahren mit dem Thema Arbeitszufriedenheit.

Herr Dormann, wie verbreitet ist das Phänomen der Unterforderung am Arbeitsplatz?

Das ist ein Thema, das man sicherlich beachten muss – allerdings ist es facettenreicher, als man häufiger annimmt. Eine Ausprägung ist etwa die Überforderung durch Unterforderung wie sie etwa bei Überwachungstätigkeiten auftritt. Stellen Sie sich einen Wachmann im Atomkraftwerk vor, dessen einzige Aufgabe es ist, eine Zustandsanzeige zu beobachten. Seine Aufmerksamkeit ist stark gebunden, aber es passiert nur wenig, der Wachmann wird trotzdem ermüden.

Welche Gründe für Langeweile im Job gibt es noch?

Ein häufiger Grund ist, dass vor allem in Deutschland die Arbeitnehmer zu wenig Autonomie, zu wenig Handlungsspielraum, zu wenig Einflussmöglichkeiten haben. Das ist ein Potenzial, das von der Wirtschaft einfach nicht genutzt wird. Viele Arbeitnehmer werden nicht angeregt, selbst Probleme zu lösen, sie verfallen in eine Art „Augen-zu-und-durch"-Haltung. Sie entfremden sich von der Arbeit, weil sie nicht selbst gestalten.

Das erinnert an die Karl-Marx-These von der Entfremdung von der Arbeit . . .

Ja, das ist richtig. Und genau da müssten Arbeitgeber ansetzen, wenn ihre Mitarbeiter gelangweilt und desinteressiert sind: mehr Handlungsspielräume schaffen, Feedback geben und die Aufgaben abwechslungsreich gestalten – das sind die drei Grundsätze zur Motivation.

Warum fällt es vielen Menschen schwer, sich aus dem unbefriedigenden Arbeitsalltag zu befreien?

Das ist größtenteils die Angst vor Veränderung. Zunächst einmal ist es ja belastend, sich in neue Aufgaben einzuarbeiten. Untersuchungen haben aber gezeigt, dass langfristig die Zufriedenheit derer wächst, die diesen Schritt wagen. Interessant ist auch noch, dass sich gezeigt hat, dass diejenigen, die im Beruf gefordert sind, eine positive intellektuelle Entwicklung durchmachen. Das gilt natürlich auch im Umkehrschluss.

Fragen: M. Hufnagel

Quelle: Südkurier vom 19. 04. 2007, S. 15.

Aufgabe:

Nennen Sie die Gründe, warum für Prof. Dormann die Übertragung von Verantwortung auf die Arbeitnehmer wichtig ist!

3 Unternehmensspezifisches Konzept zur Aus-, Weiter- und Fortbildung der Mitarbeiter entwerfen

LB 4

Handlungssituation 3: Konzept zum Ausgleich bestehender und künftiger Fähigkeitsdefizite und zum Aufbau eines Flexibilitätspotenzials vorschlagen

Die Anlagen- und Maschinenbau AG hat aufgrund des demografischen Wandels in letzter Zeit zunehmend Probleme, offene Stellen zu besetzen. Sie möchte deshalb einerseits ihr Ausbildungsangebot vergrößern und sich andererseits künftig noch mehr anstrengen, um Potenzialträger im Unternehmen zu halten. Hinzu kommt, dass die Mitarbeiter sich aufgrund der zunehmenden Digitalisierung weiterentwickeln müssen.

Der Personalvorstand empfiehlt daher verstärkte Anstrengungen im Bereich der Personalentwicklung, um die Qualifikationen der Arbeitskräfte zu verbessern und den künftigen Personalbedarf möglichst betriebsintern decken zu können.

Kompetenzorientierte Arbeitsaufträge:

1. Begründen Sie, welche Bildungsangebote die Anlagen- und Maschinenbau AG zur Personalqualifizierung, zur Bewältigung des Personalengpasses und der Fähigkeitsdefizite machen sollte!
2. Prüfen Sie, welche Instrumente der Personalentwicklung für die Anlagen- und Maschinenbau AG infrage kommen!
3. Erläutern Sie, inwiefern Mitarbeitergespräche der Optimierung des Personalentwicklungskonzepts der Anlagen- und Maschinenbau AG dienlich sind!

3.1 Personalentwicklung

„Wer immer tut, was er schon kann, bleibt immer das, was er schon ist."
Henry Ford

3.1.1 Begriff Personalentwicklung

Ein wichtiges Schlagwort unserer Zeit lautet „lebenslanges Lernen". Untersuchungen haben gezeigt, dass das Wissen, das man sich in der Berufsausbildung angeeignet hat, nach circa fünf Jahren nur noch zur Hälfte aktuell ist **(Halbwertzeit der beruflichen Bildung)**. Die Beschäftigten und die Arbeitgeber sind deshalb gezwungen, durch Maßnahmen der Personalentwicklung den Erfordernissen des Marktes Rechnung zu tragen.

Alle Maßnahmen, die das Ziel haben, die Qualifikationen und Kompetenzen der Mitarbeiter zu verbessern, bezeichnet man als **Personalentwicklung**.

3.1.2 Ziele der Personalentwicklung

Mitarbeiter und Betrieb streben durch die Weiterqualifizierung unterschiedliche Ziele an. **Qualifizierungsziele** sind:

Aus der Sicht des Betriebs	Aus der Sicht des Mitarbeiters
■ Weiterentwicklung der Qualifikation der Mitarbeiter, um den erforderlichen Personalbestand zu sichern. ■ Entwicklung von Nachwuchskräften. ■ Entwicklung von Spezialisten. ■ Unabhängigkeit von externen (außerbetrieblichen) Arbeitsmärkten. ■ Erhöhung der Arbeitszufriedenheit und damit höhere Arbeitsleistung. ■ Erhaltung und Verbesserung der Wettbewerbsfähigkeit.	■ Weiterentwicklung der eigenen Fertigkeiten und Fähigkeiten (des Qualifikationspotenzials). ■ Verbesserung der Chancen zur Selbstverwirklichung am Arbeitsplatz. ■ Schaffung von Voraussetzungen zum beruflichen Aufstieg. ■ Minderung des Risikos des Arbeitsplatzverlusts oder der Entgeltminderung. ■ Erhöhung der eigenen Mobilität[1] (fachlich, örtlich und im Betrieb). ■ Erhöhung des Ansehens (Prestiges) und des Entgelts.

3.1.3 Kompetenzbasierte Personalentwicklung

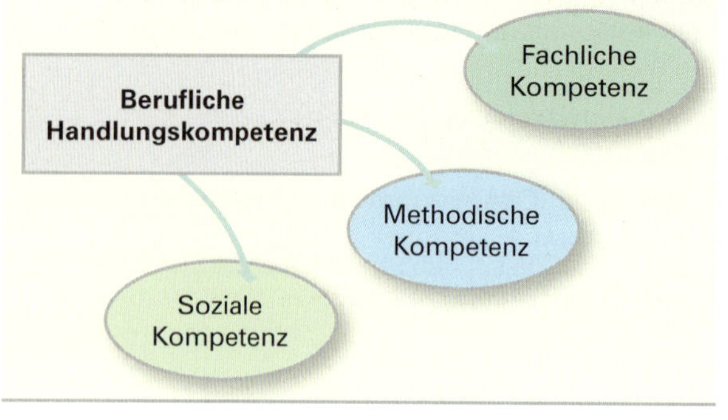

Kernaufgabe der Personalentwicklung ist die Förderung der Kompetenzentwicklung der Beschäftigten. Neben den zweifellos sehr wichtigen fachlichen Kompetenzen sind für den Unternehmenserfolg auch methodische und soziale Kompetenzen von großer Bedeutung. Alle Kompetenzen stellen die **berufliche Handlungskompetenz** eines Mitarbeiters dar.

Nachfolgende Tabelle zeigt die wichtigsten Kompetenzbausteine der drei Kompetenzbereiche auf:

Fachliche Kompetenz	Methodische Kompetenz	Soziale Kompetenz
■ Fachwissen ■ Fertigkeiten ■ Strukturierung von Wissen ■ Analyse und Bewertung von Sachverhalten ■ Wirtschaftliches Denken	■ Problembewusstsein und Problemlösefähigkeit ■ Anwendung von Lösungsverfahren ■ Transferfähigkeit ■ Vernetztes Denken ■ Kreatives Denken ■ Sammeln und Auswerten von Informationen	■ Einfühlungsvermögen ■ Integrationsfähigkeit ■ Toleranz ■ Konfliktregelungsfähigkeit ■ Hilfsbereitschaft ■ Kommunikationsfähigkeit ■ Pünktlichkeit

1 **Mobilität:** Beweglichkeit.

3.1.4 Ermittlung des Entwicklungsbedarfs durch Mitarbeitergespräche

Die zur Erreichung der Unternehmensziele notwendigen Qualifikationen und Kompetenzen werden mit dem Ist-Zustand verglichen und so der quantitative und qualitative Entwicklungsbedarf ermittelt. Um die Motivation und den Willen zur Zusammenarbeit zu stärken, sollten geeignete Maßnahmen zur Personalentwicklung gemeinsam mit den Mitarbeitern im Rahmen von Mitarbeitergesprächen erörtert werden. Wichtige **Gesprächsschwerpunkte** in diesem Zusammenhang sind:

Arten des Mitarbeitergesprächs

Beratungs- und Fördergespräch

Es kann auf Veranlassung der Mitarbeiter oder auf Veranlassung der vorgesetzten Personen durchgeführt werden. Im ersten Fall geht es i. d. R. um die Beratung der Mitarbeiter. Im zweiten Fall steht die Förderung der Qualifikationen und der beruflichen Karriere (Laufbahn) des Mitarbeiters im Vordergrund (mitarbeiterorientierte Karriereplanung).

Zielsetzungsgespräch

Dieses Gespräch ist Teil des Management by Objectives. Zum einen besteht es aus der Vorgabe oder Vereinbarung von **überprüfbaren Zielen** für eine bestimmte Arbeitsaufgabe. Zum anderen werden nach Erfüllung der Aufgabe der Grad der Zielerfüllung und die möglichen Abweichungen besprochen.

Führungsgespräch

Dieses Gespräch ist Teil des kooperativen Führungsstils. Es wird regelmäßig geführt, um die Zusammenarbeit zwischen der vorgesetzten Person und dem Mitarbeiter zu fördern.

3.2 Kompetenzentwicklung durch Personalbildungsmaßnahmen

3.2.1 Ausbildung

Unter **Ausbildung** versteht man die erstmalige Vermittlung des theoretischen Wissens und der praktischen Fertigkeiten für einen bestimmten Beruf (z. B. Industriekauffrau/ Industriekaufmann). Die praktische Ausbildung im Betrieb wird in der Regel durch eine theoretische Wissensvermittlung in einer Berufsschule ergänzt (duale Ausbildung).

Sie ist durch folgende **Merkmale** gekennzeichnet:

- Ausbildungsvertrag
- Geregelter Ausbildungsablauf in anerkanntem Beruf
- Vermittlung einer breit angelegten beruflichen Grundbildung
- Erlernen der für die Ausübung einer beruflichen Tätigkeit notwendigen fachlichen Fertigkeiten und Kenntnisse
- Erwerb der notwendigen Berufserfahrung

Eine fundierte Ausbildung sichert dem Unternehmen junge **Nachwuchskräfte**.

3.2.2 Fortbildung

Bei einer **Fortbildung** steht eine konkrete Weiterqualifizierung im Mittelpunkt, die sich auf die ausgeübte Beschäftigung bezieht. Ziel der Fortbildung ist der **Erwerb weiterführender**

Fähigkeiten und Fertigkeiten, die auf die Ausübung künftiger Aufgaben ausgerichtet sind. Auch der berufliche Aufstieg kann ein Grund für eine Fortbildung sein.

In der Regel werden die Kosten für die Fortbildung vom Arbeitgeber getragen, da er ein großes Interesse an der verbesserten Qualifikation des Mitarbeiters hat.

Beispiele:

- Die Industriekauffrau Maria Hölzel nimmt an einer Fortbildung zur neuesten Excel-Version teil.
- Der Industriemechaniker Sebastian Berger macht eine Fortbildung zum Industriemeister.

3.2.3 Weiterbildung

Eine **Weiterbildung** muss nicht in direktem Bezug zur bestehenden Arbeitsstelle stehen. Hierbei geht es in erster Linie darum, das eigene Qualifikationsprofil des Arbeitnehmers durch **Zusatzqualifikationen** in den unterschiedlichsten Bereichen auszubauen. Mit der Weiterbildung wird kein konkreter betrieblicher Zweck verfolgt. Die Kosten einer Weiterbildung werden daher eher selten vom Arbeitgeber übernommen.

Beispiel:

Der Programmierer Max Günzburger besucht einen Kurs für eine Programmiersprache, die in seinem Unternehmen gar nicht verwendet wird.

3.2.4 Umschulung

Unter **Umschulung** versteht man die Aus- bzw. Weiterbildung **für eine andere** als die vorher ausgeübte oder erlernte **Tätigkeit**. Kenntnisse und Erfahrungen aus der vorigen Ausbildung bzw. Tätigkeit erlauben häufig eine Verkürzung der neuen Berufsausbildung. Eine Umschulung ist nicht selten mit einem Wechsel des Arbeitgebers verbunden. In bestimmten Fällen wird eine Umschulung von der Agentur für Arbeit finanziert.

Beispiel:

Der Bäcker Johannes Dachser macht aufgrund einer Mehlallergie eine Umschulung zum Einzelhandelskaufmann.

3.3 Instrumente der Personalentwicklung[1]

3.3.1 Karrierephasen

Jeder Mitarbeiter durchlebt im Laufe seines Berufslebens meist folgende Karrierephasen:

15.–35. Lebensjahr	35.–50. Lebensjahr	50.–65. Lebensjahr
Frühe Karrierephase	**Mittlere Karrierephase**	**Späte Karrierephase**
▪ Berufswahl ▪ Ausbildung ▪ Eintritt in den Betrieb ▪ Praxisschock ▪ Reguläre Leistung oder Umorientierung	▪ Reguläre Leistungsphase ▪ Beförderungen ▪ „Mid Career Crisis" ▪ Mögliche Umorientierung	▪ Reguläre Leistungsphase ▪ Beförderungen ▪ evtl. sinkende Leistung durch z. B. gesundheitliche Einschränkungen ▪ Ruhestandskrise ▪ Austritt

1 Vgl. Hohlbaum, Anke/Olesch, Gunther: Human Resources – Modernes Personalwesen, 4. Auflage, Rinteln 2010, S. 173ff.

3.3.2 Personalentwicklung in Abhängigkeit von der Karrierephase

Betrachtet man den beruflichen Lebenszyklus eines Arbeitnehmers, so ist die Wahl der Instrumente der Personalentwicklung abhängig von der Karrierephase, in der sich der Mitarbeiter befindet.

An die Karrierephasen angepasste Personalentwicklung (PE)

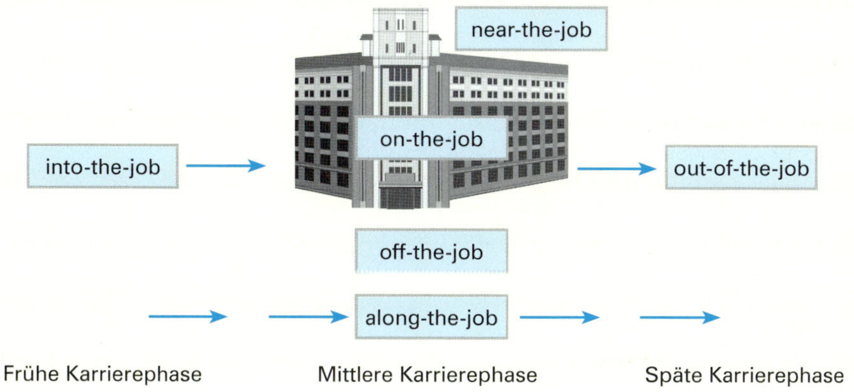

Erläuterungen:

PE into-the-job: Einsatz von Instrumenten, die die Phase des Eintritts in das Unternehmen erleichtern, z. B. Führung durch das Unternehmen, Unternehmenskultur, systematische Arbeitsunterweisungen.

PE on-the-job: Einsatz von Instrumenten, die das Lernen am eigenen Arbeitsplatz ermöglichen, z. B. systematische Arbeitsunterweisungen, systematischer Arbeitsplatzwechsel (Jobrotation).

PE near-the-job: Einsatz von Instrumenten, die zwar tätigkeitsbezogen sind, aber nicht am eigenen Arbeitsplatz stattfinden, z. B. Lernwerkstatt, Qualitätszirkel, Sonderprogramme.

PE off-the-job: Einsatz von Instrumenten, die bewusst die Distanz zum Arbeitsplatz in Kauf nehmen, z. B. Seminare, Kurse, Studiengänge.

PE along-the-job: Alle Maßnahmen, mit denen der berufliche Lebenszyklus eines Mitarbeiters begleitet wird. Die eingesetzten Instrumente entsprechen denen der Einzelbausteine.

PE out-of-the-job: Einsatz von Instrumenten, die die Phase des Austritts aus dem Unternehmen erleichtern, z. B. Hilfen zur Beantragung und Gestaltung des Ruhestands, Dokumentation des Erfahrungsschatzes, Einarbeitung des Nachfolgers.

3.3.3 Vergleich von internen und externen Personalentwicklungsmaßnahmen

Zu den wichtigsten Punkten bei der Planung und Durchführung von Personalentwicklungsmaßnahmen gehört die Entscheidung, ob die Maßnahmen intern oder extern durchgeführt werden sollen. Die Vor- und Nachteile von internen und externen Instrumenten der Personalentwicklung werden im Folgenden am Beispiel der PE on-the-job und der PE off-the-job dargestellt.

Interne PE on-the-job	
Vorteile	**Nachteile**
■ Inhalte genau auf das Unternehmen abgestimmt ■ Umsetzung am Arbeitsplatz gelingt leichter ■ Kostenvorteile bei großer Teilnehmerzahl ■ Kontrolle der Maßnahmen leichter ■ Unabhängigkeit von externen Angeboten ■ Betriebsspezifische Ausstattung vorhanden (z. B. bei Softwareschulungen)	■ Keine geeigneten Referenten im Unternehmen ■ Betriebsblindheit, mangelnde Fremderfahrungen ■ Kostennachteile bei kleiner Teilnehmerzahl ■ Seminarräume und Ausstattung sind evtl. nicht vorhanden

Externe PE off-the-job	
Vorteile	**Nachteile**
■ Kontakte zu anderen Unternehmen ■ Erfahrungsaustausch zwischen Mitarbeitern unterschiedlicher Unternehmen ■ Förderung der Mobilität ■ Geschulte Fachreferenten ■ Größere Professionalität bei der Durchführung	■ Vertrauliche Informationen können weitergegeben werden ■ Kein Einfluss auf Inhalte und Methoden ■ Problematische Kontrolle ■ Transfer auf den eigenen Arbeitsplatz schwieriger

Unternehmen setzen bei der Fortbildung ihrer Mitarbeiter auf einen Mix aus klassischen Präsenz-Seminaren und digitalen Lerntechnologien. Am häufigsten nutzen Unternehmen externe Seminare für ihre Mitarbeiter. Auch In-House-Schulungen, sowohl durch externe Referenten als auch durch eigene Mitarbeiter, nutzen 40 bzw. 20 % der befragten Unternehmen. Unter den digitalen Fortbildungsangeboten werden webbasierte Lernprogramme am häufigsten eingesetzt. Jedes dritte Unternehmen (36 %) nutzt sie. Die Vorteile digitaler Angebote sind, dass sie individuell auf den Nutzer abgestimmt werden können und komfortabel sowie kostengünstig sind. Jedes zehnte Unternehmen greift ausschließlich auf digitale Angebote zurück, jedes achte Unternehmen (13 %) setzt allein auf analoge Schulungen. Das ist das Ergebnis einer repräsentativen Befragung von 504 Unternehmen ab zehn Mitarbeitern in Deutschland im Auftrag des Digitalverbands Bitkom.

3.4 Möglichkeiten zur Verstetigung des individuellen Lernens

Damit Anreize zum individuellen Lernen gegeben sind, sollte ein Unternehmen verschiedene prinzipielle **Struktur- und Prozesselemente** einführen:[1]

- Bildung eigenverantwortlicher Bereiche,
- Beteiligung der Mitarbeiter an der Ziel- und Strategieplanung ihrer Bereiche,
- Implementierung eines kontinuierlichen Verbesserungsprozesses und
- Überführung von Erfahrungswissen in allgemein zugängliches Wissen.

Im Ergebnis entsteht eine Organisation, die das Lernen aller Mitarbeiter ermöglicht und fördert. Aus diesem Prozess heraus entwickelt sich die Organisation kontinuierlich selbst weiter.

Oft steckt gerade im **Erfahrungswissen** der entscheidende Wissensvorsprung gegenüber der Konkurrenz.

Beispiel:

Ein erfahrener Prozess-Manager, der alle relevanten Prozesse genau kennt und deshalb auf jegliche Prozessdokumentation verzichtet hat, stirbt unerwartet an einem Herzinfarkt. Ein Teil des Wissens ist für immer verloren. Es kommt zu erheblichen Lieferverzögerungen, wodurch einige Kunden zur Konkurrenz abwandern.

Lernen in Organisationen bedeutet, dass Erfahrungen ständig überprüft und in ein **allgemein zugängliches Wissen** übertragen werden, welches für die Ziele der Organisation bedeutsam ist.[2]

Das Lernen wird zu einem Kernprozess des Unternehmens, d. h., die Trennung zwischen Arbeiten und Lernen wird aufgehoben.

Zusammenfassung

- **Personalentwicklung** umfasst alle Maßnahmen zur Verbesserung der Qualifikationen und Kompetenzen der Mitarbeiter.
- Wichtige **Qualifizierungsziele** sind
  - aus der Sicht des Betriebs die Sicherung des erforderlichen Personalbestands und die Erhaltung der Wettbewerbsfähigkeit;
  - aus der Sicht des Mitarbeiters die Sicherung des Arbeitsplatzes, der berufliche Aufstieg und die Selbstverwirklichung.
- Mitarbeitergespräche sind ein geeignetes Mittel, um den **Personalentwicklungsbedarf** zu ermitteln.
- Bei den **Personalbildungsmaßnahmen** sind Aus-, Fort- und Weiterbildung sowie Umschulung zu unterscheiden.
- Die Auswahl der **Instrumente für die Personalentwicklung (PE)** sollte sich an der Karrierephase orientieren, in der sich der entsprechende Mitarbeiter befindet. Sie reichen von PE into-the-job über PE on-the-job bzw. PE off-the-job bis zu PE out-of-the-job.
- Im Idealfall wird das Lernen zu einem **Kernprozess** des Unternehmens, d. h., die Grenze zwischen Arbeiten und Lernen besteht nicht mehr.

1 Vgl. http://www.thur.de/philo/som/somlo.htm; 16. 01. 2018.

2 Vgl. Ross, R., Smith, B., Roberts, C., Kleiner, A., Schlüsselkonzepte für das Lernen in Organisationen, in: Senge, P., M., Kleiner, A., Smith, B., Roberts, C., Ross, R., Das Fieldbook zur Fünften Disziplin, Stuttgart 1997, S. 55.

Kompetenztraining

64 Grundlagen der Personalentwicklung

1. 1.1 Definieren Sie den Begriff Personalentwicklung!
   1.2 Stellen Sie die generelle Zielsetzung dar, die die Personalentwicklung verfolgt!
   1.3 Recherchieren Sie, worin sich Fortbildung von Ausbildung unterscheidet!
   1.4 Erläutern Sie den Begriff Umschulung und bilden Sie hierzu ein Beispiel!
2. 2.1 Erläutern Sie, was man unter der Personalentwicklung on-the-job versteht!
   2.2 Erläutern Sie den Begriff Personalentwicklung off-the-job anhand eines Beispiels!
   2.3 Nennen Sie Anlässe, die zu Personalentwicklungsmaßnahmen führen können!

65 Bedeutung der Personalentwicklung

1. In der Wochenzeitung „Die Zeit" vom 22. Januar 2015 war folgende Aussage zu lesen: „Der demografische Wandel könnte den Arbeitsmarkt ähnlich stark revolutionieren wie der technologische Wandel den Verbrauchermarkt." In Zeiten, in denen Fachkräfte immer knapper werden, muss ein Unternehmen diese nicht nur gewinnen, sondern auch längerfristig an sich binden.

   Aufgabe:

   Erläutern Sie, wie die Wettbewerbsfähigkeit eines Unternehmens am Arbeitsmarkt gesteigert werden kann!
2. Erläutern Sie jeweils einen Grund, warum Maßnahmen zur Personalentwicklung sowohl für den Betrieb als auch für die einzelnen Mitarbeiter wichtig sind!

66 Umsetzung von Leitsätzen zur Personalentwicklung

Die MicroTex Technologies GmbH orientiert ihre Personalentwicklung an folgenden Leitsätzen:
- Alle Mitarbeiter haben die gleichen Entwicklungs- und Beförderungschancen.
- Durch Aus- und Fortbildung wollen wir die Qualifikation unserer Mitarbeiter erhöhen.
- Wir stellen laufend Überlegungen an, wie die Arbeitsbedingungen einschließlich des Betriebsklimas verbessert werden können.
- Die Besetzung neuer Stellen wollen wir vorzugsweise aus den eigenen Reihen, d. h. betriebsintern, vornehmen.

Aufgaben:

1. Ordnen Sie den vier Leitsätzen geeignete Personalentwicklungsmaßnahmen zu!
2. Entscheiden Sie, welche Instrumente der Personalentwicklung jeweils genutzt werden sollen!